고종 평전

| 문명 전환의 길목에서 |

고종시대 인물연구 총서

고종 평전
| 문명 전환의 길목에서 |

초판 1쇄 인쇄 2021년 12월 10일
초판 1쇄 발행 2021년 12월 20일

저 자 | 이민원

발행인 | 윤관백
발행처 | 도서출판 선인

디자인 | 박애리
편 집 | 이경남 · 박애리 · 이진호 · 임현지 · 김민정 · 주상미
영 업 | 김현주

등 록 | 제5 - 77호(1998.11.4)
주 소 | 서울시 마포구 마포대로 4다길 4, 곳마루빌딩 1층
전 화 | 02)718 - 6252 / 6257
팩 스 | 02)718 - 6253
E-mail | sunin72@chol.com

정 가 26,000원
ISBN 979-11-6068-642-5 93990

이 저서는 2015년 대한민국 교육부와 한국학중앙연구원(한국학진흥사업단)의
한국학총서사업 지원을 받아 수행된 연구임(AKS-2015-KSS-123006)

고종시대 인물연구 총서

고종 평전

| 문명 전환의 길목에서 |

이민원 저

 도서출판 선인

독자에게 드리는 글

흔히 한국근현대사는 비극의 역사 혹은 첫 단추를 잘못 끼운 역사로 보는 경우가 많다. 그러나 필자는 세계사에서도 보기 드문 훌륭한 성공의 역사라고 본다.

"조선의 여성에게는 꽃이 없고, 아이들에게는 장난감이 없다." 19세기 말 가난한 조선의 현실을 한 선각자는 그렇게 말했다. 그런가 하면 "쓰레기통에서 장미꽃이 필 수는 없다."고 한국을 질타한 서양인 기자도 있다. 6·25전쟁 당시 대한민국 국회의원들의 막가파식 대립과 몰염치를 목도하고 내뱉은 말이었다.

그로부터 한 세기도 안 되어 대한민국은 풍요가 넘치는 나라가 되었다. 세계 10위권의 경제대국이자 과학기술, 정보통신, 문화예술, 토목건설, 사회치안 등 각 분야에서 맹렬히 선진국들을 추월하고 있다. 여전히 일부 사회 집단의 일탈과 역주행이 있지만, 대한민국은 세계의 초강국이 될 날도 멀지 않다.

한국의 이런 성장은 많은 시련을 딛고 이룩한 것이다. 19세기의 선각자와 현대의 국가 리더, 그리고 각 분야 전문가들의 희생, 기업과 노동자들의 땀, 전 국민의 근면함이 이를 가능하게 하였다. 정신적으로는 순국선열과 전몰장병의 희생과 애국심이 큰 기둥이 되었고, 그동안의 시련도 치욕이 아니라 오늘의 성장을 이루는 자양분이 되었다.

이점에서 최근 한국 근현대의 주요 인물을 다룬 평전 형식의 책이 꾸준히 등장하고 있는 것은 바람직해 보인다. 그러나 국가의 정책 결정권자들에 대한 평전 등은 상대적으로 드물다. 시비 소지가 많고 연구의 어려움도 있지만, 다른 이유도 없지 않아 보인다.

대한민국의 역사 혹은 한국근현대사를 부정적으로 보다보니 리더들의 역할을 비판을 넘어 매도하는 수준에서 보는 경우가 대세이다. 전통을 파괴 대상으로 삼아온 맑시스트들, 시대의 답답함을 예리하게 비판한 선각자들, 일제하의 왜곡, 그리고 우리의 무지가 뒤섞인 것 같다.

사정이 이렇다 보니 소설, 언론, 드라마, 영화, 코메디 등에서는 손쉬운 조롱의 대상으로 등장하지만, 정작 생애 전반을 진지하게 접근한 학술적 저술을 대하기는 쉽지 않다.

모든 국가 리더들에게는 공과가 있다. 이들에 대한 역사적 평가는 학자들의 연구와 평가를 기다려 줄 필요가 있다. 일부 정치가나 기관장, 단체장들의 역사 인물에 대한 '내로남불식' 극단적 비난과 매도는 학자들의 진지한 연구 의욕을 저하시키는 독약과 같다.

이 책은 조선의 마지막 국왕이자 대한제국의 초대황제였던 고종을 다룬 것이다. 고종은 망국의 군주로 때로는 개명군주로 심지어는 매국노로 지칭되는 인물이다. 그러나 필자는 이런 평가의 함정에 빠지고자 이 책을 쓴 것이 아니다. 여전히 모르는 부분이 너무 많기 때문이다.

이 책을 쓰면서 가장 아쉬운 점은 고종의 속내를 밝힌 자료를 구하기가 어려운 점이었다. 이에 필자가 단정적 평가를 내려 독자의 시야를 제약하기 보다는 사건과 일의 전후 맥락을 서술하여 고종이란 인물과 그의 시대에 대해 독자 스스로 생각할 여지를 제공하고자 했다.

이 책이 나오기까지 여러 연구 기관의 도움과 선학과 후학의 은덕을 입었다. 한국학중앙연구원, 국사편찬위원회, 한국연구원, 국립중앙도서관, 독립기념관, 국회도서관 등은 필자와 한국학 연구자들에게 많은 도움을 주어 왔다. 이들 기관에 종사하는 모든 분들의 정성과 배려가 세계 속의 한국학 수준을 끌어올리고 있다고 본다.

참고문헌에 소개한 선학과 후학들의 글은 필자에게 중요한 길잡이였다. 지면 관계상 너무 많은 논저를 덜어내어 선학들께 송구스럽다. 그동안 연구를 지원해 준 한국학중앙연구원 한국학진흥사업단에 감사드리고, 원고의 출판과 교정, 디자인에 수고해 준 도서출판 선인과 독자의 입장에서 코멘트를 주신 김지명 박사님, 신영미 대표에게도 감사드린다.

필자의 글에 가장 신랄한 비평가이면서 일상의 모든 것을 감내해 준 나의 황후께 이 책을 바친다. 방목했어도 번듯이 잘 자라 준 수연과 수민~고맙다.

2021년 11월 3일
수락산 아래에서 저자 이민원

차례 ─────────────────────────────────

제7장 고종의 퇴위와 운명

일러두기

1. 본문은 한글쓰기를 원칙으로 하였다.

2. 각주에서 한국의 원전(『고종실록』 등)과 논저 등도 가급적 한글로 통일하였다.

3. 본문의 일자는 양력을 원칙으로 하였다. 다만 1896년 이전의 원전(특히 『고종실록』과 『승정원일기』 등)을 인용한 경우 등은 음력 표기를 그대로 두었다.

머리말

　단군 이래 반만년 이어온 한국의 역사는 주로 왕의 시대였다. 왕이 나라의 주인이자 법이고, 통치자였다. 이들 왕 중에는 영토를 널리 개척하고 분열된 나라를 통일했거나 국가 기강을 확립하고 왕권을 확립한 뒤, 문물과 제도를 정비하고 민족문화의 기틀을 마련한 인물 등이 적지 않다. 그런가 하면 태평시대에 왕위에 올라 천복을 누린 국왕, 어지러운 정사로 나라를 불안정하게 한 폭군, 외세의 침략으로 나라가 기울고 자신도 비명에 간 비운의 군주도 있다.

　이런 왕국의 역사 속에서 국민이 주인이란 생각이 확산되기 시작한 것은 19세기 말이다. 그리고 그런 의식을 대내외에 널리 밝힌 것은 1919년의 기미독립선언문, 이를 정부운영에 반영한 것은 대한민국임시정부이며, 이를 확고하게 실현한 자유민주국가가 1948년 탄생한 대한민국이다. 이처럼 왕국이 민국으로 변화해 간 지난 1백여 년은 그야말로 문명의 대전환기였다. 그런 문명 전환의 길목에서 왕조국가의 마지막을 장식한 인물이 고종이다.

　고종은 조선의 국왕으로 34년, 대한제국의 황제로 10년, 통산 44년간 군주로 재위하였고, 68세에 운명하였다. 조선 역대 군주의 평균 수명은 47세, 평균 재위기간은 19년 정도이다. 그중 영조는 51년, 숙종은 45년 정도 재위했으며, 장수한 군주로는 영조가 83년, 태조가 74년이다. 이렇게 보면, 고종은 영조와 숙종 다음으로 오래 재위하고, 영조와 태조 다음으로 장수한 군주다. 그 점에서 고종은 천수를 누리고 복을 많이 받은 군주 같지만, 현실은 그와 달리 파란만장하고도 비극적인 일 생이었다.

고종에 대해서는 망국의 군주 혹은 개명군주라는 주장 등이 교차되고 있다. 앞의 주장자들은 고종 재위 당시 조선이 기울었고, 대한제국 도 멸망했다는 사실을 중시한다. 나아가 그 시대 관료들의 부패, 농민 봉기, 구식군대의 반란, 개화파의 정변 등은 고종의 무능한 정사를 잘 보여주는 일면이며, 메이지 유신 이후의 일본처럼 과감한 개혁과 치밀 한 국가 경영으로 강력한 근대국가를 이루지 못한 점을 들어 신랄히 비 판한다. 이미 김옥균, 서재필, 윤치호, 이승만, 윤효정, 양계초 등 그 시 대 국내외 엘리트들이 따갑게 비판한 바이고, 현재 일부 국내의 언론인 이나 학자들은 고종을 '매국노'라고까지 낙인찍고 있다.

이에 비해 개명군주로 보는 이들은 고종이 호학군주인 영조와 정조 의 군주상을 이어 구본신참의 기치 아래 국가를 부강한 나라로 개조하 려 한 인물이라고 평한다. 고종이 추구한 서양 문물 수용과 다방면의 정책은 동시대 청국과 일본에 비해 크게 뒤진 것이 아니며 성과도 있었 지만, 그것이 실패한 요인은 외세의 침략과 제국주의 시대의 국제 환경 에 있다고 주장한다. 이런 입장은 고종의 정책을 지지해 준 일부의 학 자적 관료들, 서양인 고문, 서울을 방문해 고종을 직접 알현한 서양인 들, 그리고 오늘날의 일부 한국사 연구자들에게서도 보인다.

이렇듯 논란이 극과 극을 달리고 있지만, 어느 쪽이든 고종의 시대 에 서양 문물이 도도히 밀려온 점, 동북아 지역에서 열강이 각축을 벌 인 점, 그 결과 안팎으로 변란이 이어진 한국 역사상 최고의 격동기였다는 점 등은 누구도 부인하기 어렵다. 돌이켜보면, 고종은 산업혁명의 여파로 세계가 격동하던 시기에 국내적으로는 왕실과 외척, 관료와 양반, 농민과 상인 등 국내 각 집단의 관계를 조율해야 했고, 밖으로는 청, 일, 러, 미, 영, 프, 독 등 세계 각국과 교류하며 국정을 이끌어야 했다. 고종은 과연 어떠한 유형의 군주일까.

고종에 대해 청, 일, 러 등 한반도와 이해가 직결되었던 나라의 공적 기록이나 이들 국가의 간섭이 잦았던 한국 측 기록은 서로 다른 내용과 해석을 담은 경우가 흔하다. 청, 일, 러는 직접 한반도에 이해가 달려 있던 당사국이고, 한국은 이들 국가들로부터 직간접으로 시달리는 처지였다. 반면 정치, 군사적으로 직접적인 이해관계가 덜했던 영국과 미국의 공적 기록은 그런 편향이 덜한 점에서 장점이 있다.

그 외 고종의 고문을 지낸 데니와 헐버트 등 미국인, 비숍 등 영국인 지리학자, 푸트나 알렌 등 한국에 와서 머물던 미국의 외교관, 브라운 등 영국인 재정고문, 아펜젤러·언더우드·스크랜턴·뮈텔 등 서울에서 활동하던 서양인 선교사와 각국 외교관 등의 관찰기록은 그 내용이 풍부하여 고종과 그 시대의 이해와 분석에 많은 참고가 된다.[1]

이 책은 고종의 생애를 군주로서의 역할에 초점을 두어 살펴본 것이다. 전반부는 고종의 출생과 왕실의 가계, 고종의 즉위와 제왕 수업기의 학습내용, 청년기 국왕 고종의 국가 정책 추진 방향과 그가 직면했던 내외의 난관 그리고 조선의 붕괴를 불러온 청일전쟁 당시의 정황 등

---

1 Homer B. Hulbert, *The Passing of Korea*, Reprinted by Yonsei University Press, Seoul, 1969; Bishop, Isabella Bird. *Korea and Her Neighbors*. Shanghai: Kelly and Walsh Ltd, 1897. Reprint, Seoul: Yonsei University Press, 1970; R. R. 스워다우트 지음, 신복룡 역, 『데니의 생애와 활동』, 평민사, 1988.

을 다루었다. 후반부는 고종의 러시아공사관 피난과 그 직후의 대책, 고종의 황제 즉위와 대한제국 선포, 황제 고종의 국가 운영 구상과 정책, 러일전쟁 전후의 상황과 고종의 대응을 다루었고, 헤이그 특사에 반영된 고종의 의도와 결과, 퇴위 이후 덕수궁 이태왕으로서의 존재 그리고 그의 최후와 삼일운동의 연계성 등을 다루었다.

고종을 평전 형식으로 다루기에는 연구가 부족한 부분이 너무 많다. 국가의 인적, 물적 자원에 관한 통계 자료의 비교나 국내 각 집단의 동향이 더 깊이 분석될 필요가 있고, 국제관계의 변수는 너무도 다양하고 복잡하다. 게다가 고종이 직접 자신의 생각이나 감정을 기록으로 남긴 것이 드물고, 내면 세계를 엿볼 수 있는 자료 역시 마찬가지이다.

이런 난점에 더하여 이 한 권의 책에 고종의 생애 모두를 다루려다 보니 일부 주요 대상을 스치듯 언급만 하고 생략한 점이 아쉽다. 다만 전체적으로는 변화하는 국제환경을 유념하며 고종의 주요 정책과 구상 그리고 이를 제약한 내외 인물과 사건의 연관성에 주목하고자 하였다. 고종의 재위 당시는 어떠한 시대이며, 그의 생애는 어떠했고, 그는 과연 어떤 고민을 안고 있던 군주인가를 이해하는데 많은 참고가 되기를 기대한다.[2]

---

2 조선총독부에서 작성한 세계 각국의 물산과 각종 자원에 대한 통계적 비교, 고종시대 국가재정에 대한 일부 학자들의 연구도 참고가 될 것이다. 朝鮮總督府, 『日本之朝鮮』, 東京: 有樂社, 1910; 김대준, 『고종시대의 국가재정연구 — 근대적 예산제도 수립과 변천』, 태학사, 2004; 이태진, 『고종시대의 재조명』, 태학사, 2000; 한영우, 『명성황후와 대한제국』, 효형출판사, 2001; 서영희, 『대한제국 정치사 연구』, 서울대학교출판부, 2003; 최덕수, 『대한제국과 국제환경 : 상호 인식의 충돌과 접합』, 선인, 2005; 한영우, 『대한제국은 근대제국 인가』, 푸른 역사, 2006; 장영숙, 『고종의 정치사상과 정치개혁론』, 선인, 2010; 신명호·이근우·조세현·박원용·박장배, 『근대 서구의 충격과 동아시아의 군주제』, 산지니, 2014; 서인한, 『대한제국의 군사제도』, 혜안 2000; H.B. Hulbert 지음·신복룡 옮김, 『Hulbert 대한제국사 서설』, 탐구당, 1979; 최덕규, 『근대 한국과 동아시아 변경 연구』, 경인문화사, 2016; 연갑수·주진오·도면회, 『한국근대사 1 — 국민 국가 수립 운동과 좌절』, 푸른역사, 2016.

제1장

고종의 출생과 즉위

고종의 출생과
소년 시절

고종은 1852년(철종 3) 7월 25일(음) 서울의 종로 정선방의 관현(觀峴)에서 태어났다. 관현이란 관상감이 있던 고개를 말한다. 이곳 얕은 언덕에는 구름이 낮게 드리우곤 하여 운현(雲峴) 혹은 구름재라고 불렀다. 바로 그 아래에 흥선군 이하응(1863년 고종 즉위 직후 흥선대원군으로 봉작됨)의 사저인 운현궁(雲峴宮)이 있다. 바로 이곳이 조선의 마지막 국왕이자 대한제국 초대 황제였던 고종의 탄생지로 전해온다.

황현의 『매천야록』에서는 '관상감에서 성인(聖人)이 난다는 민요가 있었고, 운현궁에 왕기(王氣)가 있다는 말이 돌아다녔는데 지금 주상이 거기서 탄생하였다'고 하였다. 이재완이 쓴 고종의 행장에는 '임자년 7월 25일 왕께서 청니방 사저에서 탄생하였는데 어려서부터 비범하여 멋대로 놀지 않았으며, 관상 보는 이가 한 번 보고 놀라 뜰 아래 내려가 엎드려 아뢰기를 후일 나라의 주인이 될 것'이라 했다는 내용도 실려 있다.

고종은 흥선군 이하응(1820–1898)과 여흥부대부인 민씨의 둘째 아들이다.[1] 이하응은 영조의 현손인 남연군(南延君) 이구(李球)의 4형제 중 막내다.[2] 그는 인조의 9대손으로서 왕실의 먼 방계 자손이었다. 그런데

---

1 은신군은 사도세자(즉 莊獻世子)의 서자로서 정조의 이복동생이다. 은신군은 영조 당시 김구주(金龜柱) 등의 모함으로 관작을 박탈당하고 제주도에 귀양을 가서 병사하였다.
2 흥선군은 고종 즉위 후 흥선대원군, 국태공, 대한제국 선포 후 흥선헌의대원왕

아버지 남연군이 사도세자의 서자인 은신군의 양자로 들어감으로써
영조의 현손이 되자 왕실의 중심에 한층 가까이 다가가게 되었다. 이
렇게 하여 고종의 가계는 영조 → 사도세자 → 은신군 → 남연군 → 흥
선군으로 이어졌다.

국왕으로 즉위하기 이전의 소년 고종, 즉 명복(命福)에 대해서는 여
러 흥미 있는 이야기가 전한다. 육영공원의 교사였고, 후일 고종의 고
문을 지낸 미국인 헐버트는 어린 시절의 고종에 대해 이렇게 기록하고
있다.

> 명복은 용모가 수려하고 명랑하고 활달한 아이였다. 아이들과 뛰어놀
> 기를 좋아하였고, 인근의 동무들 사이에 인기가 있는 아이였다. 명복은
> 사숙(私塾), 즉 서당에서 한문을 익혔으며, 책 읽기를 좋아했고 공부도
> 잘 했다. 그를 가르친 선생 중 알려진 3명은 변선생, 충청도 출신의 고
> 선생 그리고 이씨 가문 출신의 진사였다. 이 중 이 진사가 다른 두 선생
> 보다 오랫동안 가르쳤고, 명복에게 깊은 인상을 남겼다. 이렇게 잘 가르
> 친 덕분에 이 진사는 명복이 국왕으로 즉위한 뒤 지방관으로 임명되었
> 고, 그의 큰 아들은 대과에, 작은 아들은 소과에 합격하였다.[3]

궁에 들어오기 전에 명복은 일반 양반가의 아이들처럼 어린 시절
친구들과 뛰어놀며, 기초 학문을 배우면서 보낸 것으로 볼 수 있다.
거기에 아버지 대원군으로부터 이런저런 가정교육도 받았을 것으로
충분히 짐작할 수 있다.

에 책봉되었다.
3 *The Korean Repository* Vol. Ⅲ, The triligual Press, Seoul, 1896,
pp.422~424.

궁중의 조대비와
운현궁의 흥선군

　고종은 쇠락한 왕실의 후예였고, 흥선군의 둘째 아들로서 왕위를 이을 가능성도 희박했던 인물이다. 그런 그가 왕이 된 데에는 궁중의 어른인 대왕대비 조씨, 즉 신정왕후 조대비(1808~1890)의 결단에 의한 것이었다.

　조대비는 효명세자(孝明世子, 翼宗: 1809-1830), 즉 익종의 비이자 제24대 헌종의 어머니이다. 본관은 풍양, 1808년(순조 8) 출생이다. 아버지는 풍은부원군 조만영, 증조부는 고구마를 일본에서 들여와 민생에 큰 업적을 남긴 이조판서 조엄(趙曮)이다. 어머니는 송준길의 후손이다. 그녀의 숙부 조인영(趙寅永)은 순조로부터 헌종을 잘 가르쳐 인도하라는 부탁을 받은 인물로서 당대의 유력가문인 안동 김씨와 함께 외척으로서 정국에 많은 영향력을 끼쳤다.[4]

　영조와 정조 당시는 왕실, 조정, 외척이 긴장된 상황에서 균형을 유지했고, 왕권도 비교적 정상적으로 기능하였다. 그러나 순조(純祖, 1790~1834, 재위 1800~1834)가 어린 나이에 즉위하면서 안동김씨 외척 세

---

4 조대비는 12세인 1819년(순조 19) 효명세자빈으로 간택되었고, 20세 때인 1827년(순조 27) 아들을 낳았다. 남편 효명세자는 익종으로 추숭되고, 그녀는 대비가 되었다. 그녀의 숙부 조인영(趙寅永)은 순조로부터 헌종을 잘 가르쳐 인도하라는 부탁을 받았다. 당대의 유력가문인 안동김씨 가문과 함께 정사에 많은 영향력을 끼친 인물이다.

력이 득세하였다. 왕실의 장래를 고려한 순조는 이제 막 20대에 다가
가던 효명세자에게 대리청정을 명하였다.

그러나 총명했던 효명세자는 불과 22세의 나이에 세상을 떠나고,
4년 뒤 순조도 세상을 떠났다. 사정이 이렇다 보니 어린 세손 헌종(憲
宗, 1827~1849, 재위 1834~1849)이 8세의 나이에 왕위에 오르게 되었다. 그
러자 어린 국왕을 대신하여 안동김씨 가문의 인물인 순원왕후 김씨(純
元王后金氏, 순조의 비, 1789~1857)가 대왕대비로서 약 7년간 수렴청정을 하
게 되었다. 그 결과 조정에서는 외척 안동김씨가 여전히 득세하였다.

그런데 헌종마저 1849년 33세 나이에 후사 없이 세상을 떠났다.
그러자 순원왕후 김씨[5]는 강화도에 살던 열아홉 살 총각 이원범(李元
範)을 새 국왕으로 지명하였다. 이 이가 '강화도령'으로 잘 알려진 조
선의 25대 국왕 철종(哲宗, 1831~1863, 재위 1849-1863)이다. 철종은 정조의
배다른 아우인 은언군(恩彦君)의 손자였다. 그는 조부와 부친 모두 정
쟁에 잃은 데다 1844년(헌종 10) 형인 회평군(懷平君)의 옥사로 가족과 함
께 강화도에 유배되어 있었다.

어린 시절을 그런 파란 속에 살았던 철종은 적당한 학습 기회가 없
었다. 이에 또다시 순원왕후가 근 3년간 수렴청정을 하게 되었다. 순
원왕후는 도합 10년간 수렴청정을 한 셈이다. 이후 1851년(철종 2) 철종
은 대왕대비의 근친인 김문근의 딸을 왕비(즉 철인왕후, 1837-1878)로 맞았
다. 김문근은 영은부원군(永恩府院君)으로서 왕을 보좌하며 순조 당시의
안동김씨 세도를 이어가게 되었다.

이처럼 순조, 헌종, 철종 당시는 어린 국왕이 연이어 등장하면서

---

5 순원왕후(純元王后)는 순조의 비 김씨로 김조순(金祖淳)의 딸이다.

왕실의 권위는 쇠락하고, 외척의 세도가 상승하는 구조였다. 이 시절 종실 인물들은 왕실의 경사나 명절 외에는 궁중 출입에 상당한 견제를 받았다. 순조 시절의 남연군도 그랬고, 철종 시절의 흥선군 형제도 마찬가지였다.

1858년의 『철종실록』 기록에는 종친의 궁중 출입을 제한해야 한다는 주장이 보인다.[6]

> 오가는 사이에 명령, 지휘하는 자는 환첩(宦妾: 즉 내시와 궁녀)이고, 몰래 임금의 뜻에 영합(迎合)하는 자도 환첩이니, 이런 무리를 제어하여 국법을 어기지 못하게 해야 성세(聖世)의 아름다운 일이 됩니다. 벼슬한 종실 인사의 문안인사 같은 것은 정해진 예가 있습니다. 죽은 남연군 이구(李球)는 순고(純考, 순조: 필자)의 근친이었으나, 시절(時節)의 경하(慶賀) 외에는 함부로 출입하지 않았는데, 요즘 한둘의 종신(宗臣)이 날마다 드나드니, 어디에 근거한 것입니까? 과거에 남연군이 감히 못하던 바이며, 요즘 흥인군·흥선군도 못하는 일인데, 한둘의 종신은 어찌 그러합니까? 원컨대, 환첩은 조종의 법으로 단속하고, 종친 왕래는 남연군·흥인군·흥선군을 본받도록 하소서.

흥인군, 흥선군의 모범을 칭찬하는 듯하지만, 이들과 종실 인사 모두 궁중 출입을 삼가라는 경고의 뜻이었다. 철종은 "가까운 종신(宗臣)과 궁첩(宮妾)에 대한 말은 매우 절실하여 극히 가상하게 여기니, 마땅히 면려(勉勵)하고 경계할 것을 약속한다."고 답하였다.[7] 신하의 진언에 왕이 자책하듯 종실을 단속하겠다고 약속하는 모습이다.

---

6 『철종실록』 3년, 1852년 7월 10일.
7 『철종실록』 3년, 1852년 7월 10일.

1858년 그해는 도정궁 이하전(李夏銓, 1842-1862)이 역모로 몰려 세상을 떠난 해였다. 이하전은 헌종 때 유력한 왕위 계승 후보자였다. 그가 철종에게 '이 나라가 전주이씨의 나라인가, 안동김씨의 나라인가'라고 한 것이 화근이었다. 야사에 흔히 전하듯 파락호처럼 위장한 흥선군은 살아남았고, 왕손의 기개를 드러내려던 이하전은 사약을 받았다.[8]

철종의 승하와
고종의 즉위

궁중 관례상 국왕이 후사 없이 세상을 떠날 경우 대통을 이을 인물을 지명할 권한은 궁중의 최고 어른에게 있었다.

헌종 승하 후 '강화도령' 철종이 즉위하자 조대비는 안동김씨가 주도하던 조정의 상황을 지켜보는 입장이었다. 그러던 중 수렴청정을 하던 궁중의 어른 대왕대비 김씨(순원왕후, 1789~1857)가 1858년(철종 8년) 승하하자 조대비가 궁중의 최고 어른이 되었다.

한편, 궁중에 들어간 이후 철종은 즉위 10년째인 1858년 원자(元子)를 낳았지만 불과 6개월 만에 사망하였다. 결국 영혜옹주 외에는 후손

---

8 황현의 『매천야록』, 박제형(혹은 박제경)의 『근세조선정감』 등에는 고종시대에 관한 흥미진진한 이야기와 깊은 내용이 두루 전한다. 흥선군의 '야인 시절'에 대해서도 마찬가지다. 이들 저술은 실록 등의 공식 기록에서는 찾아보기 어려운 이면의 흥미진진한 내용이 많고, 널리 활용되는 귀중한 사료임에는 틀림없다. 그러나 일부 비판적 검증을 요하는 내용이 곳곳에 있어 많은 주의도 필요하다. 그 점 『고종실록』 등도 마찬가지다.

을 두지 못하였다.[9] 이러다 철종이 후사 없이 운명하게 된다면, 새로이 대통을 이를 후계자 지명권은 조대비에게 주어져 있었다. 흥선군이 장래를 대비하며 조대비와 기민하게 연락을 취하기 시작한 것은 아마도 이 무렵이 아닐까 생각된다. 이후 둘 사이를 연통한 것은 조대비의 친정 조카들과 흥선군의 수족들인 '천하장안(千河張安)' 그리고 안상궁 등 궁중의 인물들로 알려진다.

마침내 동치(同治) 2년(1863) 12월 8일, 14년 재위를 끝으로 철종이 창덕궁 대조전에서 승하하였다. 불과 33세의 나이였다.

조대비는 바로 그날 창덕궁 중희당에 정원용 등 시원임 대신을 소집하였다. 그 자리에서 조대비는 원상(院相)에 정원용을 임명함과 동시에 "흥선군의 적자(嫡子) 중에서 둘째 아들 명복(命福)으로 익종대왕의 대통(大統)을 잇기로 작정하였다."고 선언하였다.[10]

원상이란 갑작스런 국왕의 승하로 정상적 국정 운영이 어려울 때 시원임 재상 중 선정되어 국정 전반의 자문에 응하거나 정책 결정을 하는 직임이다. 따라서 원상 정원용이 조정 대신들을 소집하여 새 국왕을 정하는 형식적 절차를 밟아야 했을 터였다.

그런데 조대비는 회의를 소집하여 원상을 지명하고, 바로 그 자리에서 모든 절차를 전광석화와 같이 마무리한 셈이었다.

이상은 조대비와 흥선군의 사전 교감은 물론, 흥선군의 아들 명복에 대한 조대비의 사전 정보가 넉넉하지 않았다면 불가능한 일이다. 원상 정원용도 마찬가지이다.

---

9 『철종실록』 10권, 철종 9년 10월 17일, 철종 10년 4월 23일.
10 『승정원일기』 및 『고종실록』 1863년 12월 8일조. 익종(翼宗)은 헌종 즉위 직후 효명세자에게 올린 묘호(廟號)이다. (『헌종실록』 1년(1834) 11월 19일)

반면, 당시 안동김씨 가문의 좌장격인 김좌근, 김흥근은 흥선군의 아들 명복에 대한 사전 정보가 거의 없었던 것 같다.[11] 대왕대비가 "흥선군의 둘째 아들의 작호(爵號)는 익성군으로 하라."[12]고 하자, 영의정 김좌근이 "익성군의 나이가 올해 몇 살입니까?"물었고, 대왕대비는 "10여 세가 됨직하다."고 답하였다.

명복을 익성군으로 맞아들인 날 조대비와 대신들은 각기 소감을 피력하였다.[13] "하늘의 해 같은 기상을 우러러보고서 뭇 사람들이 기뻐하지 않는 이가 없습니다."(원상 정원용) "익성군이 어린 나이에 범절이 숙성하고 총명하니, 참으로 종묘사직을 위해 다행스럽다."(조대비) "종묘사직의 대책을 정하였으니 진실로 경축할 일입니다."(판중추부사 김흥근) "경광(耿光)을 우러러보니 너무나 경사스럽고 기쁩니다."(영의정 김좌근)

실록의 기사를 놓고 보면, 조대비가 명복을 익성군으로 봉하여 국왕으로 옹립하는 과정에 안동김씨 가문 인사들에게 특별한 이견은 없었고, 심각한 긴장감은 보이지 않는다.

오히려 김좌근은 어린 국왕을 대신해 수렴청정할 것을 조대비에게 건의하였다. 대비도 "나라 형편이 외롭고 위태롭기가 하루도 보전하지 못할 것 같으니 다른 것을 돌아볼 겨를이 없다. 응당 힘써 따라야 하겠다."면서 즉석에서 이를 수락하였다.

그 직후 고종의 국왕 즉위식이 창덕궁 인정문 앞에서 거행되었다.

조대비는 고종의 모후(母后)가 되었고, 익종은 고종의 부왕(父王)으로, 순조는 조부, 정조는 증조부, 영조는 고조부 항렬의 선왕이 되었다.

---

11 『승정원일기』 및 『고종실록』 1863년 12월 8일.
12 '大王大妃曰以興宣君嫡己第二子命福, 入承翼宗大王大統'(『고종실록』 1863년 12월 8일조)
13 『고종실록』 1권, 고종즉위년 12월 8일.

그런데 고종이 익종의 대통을 잇게 되자, 바로 앞의 왕 헌종과 철종을 고종과 어떤 관계로 둘 것인가를 두고 설왕설래하였다. 그러자 20여 일 후 조대비는 헌종을 고종의 형, 철종을 숙부의 관계로 정리하여 더 이상의 논란을 잠재웠다.

> 왕위를 물려받아 내려온 계통으로 말한다면 정조·순조·익종·헌종 4대의 계통이 대행대왕(철종)까지 전해 온 것을 주상(고종)이 물려받은 것이다. 어찌 계통이 둘이 된다고 의심할 것이 있겠는가. 익종에게는 황고(皇考)와 효자(孝子)로, 헌종에게는 황형(皇兄)과 효사(孝嗣)로, 대행대왕에게는 황숙고(皇叔考)로 칭하며 3년 동안 애종자(哀從子), 3년 지난 후는 효종자(孝從子)로 부르도록 하라.' 하였다.[14]

수렴청정을 시작한 조대비는 먼저 왕실의 위상을 강화하고자 하였다. 경복궁을 중건하고, 안동김씨 인물을 포함, 다양한 인사로 조정을 구성하고, 관제를 고쳐 왕실의 종친에게도 직임을 주도록 하였다.[15]

그것은 왕실의 방계 혈족 출신으로서 정통성에 다소 취약점을 안고 있던 고종의 권위를 보완해 주려는 장치이기도 하였다.[16]

한 가지 의문은 흥선군의 첫째 아들 이재면(1845-1912)이 있음에도 조대비가 둘째 아들 명복을 지명한 이유가 무엇일까 하는 점이다. 이재면이 19세였으니 어린 명복 보다는 오히려 새 국왕으로 지명하기에 적합하지 않았을까.

---

14 『승정원일기』 고종 즉위년 12월 30일.
15 조대비의 수렴청정에 대해서는 임혜련, 「19세기 신정왕후 조씨의 생애와 수렴청정」, 『한국인물사연구』 10, 한국인물사연구소, 2008 등을 참조.
16 장영숙, 『고종의 정치사상과 정치개혁론』, 선인, 2010, 33~36쪽.

그러나 조대비는 이재면이 이미 관직에 들어서 있었고, 둘째 아들 명복은 어리기는 하지만, 용모가 단정하고 건강하고 총명하여 새 국왕으로 지명하였다고 한다.[17] 물론 조대비와 흥선군이 어린 고종을 국왕으로 내세워 권력을 행사하려 했다는 주장도 있다.

고종 즉위 다음날 흥선군과 그의 부인 여흥민씨에게는 흥선대원군, 여흥부대부인의 작호가 주어졌다.[18]

이후 조대비는 자신의 '양아들'이자 국왕인 고종이 역사의 격랑 속에 파란을 겪는 모습을 일생 지켜보게 된다. 조성하, 조영하 등 그녀의 친정 조카들도 임오군란, 갑신정변 등을 거치며 목숨을 잃었고, 그녀 자신도 갑신정변 당시 며느리(명성황후)와 함께 창덕궁을 빠져나와 양주의 각심재(현재의 서울시 노원구 월계동 소재)까지 피난하기도 하였다.

한편 고종과 왕비는 굴곡이 많은 모후의 일생을 누구보다 잘 이해했다. 이들은 조대비를 공경하고 깍듯이 받들었으며 왕비는 궁중 대소사를 모후 조대비에게 크게 의지하였다. 조대비도 고종과 왕비를 넉넉히 품어 안았다.[19]

순조의 며느리, 효명세자 익종의 아내, 헌종의 어머니, 고종의 모후 등 몰락해 가는 조선 왕조 말기에 궁중의 최고 어른이었던 그녀는 경복궁의 자경전 등에 머물렀고, 1890년(고종 27년) 4월 83세의 나이로 경복궁 흥복전(興福殿)에서 승하하였다.

---

17 *The Korean Repository* Vol. Ⅲ, The triligual Press, Seoul, 1896, pp.422~424.

18 대원군은 왕실의 방계에서 국왕이 옹립될 경우 친부에게 주어지는 작호이다. 조선조에는 4명의 대원군, 즉 선조의 부친(덕흥대원군), 인조의 부친(정원대원군, 원종으로 추존), 철종의 부친(전계대원군), 고종의 부친(흥선대원군)이 있다. 이 중 생전에 대원군이 된 경우는 흥선대원군이 유일했다.

19 이에 대해서는 『주연집』에 실린 신정왕후와 명성황후의 행록 등이 많은 참고가 된다.

제2장

제왕 수업기의 고종

-수렴청정과 대원위분부-

조대비의
수렴청정

조대비의 수렴청정은 1866년 2월 13일까지 약 26개월간 지속되었다. 그동안의 정국 운영은 정적에 대한 무자비한 탄압이나 숙청 보다는 권력의 안배와 조화를 꾀한 것이었다.

즉 풍양조씨, 안동김씨 그리고 왕실과 여흥민씨 가문의 인물과 여타 가문의 인물 등이 두루 조정에 기용되는 가운데 흥선대원군의 비중과 역할이 고종이 성년이 되기 전까지 두드러졌다. 이 모두 조대비는 물론 흥선대원군의 뜻과 무관하지 않았을 것이다.

여러 야사와 소설, 근대 일본 언론이나 일본인의 저술 등에서는 고종이 즉위하자마자 흥선대원군이 안동김씨 세력을 축출하고 무소불위의 권력을 행사한 것으로 묘사된다. 고종 즉위 초기 10년 사이의 정사도 대체로 흥선대원군의 집권, 섭정 등으로 표현하였다.

'집권', '섭정' 등의 표현이 이해는 되나, 공식적으로 집권, 섭정으로 표현하기에는 어색한 점이 있다. 고종 초년 10년 사이의 2년 동안 공식적으로는 조대비의 명을 거쳐 정사가 집행되었고, 조대비가 수렴청정을 거둔 이후로는 국왕의 명으로 집행되었기 때문이다.

이 과정에서 흥선대원군이 조정의 회의나 정책 결정 과정에 공식적으로 참가한 기록은 보이지 않는다. 흥선대원군이 공식적 위치에서 하명한 것은 아니었다는 애기이다.

따라서 이 시기의 정사에 대해서는 흥선대원군의 집권, 섭정 등의 표현 보다는 세도(勢道)라는 표현 정도가 적합하지 않은가 생각된다.

아울러 20세기 초 일본인들의 한국근대사 서술에서는 고종과 대신들의 공식적 역할 대신 흥선대원군과 왕비(명성황후)를 전면에 부각시킨 색채가 강하다. 나아가 두 인물의 갈등을 확대, 재생산하여 한국근대사를 구성하였다. 거기에 국내의 일부 야사류가 합쳐져 한국근대사의 기본 틀을 상당 부분 일그러뜨린 점이 있음을 부인하기 어렵다.[1]

흥선대원군이 정사에 간여하는 형식은 대체로 '대원위분부' 혹은 회장(回章)의 형식을 통해서였다.[2] 황현은 흥선대원군에 대해 이렇게 소개한 바 있다.

> 대원군 때에는 혼자 집권을 하였기 때문에, 비록 음관 한 사람과 변장
> 한 사람이라도 대원군을 거치지 않고는 발령할 수가 없었다. 인사발령
> 을 할 때는 언제나 그가 미리 후보 명단을 작성하여 자리를 채운 후에
> 올리면 고종은 낙점만 할 뿐이었다.[3]

대원군의 영향력은 넓게 잡아 고종 즉위 초 10년 정도였다. 이 시기에 조대비와 흥선대원군의 역할 비중이 어느 정도였는지, 두 인물 사이에 어느 정도 교감이 있었는지 깊이 알기는 어렵다. 다만 상당 부

---

1 이에 관해서는 菊池謙讓, 小田省吾, 小早川秀雄 등은 물론, 일본 군부와 정계, 언론계, 작가들의 수많은 글이 존재한다. 일부 비판은 이민원, 「민비시해의 배경과 구도」, 『명성황후시해사건』, 민음사, 1992; 하지연, 『기쿠치 겐조, 한국사를 유린하다』, 서해문집, 2015 등을 참조.
2 『고종실록』은 물론, 『매천야록』, 『근세조선정감』, The Korean Repository 등도 이를 입증하고 있고, 서울 주재 영국, 미국, 프랑스, 독일 등 각국 외교관도 흥선대원군의 역할을 언급하고 있다. 1880~1890년대에도 여러 사안에 대원군이 흔히 등장하여 그의 세도를 짐작하게 한다.
3 『매천야록』 1권, 「대원군의 독재」.

분 의기가 투합한 것으로 보이고 높이 평가되는 것도 적지 않다.

그 중 만동묘의 철훼(撤毁)와 전국 서원의 정비, 호포제 실시와 환곡 폐지 등은 전국 백성에게 크게 환영을 받았다. 경복궁 중건도 일부 백성을 고단하게 한 점은 있지만, 왕실의 체통과 국왕의 권위를 고려할 때 중요한 의미가 있다. 나아가 무기개발 등 무비의 강화, 무관의 우대, 탐관오리 숙청, 국고 증대 등 국력의 강화를 위한 노력과『오례편고(五禮便攷)』,『대전회통(大典會通)』의 교정, 편찬 등도 주목되는 업적이다.[4]

서원은 향교와 더불어 조선의 양대 고등교육기관이다. 조선 전기에 중요한 기능을 했고, 후기로 가면서 서원의 역할이 두드러졌다. 이 모두 공자와 맹자 등 중국의 주요 선현과 조선의 주요 선현들 제사를 받들면서 학생들을 교육하는 장소였다. 그러나 세월이 가면서 서원은 지방민의 원망 대상이 되었고, 군역을 피하려는 자들의 도피처가 되었다. 일부 서원에서는 제향을 구실로 지방민에게 물자, 인력을 강요했고 수령도 어쩌지 못하였다. 야사에서는 대원군도 흥선군 시절 화양동 서원에서 봉변을 당한 것으로 기록하고 있다.

이런 폐단을 인식한 조정에서는 전국 600여 곳의 서원과 사우(祠宇) 중 주요 서원 47개만 남기고 나머지는 모두 헐어버리게 하였다.[5]

호포제는 군역의 일종이다. 군대에 가는 대신 군포(軍布)를 납부하는 제도다. 그러나 양반은 제외되고 양인만이 포를 납부하였다. 대원군은 '양반은 백성 아닌가, 양반도 포를 내라!'는 입장이었다. 반상 구

---

4 연갑수,『대원군집권기 부국강병정책 연구』, 서울대학교출판부, 2001 등을 참조.
5 성대경, 「대원군의 내정개혁」,『한국사 37』, 국사편찬위원회, 2000. 대왕대비는 만동묘 제사 중지를 명하고 그곳 지방위(紙榜位)를 황단(皇壇)의 경봉각(敬奉閣)에 옮겨 보관하고 편액(扁額)도 경봉각에 걸도록 하였다.(『고종실록』2권, 고종 2년(1865) 3월 29일)

분 없이 군포를 징수하니 재정을 확충하는 효과가 있었다.

이상과 같은 정책을 두고 조대비와 흥선대원군 사이에 크게 이견을 보인 흔적은 보이지 않는다. 조대비의 의중이 이 시기의 정책에 반영되었다고 볼 수 있고, 그것은 순조 당시 대리청정을 하며 정사를 고민하였던 효명세자의 유지도 상당 부분 반영되었다고 볼 수 있다.

조선의 정궁
- 경복궁의 유래와 상징성

"궁궐은 임금이 나라의 일을 보는 곳이자 사방이 우러러보는 곳이며, 신하와 백성들이 모두 나아가는 곳이므로 제도를 장엄하게 해서 위엄을 보이고, 이름을 아름답게 지어, 보고 듣는 자에게 감동을 주어야 합니다."

조선의 개국공신 정도전이 태조에게 궁궐의 전각 이름을 지어 올리면서 아뢴 말이다.

현재 서울에는 조선 시대의 궁궐 5개가 남아 있다. 경복궁은 서울의 북쪽에 위치하여 북궐(北闕), 창덕궁과 창경궁은 경복궁의 동쪽에 위치하여 동궐(東闕), 경희궁은 서쪽에 위치하여 서궐(西闕) 그리고 남서쪽에 위치한 덕수궁(1907년까지 경운궁으로 불림)은 서궁(西宮) 혹은 명례궁으로도 불리곤 했다.

그중 경복궁(景福宮)은 조선의 정궁(正宮) 혹은 법궁(法宮)으로 불리는 곳이다. 국왕이 국정을 운영하는 정치의 중심이자 의례적, 상징적으로도 나라의 중심 공간이다.

조선에서 처음으로 경복궁을 지은 것은 태조 4년(1395)이다. 이성계는 즉위 직후 도읍을 옮기기로 하고, 즉위 3년째인 1394년 신도궁궐조성도감(新都宮闕造成都監)을 열어 공사를 시작하여 이듬해 완공하였다. 불과 2년 사이였으니 놀라운 속도였다.

경복궁의 명칭은 정도전이 올렸다. 『시경』 대아(大雅)에 "이미 술에 취하고 이미 덕에 배부르니 군자만년 그대의 큰 복을 도우리라(旣醉以酒 旣飽以德 君子萬年 介爾景福)."고 한 문구에서 두 자를 골라 이름 붙였다.

경복궁 내부는 태조 당시 모든 건물이 완공된 것은 아니었고 이후 역대 왕들이 여러 전각을 추가로 지었다. 그중 대표적인 것이 태종대와 세종대의 사례다.

태종은 재위 12년(1412) 궁내에 경회루(慶會樓)를 완공하였다. 경회루의 이름은 태종의 명을 받아 하륜이 지었다.

태종이 경회루를 지은 목적은 무엇인가. 경회루 영건을 추진할 때 재정 등의 이유로 신하들 중에 이를 반대한 이들이 있었다.

그러자 태종은 "내가 이 누각을 지은 것은 중국(中國) 사신에게 잔치하거나 위로하는 장소를 삼고자 한 것이요, 내가 놀거나 편안히 하자는 것이 아니다."라고 하여 신하들의 반대를 무마하였다.

속마음이야 어찌 중국 사신 접대를 위해서였겠는가마는, 조선 시대 왕 중에서도 선이 굵고 대가 센 인물인 태종도 대명관계의 중요성을 강조하면서 경회루 공사에 대해 신하들의 반대를 물리치고 있음을 볼 수 있다.

정도전 등은 당초 재상 중심의 정치를 고려하여 경복궁을 설계하였다. 그러나 태종은 국왕 중심의 국정 운영을 추구하였다. 경회루의

조성에는 왕과 왕실의 권위를 높이고, 국왕과 대신들의 화합 속에 국
정을 이끌어 가기 위한 연회와 휴식, 담론의 공간 조성이라는 목표도
엿보인다.

생전의 태종은 경회루에 상왕(태조)을 모셔와 세자, 종친, 부마 등과
자주 연회를 열었고, 역대 국왕도 이곳에서 대신들과 빈번히 연회를
열었으며, 명의 사신은 물론, 일본, 여진, 유구의 사신을 응접하는 장
소로 이용하였다.

한편, 세종은 경복궁에 집현전을 두어 학문적 소양이 높은 문관들
을 가까이 두었다. 또한 경회루 남쪽에 '물시계', 즉 자격루(自擊漏)를 설
치한 보루각(報漏閣)을 세웠다. 궁의 서북 모퉁이에 천문관측용의 간의
대(簡儀臺)를 설치하고, 강녕전 서쪽에 흠경각(欽敬閣)을 짓고 일종의 천
문시계 장치인 옥루(玉漏)를 설치하였다.

이 중 자격루, 옥루 등은 특별한 의미가 있었다. 즉 연월일시(年月日
時)는 매년 명나라 황제로부터 받는 책력(册曆)을 쓰지만, 시간만큼은 조
선의 국왕이 조선의 표준에 맞게 정확히 측정하여 쓰자는 것이었다.
보이지 않는 주체적 의식의 발로라고도 할 수 있다.[6]

이때 발명한 자격루는 시간을 알리는 '시보(時報)' 장치로서 동서양
역사에서 가장 앞선 '원조시계'로 평가되고 있다. 비록 동양은 명나라
의 천하였지만, 조선은 그런 환경에서도 독자성을 추구하며 다방면에
서 명나라를 추월하고 있었다. 세종을 '조선의 성군(聖君)'이라고도 칭
한 이유이다.

이처럼 조선 왕조의 권위와 품격을 담고 있던 경복궁은 임진왜란

---

6 남문현, 「世宗朝의 漏刻에 관한 硏究; 報漏閣自擊漏」, 『동방학지』 57, 1988; 남
문현, 『장영실과 자격루』, 서울대 출판부, 2002.

때 일본군이 한양을 점령하면서 창덕궁, 창경궁과 함께 모두 불에 타 버렸다.

이후 경복궁은 19세기 중반까지 복원되지 못하였다. 선조는 경복궁 중건을 희망했으나 재정 곤란을 이유로 실현되지 못하였고, 광해군, 효종, 숙종, 영조, 정조, 순조 등 역대 국왕도 대부분 경복궁 중건을 거론했으나 역시 신하들의 반대와 풍수가 불길하다는 이유 등으로 무산되곤 했다. 왕권이 강했다면 생각하기 어려운 현상이었다.

그러나 고종 즉위 후 경복궁 중건 사업은 조대비의 명으로 일사불란하게 추진되었다. 그 과정에는 흥선대원군의 의지는 물론, 박규수 등의 협력이 두루 엿보인다.[7]

조대비의 하명과
흥선대원군의 경복궁 중건

1865년 4월 3일 대왕대비는 시원임 대신들을 소견하였다. 그 자리에서 조대비는 "어제 경복궁의 중건 문제를 명령한 바가 있는데 경 등은 들었는가?" 하였다.

이에 영중추부사 정원용이 "경복궁 중건은 몇백 년을 두고 미처 손대지 못한 일입니다. 역대의 임금들이 모두 생각은 하고 있었고 옛날의

---

7 이완재, 『박규수 연구』, 집문당, 1999.

어진 신하들도 똑같은 의견을 가지고 있었습니다. 지금 받은 명령은 대소 신민들이 항상 바라오던 것입니다. 그런데 궁전을 짓자면 먼저 규모도 정하고 준비도 있어야만 공사를 시작할 수 있습니다." 하였다.

대왕대비는, "나라에서 공사를 하려고 드는 이상 안 될 리가 있겠는가? 옛날 그 대궐을 사용하던 때에는 백성들이 번성하고 물산이 풍부하였으므로 태평 시대라고 칭송하였다. 그 때문에 주상이 백성을 위하여 이 공사를 한번 해보려는 생각을 가지는 것이다." 하였다.

이에 영돈녕부사 김좌근이 "어제 내린 대왕대비의 명은 말씀이 아주 간절하고도 진지하였습니다. 3백 년 동안이나 미처 손대지 못한 일인데 이제 만일 새롭게 다시 지어 놓는다면 그야말로 오래된 나라를 유신(維新)하는 일이니 누군들 손을 모아 축원하지 않겠습니까? 다만 공사가 더없이 크고 재력도 갑자기 마련해낼 만한 것이 아니어서 답답합니다." 하였다.

영의정 조두순은 "경복궁을 중건할 때 민력(民力)을 동원할지 여부는 온 조정의 의견이 귀일되기를 기다린 다음에 아뢰겠습니다." 하였다. 판돈녕부사 이경재도 "이번에 옛 궁전을 중건하는 것은 수백 년 동안 미처 손대지 못한 일을 하는 것으로서 선대의 업적을 계승하는 것 가운데서도 큰 것입니다. 그런데 현재 나라의 경비로 말하면 큰 공사를 벌이지 않아도 오히려 궁색하여질까봐 우려되니 어떻게 해결하겠습니까? 실로 재물을 마련하자면 백성에게서 받아내는 길밖에 없어 결국 백성들에게서 거두어들여야 할 형편인데 절약하는 방도는 유사(有司)들이 어떻게 조처하는가에 달려 있습니다." 하였다.

이에 판중추부사 이유원이 "옛 궁궐을 중건하는 일에는 모든 백성들이 제집 일처럼 떨쳐나설 것이고 재정도 유사들이 마련하게 될 것입니다. 신은 다른 의견이 없습니다." 하였다.

그러나 좌의정 김병학은 "옛 궁전을 중건하는 것은 나라의 운수를 새롭게 만드는 계기가 되므로 기쁜 마음에 축원하여 마지않습니다. 대체로 나라에 큰 공사가 있으면 으레 백성의 힘을 빌리는데 이는 어버이의 일을 도우려고 아들들이 달려오는 것과 마찬가지입니다. 재정도 유사들이 응당 차례차례 해결해 나갈 것입니다. 신은 다른 의견이 없습니다." 하였다.

같은 안동김씨 가문 인물이지만 영의정 김좌근은 재정 문제를 들어 소극적으로 반대하는 모습이고, 김병학은 별다른 의견 없이 이를 지지하는 모습이었다.

이때 호조판서 이돈영은 "경복궁을 중건하는 것은 오래전부터 조정에서 의논이 있었습니다. 지금 대왕대비의 명령을 받들고 누군들 칭송하지 않겠습니까? 백성들의 힘이 펴지게 만들거나 곤란해지게 만든다든가 재력이 넉넉해지게 만들거나 말라붙게 만든다든가 하는 것은 자연히 묘당(廟堂)에서 조처해 나갈 것입니다. 신으로서는 그것을 받들어 일을 해나가야 할 뿐입니다." 하여 일의 추진이 가능하다는 의견을 밝혔다.

이에 대왕대비는 마침내 중건공사를 윤허하였다. 이어 "나라의 큰 공사에 백성들의 힘만 빌려서 되겠는가?" 하자, 조두순이 위의 재상으로부터 서민에 이르기까지 힘을 내야 할 것이라고 하였다. 이후 김좌근 등 안동김씨 가문은 물론, 척족과 종실 모두 기금을 내었다.

더불어 조대비는 "이처럼 더없이 중대한 일은 나의 정력으로는 모자라기 때문에 모두 대원군(大院君)에게 맡겨버렸으니 매사를 꼭 의논하여 처리하라." 하였다. 이후 흥선대원군은 경복궁 중건의 중책을 맡아 모든 일을 주관해 처리하게 되었던 것이다.

그렇다면 조대비의 경복궁 중건은 그 뜻이 어디에 있었나.

먼저, 조대비는 '경복궁은 조선 왕조의 수도에 맨 처음 지은 정궁 (正宮)이며, 정령(政令)과 시책이 다 이곳에서 나왔다. 백성들의 복도 이 궁전으로부터 시작되었다. 그러나 불행하게도 임진년 전란에 불타버 리고 난 다음 다시 짓지 못하였다.'는 것을 첫째 이유로 거론하였다.

다음으로 익종(翼宗)이 정사를 대리하면서 다시 지으려는 뜻을 두었 으나 착수하지 못하였고, 헌종(憲宗)도 그 뜻을 이어 공사를 하려다가 시작하지 못한 점을 들었다.

더불어 현 국왕(즉 고종)은 왕위에 오르기 이전부터 옛터를 돌아다니 면서 구경하였고, 근일 왜 지금은 옛날처럼 못 되는가 하고 때없이 한 탄하였다는 것을 거론하였다.

그다음으로 백성들의 복과 무궁한 국운의 터전은 경복궁을 다시 짓는 데서부터 시작할 것이라고 하였다.

이렇게 보면, 경복궁 중건은 나라 정사의 중심무대이자 국운의 터 전이라는 것이 가장 중요한 명분이었고, 거기에 추락한 왕실의 권위 회복이라는 현실적 목표가 함께 있음을 알 수 있다. 더불어 조대비는 남편 익종의 유지를 사별 35년 만에 실현하고자 한 셈이었다.

경복궁 중건과 관련하여 재정 염출은 다방면에서 이루어졌다. 왕 실에서는 솔선해 기금을 내었고, 유력한 양반 사대부들에게도 원납전 (願納錢)이란 명목으로 경비를 부담하게 하였다. 이어 부족한 경비를 보 충하기 위해 도성을 출입하는 이들의 물품에 세금을 부과하였다. 이 같은 도성출입세와 원납전은 유력 양반가와 백성의 원망을 사기도 하

였다.[8]

경복궁 중건은 임진왜란 당시 폐허가 된 조선의 정궁을 중건하는 대역사였다. 역군을 동원한 대규모 작업이 행해지면서, 일꾼들의 함성 소리, 징소리, 북소리가 끊이지 않았다.

거리에서는 일꾼들의 사기를 위해 대평시대를 갈구하는 내용을 담아 각종 잡희가 공연되었다. 이를 보기 위해 장안 사람들이 거리를 메웠다. 연화대, 선녀무, 사호기, 백자희 등 여러 연희(演戱)는 경복궁 중건 사업 홍보이기도 했다.[9]

이처럼 일사불란하게 추진된 경복궁 중건은 조선 후기에 왕실과 국왕의 권위가 추락하여 국정이 혼란을 거듭했던 것에 비하면 기민하고도 놀라운 성과였다. 불과 2년여에 완공된 경복궁은 19세기 조선 최대의 건축 공사였다. 규모는 7,481칸, 궁성 둘레는 1,813보, 높이 20척이었다.

이 시기 조대비와 흥선대원군은 선왕의 염원을 실현하고, 왕조와 왕실의 권위를 높이고, 국가 기강을 확립한다는 측면이 공존하였다. 이들은 국가 재정을 사적 용도로 사용하지 않았다. 전래의 방식이지만 국방과 재정을 강화하고 부패를 단속하고 경복궁을 근 270여 년 만에 복구한 점 등은 왕조사회의 가치로 보면 높이 평가할 만한 부분이었다.

고종 초년에 이렇게 경복궁 중건을 하지 못했다면, 이후로는 그럴 기회가 거의 없었을 것이다. 오늘의 세종로 거리와 광화문 주변 그리

---

8 이때 시작된 원납전과 도성출입세 등은 1873년 고종이 정사를 주도하면서 폐지하였다.

9 김윤주, 「조선 고종대 경복궁 중건의 풍경과 일상」, 『서울과 역사』 103, 서울역사편찬원, 2019, 207~244쪽; 이강근 외, 『경복궁 중건 천일의 기록』, 서울역사편찬원, 2019.

고 경복궁이 자리하고 있는 세종로 1번지 모습은 크게 달라졌을 것이고, 경복궁도 한국의 역사에서 자취를 감추었을 것이다.

그러나 중건 과정에 어려움도 많았다. 무엇보다 재정부족이 심각했고, 홍수와 화재 등으로 전국에서 벌목해 온 목재가 떠내려가거나 전소되는 수난을 겪었다. 부족한 재정을 보충하기 위해 발행한 당백전으로 물가가 치솟았다.[10] 이에 그 많은 물자와 인력을 들여 꼭 토목사업을 추진해야 하느냐는 최익현 등 재야인사들의 비판 상소가 올라오기도 했다.

이후 조선은 제너럴셔먼호 사건(1866), 병인양요(1866), 신미양요(1871) 등이 이어지고, 천주교도 박해, 서원정비 시책 등으로 내정과 외정이 크게 동요하게 되었다. 성년이 된 고종이 직접 정사를 추스르기 시작한 연후에도 운양호사건, 조일수호조규, 서양 각국과의 조약 체결 등이 이어지면서 조선은 격동에 휩싸여 갔다.

이후 고종시대의 최대 고충은 만성적 재정난이었다. 왕조의 질서를 생각하면 중건도 필요했지만, 그만한 재정과 정치력을 세계정세 파악과 서양 배우기에 투여하지 못한 점은 고종시대의 정책 시행과정에 나타난 방향착오 중 하나라는 지적도 만만치 않다.

---

10 이강근·임성수·나영훈 외, 『경복궁 중건 천일의 기록』, 서울역사편찬원, 2019를 참조.

흥선대원군의
천주교도 박해와 서양과의 충돌

고종 초년의 내정은 선대의 폐단을 정리한 것들이 많았다. 조선조에서도 전례없는 혁명적 정책이었다. 내정에 관한 한 대원군을 높이 거론할 수밖에 없는 이유도 거기에 있다.

이런 흐름이 대외정책으로까지 확산되고, 흥선대원군의 정치력이 이후 고종과 개화파 청년들에게 힘을 실어주는 방향으로 이어졌다면, 조선의 운명은 크게 달라졌을 것이다.

고종 초년의 대외 관계 사안은 19세기 말에 접어들면서 새로이 등장한 것들이다. 성격이 크게 달랐다. 그에 대한 대책은 단기간 수렴청정을 한 조대비의 역할보다는 흥선대원군의 판단이 크게 작용한 것이었다.[11]

1866년 조대비가 수렴청정을 거둔 그해 조선에서는 천주교 신부와 천주교도에 대한 박해가 있었고, 제너럴셔먼호 사건, 병인양요, 독일인 오페르트의 남연군묘 굴총사건, 신미양요 등이 이어졌다.

이들 사태에 대한 대응이 흥선대원군 당대에는 백성의 호응을 받았다. 민심을 결집하는 효과도 있었다. 그러나 후대의 역사가들로부

---

11 이 중 병인박해 등은 천주교에 관용을 보이던 조대비와 흥선대원군이 조정 내외의 여론으로 정치적 부담을 안게 됨으로써 정책적 선택을 한 결과로 해석하기도 한다.(강상규, 『조선정치사의 발견』, 창비, 2013, 350~362쪽)

터는 많은 비판을 받고 있다. 신문명의 발전으로 해양시대가 도래하는 시점에 대외사정을 자세히 살펴보기는커녕, 강력한 문호폐쇄 정책으로 세계 흐름과는 반대로 치달아 국가 발전에 막대한 지장을 주었기 때문이다.

흥선대원군은 왜 천주교도를 탄압하고, 서양 각국의 통상 요청을 거부하면서 병인양요, 신미양요 등 프랑스군과 미군과의 전투까지 치르게 되었을까.

우선은 프랑스, 미국 등 서양 각국의 존재와 문명에 대한 대원군의 이해 부족, 서양을 오랑캐로 보던 전국 양반과 유생 집단의 배외적 분위기를 배제하기 어려웠던 점, 게다가 서양은 서양대로 독일인 오페르트의 남연군묘 도굴 미수사건 등을 저질러 조선의 조야로 하여금 서양을 무도한 오랑캐로 인식하게 한 점 등을 주요 원인으로 들 수 있다.[12]

그러나 더 깊은 속사정이 있었다. 전통적으로 명, 청은 조선에게 사대교린을 요구하였다. 자국의 안보를 우선하여 주변 왕국들에게 사대를 요구하되, 상호 교류는 민감하게 차단하였다. 조선 조정이 서양과의 접촉에 소극성을 띠게 된 이유 중 하나였다.

조선 조정은 북경을 왕래하는 사신들을 통해 아편전쟁, 남경조약, 태평천국의 난, 애로우호 사건 등에 관한 소식을 접하고 있었다. 그러나 정체를 잘 모르는 서양 세력에 대해 공포심만 팽배한 가운데, 서양 사정을 적극적으로 알아보려 하기보다는 조종의 전례에 따라 대국, 즉 청국의 대응과 사태의 추이를 지켜보자는 자세를 취하고 있었다.[13]

---

12 연갑수, 『大院君 執權期 富國強兵策硏究』, 서울대학교출판부, 2000; 강상규, 『조선 정치사의 발견-조선의 정치지형과 문명전환의 위기』, 창비, 2013, 362~375쪽.
13 하정식, 『태평천국의 난과 조선왕조』, 지식사업사, 2008, 제2장을 참조.

조대비도 홍선대원군도 처음에는 조선에서 활동하는 프랑스 신부들과 천주교도들을 묵과하고 있었다. 승지 남종삼이나 홍봉주 등을 통해 프랑스 선교사를 매개로 프랑스 정부의 지원으로 러시아의 남하에 대응하자는 움직임도 조심스럽게 있었다.

그러나 청국 내의 천주교도 탄압과 고조되는 배외 의식은 조선 조정에 직접 영향을 미쳤다. 조야도 천주교 신부들을 서양오랑캐의 첩자, 승지 남종삼이나 홍봉주 등 조선의 천주교도들을 서양오랑캐의 앞잡이라 여기는 분위기였다. 이 상황에서 홍선대원군은 유교윤리가 지배하던 조선 사회에서 이를 방치하다가 자칫 정치적 위기를 불러오지 않을까 우려하였고, 이에 무자비한 박해와 문호폐쇄로 치달았다는 해석도 유력하다.

그러나 이러한 정치적 판단과 조치는 메이지 유신(明治維新) 이래 일본에서 전국적으로 신식 교육이 보편화되며 산업화, 근대화를 향하여 역동적으로 나아가고 있던 것에 비해 조선의 고립을 자초하였다. 고종이 제왕 수업을 할 무렵, 청국과 일본의 변화하던 상황을 놓고 보면, 서양과 교류를 트고 새로운 문명으로 나아갈 시점이었다. 그러나 홍선대원군의 세도가 막강하던 그 때 조정은 대외정책 방향을 잘못 잡았고, 그로 인한 부담은 고스란히 고종에게로 넘겨졌다.

고종의 흥선대원군에 대한
인식과 그 변화

흥선대원군의 정사에 대해 박은식은 '내정에 관한 대원군의 용기와 결단은 높이 평가할 만하다. 그러나 해외사정에 대한 무지와 그릇된 정세 판단으로 역사의 물줄기를 거스르며 국가 정책을 이끌어간 것은 더할 수 없는 실책이다. 참으로 애석하다'고 평하였다.[14]

황현도 『매천야록(梅泉野錄)』에서 '그 10년 동안은 국가에 아무런 변고도 없었다. 이것은 천 년에 두 번도 없는 좋은 기회였으므로 큰일을 할 수 있는 시기였다. 만일 그가 분주하고, 어진 선비를 대우하여 (중략) 문화와 법률 등 그 외의 범위까지 하였더라면, 하늘이 행운을 주어 인재들이 그 시기를 타고 모여들었을 것이다. 그들에게 10년 동안 좋은 교육을 시켰다면 천하에 어찌 못 할 일이 있겠는가?'라고 흥선대원군을 혹평하였다.

실제로도 대외정책을 주도한 대원군의 시야는 밖으로 열리지 못했고 개혁은 내정에서 멈추었다. 거기에는 대원군의 식견도 문제였지만, 중화질서 속에 갇혀있던 조선 나름의 속사정도 있었다.

명과 청은 전통적으로 조선에게 사대교린을 요구하며 대외 교류를 차단하려 하였고, 조선은 이를 수용해왔다. 그 결과[15] 대원군도 중국

---

14 박은식, 『한국통사』(상해: 1915), 삼호각, 1946.
15 양수지, 「琉球王國의 對外關係에 관한 一考察; 朝鮮朝의 事大交隣과 관련하여」, 『韓日關係史研究』 3, 1995, 15~46쪽 참조.

중심 동아시아 세계의 틀을 극복하지 못하였다. 그러나 문호 개방 이후의 고종은 적극적으로 그런 굴레를 탈피하고자 주력한 점에서 차이가 있었다.

말하자면 고종은 그러나 동서 세력이 교차하는 시점에 대외사정을 읽고, 문호개방과 근대화를 추구한 반면, 대원군은 그런 고종에게 힘을 실어주기는커녕 오히려 방해 요소가 되었던 점이 19세기 말의 한국사에 매우 큰 아쉬움으로 남는다.

그렇다면 고종은 생부 흥선대원군의 정책을 어떻게 보고 있었고, 그에 대한 인간적 감정은 어떠하였을까. 즉위 초기 10년 사이의 전반기에 고종은 자신을 낳아 국왕으로 즉위하게 한 대원군을 공경하였다. 그러나 장성해 가면서 흥선대원군에 대한 생각에 변화를 보였다.

고종 스스로 정사를 주도하려는 의욕에 비례해 부친 대원군이 국왕인 자신의 존재를 유명무실하게 하고, 시대의 흐름도 잘못 읽으며 국정을 오도하는 존재로 인식하여 갔다. 고종은 대원군을 정면으로 비판하지는 않았지만, 그의 무리한 정사를 우회적으로 거론하였다.

이 상황에서 대원군에 대한 고종과 왕비의 감정을 악화시킨 사건들이 이어졌다. '민승호 폭사 사건', 임오군란, 안기영사건 등에서 대원군은 이들 사건의 배후로 의심을 받았다. 그로부터 10년 뒤 청일전쟁 당시에는 일본 측의 공작으로 대원군이 권좌에 복귀하는 모습으로 비쳐지면서 고종의 대원군에 대한 원망은 더욱 누적되었다.

갑오개혁 당시 군주권이 무시되고, 왕후가 궁중에서 비극을 맞은 사건은 고종에게 더할 수 없는 충격이었다. 이때도 일본 측은 거듭 흥선대원군을 앞세웠다. 대원군의 의지와는 무관한 일본의 '납치공작'이었지만, 고종이 정확히 내막을 간파하기는 어려웠을 것이다.

결국 민승호 폭사 사건 이래 왕후 시해 사건에 이르기까지의 사태로 대원군에 대한 고종의 오해와 원망은 되돌릴 수없이 쌓여 갔다.

대원군의 입장에서는 아들의 원망이 오해로 인한 것이며, 자신이 불가항력적 상황에서 누명을 썼다는 억울함이 있었다. 특히 갑오개혁과 왕후시해 당시 일본공사 이노우에와 미우라 등이 자신을 연루시켜 고종을 압박해 갈 때 그의 내면은 참담하고도 울울하였을 것이다.

후일 대원군은 못된 신하들로 인해 부자 관계가 깨어졌다면서 고종의 오해를 풀고자 하였다. 그러나 고종은 만나기를 거절하였다. 부대부인 민씨는 실의에 빠져 있는 대원군에게 신앙을 권하는 한편 뮈텔주교에게 대원군을 위해 기도해 줄 것을 하소연하기도 하였다. 임종에 이르러 대원군은 자신에 대한 아들 고종의 원망과 오해를 풀지 못하고 세상을 떠나는 것을 매우 한스러워하였다.[16](『뮈텔주교의 일기』)

제왕 수업기
고종의 일상과 학습교재

국왕 즉위 후 성년이 되기까지 고종은 어떻게 일상을 보냈을까. 이 시기는 고종이 제왕으로서의 자격을 갖추는 학습과정이었다. 말하자

---

16 이상은 『뮈텔주교의 일기』, 『윤치호일기』, 『매천야록』, 『주한민국공사관기록』 등의 관련기록을 토대로 종합해 본 것이다. 특히 뮈텔주교에게 부대부인 민씨가 전한 하소연은 고종이 대원군에 대해 풀지 못한 원망과 오해의 내막 등을 이해하는데 많은 시사점을 준다.

면 제왕 수업기였다.

철종의 국상을 마치자 조대비는 어린 국왕 고종이 제왕으로서 소양을 닦는 문제로 조정의 중신들과 논의하였다.[17]

1864년 1월 10일, 이날은 조대비의 수렴청정 속에 고종이 처음으로 정사를 보는 날이었다. 그 자리에 영중추부사, 판중추부사는 물론 삼정승 등이 함께 하였다. 이들은 고종에게 나라와 백성의 주인으로서 익히고 유념해야 할 일을 진언하였다.

- 선대의 법과 규례를 본받아 종묘와 궁 제사를 정성껏 모셔야 합니다.
  (영중추부사 정원용)
- 인군의 목표는 제1등급 정사에 있으니 학문에 힘쓰되, 경서나 외우고 글자 익히며 옛 기록을 뒤지는 것에 그치지 않고, 직접 경험하고 시행 하는 것입니다.(판중추부사 김흥근)
- 임금의 행동은 만 가지의 출발이며 백성이 우러러보는 것이니, 검소함 으로써 백성의 생활을 넉넉하게 해 주어야 합니다.(영의정 김좌근)
- 묻기를 좋아하는 것이 학문하는 것과 안팎을 이루니, 자성(慈聖, 즉 대왕 대비)께 여쭙고 신들에게 즐겨 하문해야 합니다.(좌의정 조두순)
- 수신제가치국평천하의 도리가 경서와 역사서 안에 있으니 학문에 힘 써야 합니다.(우의정 이경재)

이들은 고종에게 '유가적 도덕군주'의 역할을 주문하고 있었다. 변화하는 청국과 서양의 막강한 무력 등에 대해 어느 정도 접하고 있었지만, 이들의 주장은 고종에게 요순의 덕치를 본받아 광명이 넘치는 나라를 이루고 태평한 토대를 다지라는 것이었다.

---

17 『고종실록』 고종 1년(1964) 1월 10일.

이들 중에 '인군의 목표는 제1등급 정사에 있으니, 경서나 외우고 글자 익히며 옛 기록을 뒤지는 것에 그치지 않고, 직접 경험하고 시행하는 일'이라고 한 김홍근의 진언은 그중 가장 현실감 있는 주문으로 여겨진다.

수일 뒤 시원임 대신들은 고종에게 강론을 권하는 조목을 아뢰었다.[18] 근 1년이 지나자 고종은 "권강(勸講), 소대(召對)를 막론하고 내가 잘 읽었거든 잘 읽었다고 하고 잘못 읽었거든 잘못 읽었다고 하되(중략) 바른말을 해 주는 것을 어렵게 여긴다면 어떻게 여러 신하들과 함께 정사를 하겠는가?"[19] 하면서 정확히 지적해 주기를 청하기도 하였다.

이와 관련해 황현은 흥미있는 이야기를 기록하고 있다.

> 몇 년 뒤 고종이 경연에서 『맹자』를 공부하다가 탕이칠십리 문왕백리(湯以七十里 文百里)란 대목에 이르자 좌우를 돌아보며, "70리와 100리의 작은 땅으로 나라를 다스렸는데, 우리나라는 삼천리나 되니 말할 필요가 있겠습니까? 어떻게 하면 연운(燕雲: 중국의 하북·산서성 등)을 평정하여 조종(祖宗)의 치욕을 씻겠습니까?"라고 하였다. 좌중에서 아무도 대답하는 사람이 없었는데, 무반 승지로 있던 신정희(申正熙)가 "매우 쉬운 일입니다."라고 하였다. 고종이 "대책이 무엇입니까?"라고 하자 "덕을 닦으십시오."라고 하였다.[20]

고종이 맨 먼저 강의를 들은 책은 『효경(孝經)』이다. 그 자리에 홍문관의 관원과 대제학 등이 윤번제로 참가하였다. 형식은 경전 읽기와

---

18 『고종실록』 1권, 고종 1년(1864) 1월 15일 정사.
19 『승정원일기』 및 『고종실록』 고종 1년, 1864년 12월 13일.
20 『매천야록』 중 '대원군의 시대' 부분을 참조.

해석, 질의, 부연 해설 등으로 진행되었다. 대체로 전통적으로 행해져 온 학습방법이었다.

제왕 수업 기간 중에 고종이 배운 교재들은 거의가 유교 경전이었다. 즉위 후 10년 동안 고종이 마친 진강(進講), 권강(勸講), 소대(召對), 요컨대 제왕 수업 과정의 학습과 토론 등은 근 2,600회 정도였다. 경연은 총 1,298회, 정규 강의, 즉 진강과 권강은 754회, 특별 강의, 즉 소대는 544회로 전한다.[21] 대체로 일주에 5회 정도를 행한 셈이다.

주요 교재는 『효경』, 『소학』, 『통감』, 『대학』, 『논어』, 『맹자』, 『중용』, 『시경』 등으로 이어졌고, 성인이 되어서는 『서경』, 『국조보감』 등으로 이어졌다. 전반적으로 제왕 수업은 유교적 소양과 성현의 가르침, 중국과 우리 역사를 깊이 익히는데 치중되었다. 실록에는 고종이 유교 경전을 익히면서 '위민(爲民)' 등 왕도정치의 이상에 대해 언급한 것이 흔히 등장한다.

한편 고종은 『삼국지』 등 역사 소설류에도 관심이 많았다. 고종과 왕비는 『삼국지』를 세자에게 읽어주도록 윤치호 등에게 부탁하고 함께 듣기를 즐겼다. 『삼국지』는 조선 역대의 국왕은 물론, 조정 관료들, 그리고 양반 가문에서 흔히 애독하는 책이었다. 제갈공명과 관운장 등은 군왕에 대한 충성과 신의의 상징적 인물로 고종 당시도 꾸준히 추앙의 대상이었다.

고종은 중국과 조선의 역사에 해박했고, 역대 군주나 유학자들 못지않게 보학(譜學)에 매우 밝았다. 고종을 직접 만나 본 서양의 외교관이나 교사, 고문관, 선교사 부부 등의 눈에 고종은 동양의 역사와 전고, 양반의 가문에 대해 신기할 정도로 이해가 깊었다고 평가하였다.[22]

---

21 김세은, 「고종 초기(1864-1873)의 경연」, 『진단학보』 89, 2000, 128쪽.
22 *The Korean Repository* Vol. Ⅲ, The triligual Press, Seoul, Korea

『주연집』에 보이는
고종의 서정(抒情)과 집옥재 서적

　한편 고종의 문집인 『주연집(珠淵集)』에는 제왕 수업 당시에 지은 시가 있다. 주연집은 제문(祭文), 764편, 교(敎), 385편, 조(詔), 264편, 비(批), 454편, 돈유(敦諭), 148편, 시(詩), 37수, 악장과 윤음 각 21편, 명성황후, 명헌태후에 대한 어제행록(御製行錄) 등으로 구성되어 있다.

　시는 주로 제왕 수업기에 지은 간명한 형태의 시이다. 고종의 시는 이보다 훨씬 많았겠지만, 성인이 된 이후의 시는 분량이 적다. 일제하에 편집되면서 일본과 관련된 심정을 담은 시들은 많이 삭제되었을 것으로 추정되나 어느 정도일지는 알 길이 없다.[23]

　『주연집』에 실린 시들은 창덕궁 후원의 옥류천이나 경복궁 주변의 정경, 혹은 백성의 삶에 관한 성현의 가르침, 유가 윤리와 덕치, 단군과 요임금 등을 소재로 한 것들이다. 일부를 소개하면 아래와 같다.

　〈옥류천(玉流川)〉(甲子 1864년 작)

　첨피북산(瞻彼北山) 북악을 바라보니
　만송울창(萬松鬱蒼) 소나무 울창한데
　유수촉석(流水觸石) 흐르는 물 돌에 부딪혀

　　1896, pp.427~430.
23　이민원, 「解題」, 『高宗文集-珠淵集』, 한국정신문화연구원, 1999를 참조.

곡곡성장(曲曲聲長) 굽이굽이 소리 이어지네

갑자년, 즉 즉위한 다음해 창덕궁 후원의 옥류천에서 읊은 시다. 북악의 울창한 소나무가 보이고, 계곡을 흐르는 물소리가 들리는 정경이 연상된다. 아직 제왕으로서의 감정은 적극적으로 표현되고 있지 않지만, 눈에 들어오는 자연을 있는 대로 소박하게 담고 있다.

〈상원춘경(上苑春景)〉(乙丑 1865년 작)

춘일방화창(春日方和暢) 시절은 바야흐로 화창한 봄날
원중화발홍(苑中花發紅) 후원의 꽃들이 붉게 피었네
일천분조화(一天分造化) 천지는 조화옹(造化翁)이 나누었지만
만물동인풍(萬物動仁風) 만물을 움직이는 것은 인풍(仁風)이라네

즉위한 지 2년째 되는 해에 읊은 시다. 창덕궁 후원의 화창한 봄날 정경을 묘사하면서 천지를 만든 것은 조물주지만, 인간 세상 다스리는 일은 군주의 인풍, 요컨대 인덕의 교화임을 강조하고 있다. 제왕학을 익혀가는 발전된 모습이 보인다.

〈화성행궁유음(華城行宮有吟)〉

내알선침추모신(來謁仙寢追慕新) 선침을 와서 뵈오니 추모의 정이 더욱 새롭네
노변양류대청춘(路邊楊柳帶靑春) 길가의 버들은 봄빛을 띠었는데
선왕은택지금재(先王恩澤至今在) 선왕의 은택이 지금에도 이르니
세세태평자락인(世世太平自樂人) 세세의 태평성대 스스로 즐기는 사람이네

사도세자와 정조의 능이 있는 화성에 행차하여 행궁에서 읊은 시

다. 수원의 화성은 사도세자(장조)를 모신 융릉(隆陵)과 정조의 릉인 건릉(健陵)이 있는 곳이다. 고종은 사도세자와 정조의 계보를 잇고 있다. 고종은 수차 융건릉을 배알하였고, 그때의 심정을 시로 읊었다. 즉 봄빛 새로운 날 장조와 정조의 능을 배알하면서 선왕의 은택을 새삼 느끼며 대대로 태평성대를 구가할 것을 다짐하고 바라는 마음을 담고 있다.

그 외 20세 무렵 지은 다음의 시가 있다. 화창한 봄날 성균관 문묘를 배알하고 조종의 도학을 존숭하며 자신의 심성과 마음 씀씀이도 모두 조종의 덕화임을 감사하고 있다.

〈성묘작헌례성경모우제(聖廟酌獻禮成敬慕偶題)〉

행단일난창화풍(杏壇日暖暢和風) 행단[24]의 날씨 따사롭고 화창하여
헌작예성반수동(獻酌禮成泮水東) 반수[25](성균관 문묘) 동쪽에서 헌작례를 올렸네
오자조종숭도학(粤自祖宗崇道學) 조종의 도학 존숭 생각해보니
지금심법재여궁(至今心法在予躬) 심법[26]은 지금 내게 남아 있다네

이상을 보면 10대 초반 자연 풍경을 읊던 소박한 모습으로부터 점차 성현의 가르침이나 제왕의 덕을 강조하며 국태민안을 바라는 군주의 모습으로 변해가고 있음을 알 수 있다. 환언하면, 제왕 수업기에 고종은 유교 경전의 소양을 쌓던 어린 학습자로부터 점차 중국 요순시대를 이상향으로 여기는 군주의 모습으로 변해가고 있음을 잘 엿볼

---

24 행단(杏壇)은 학문을 닦는 곳. 공자가 은행나무 단에서 제자를 가르쳤다는 고사에서 유래한다.
25 반수(泮水)는 반궁(泮宮)의 옆을 흐르는 물. 조선 시대의 성균관과 문묘를 의미한다.
26 심법은 마음을 쓰는 법

수 있다.[27]

그러나 10년 정도의 수학기간을 지나면서 고종의 관심은 점차 도탄에 빠진 민생, 수령의 역할, 문벌에 구애 없는 관리 등용 문제, 청국의 사정과 동치제의 역할, 일본, 유구, 월남과 청과의 관계 그리고 청국 및 주변 각국과 서양의 관계 등으로 다시 이동해 갔다.

이처럼 즉위 초기 10년 사이에 고종이 접한 학문은 주로 전래의 유교 경전과 동양의 역사, 의례 등이었다. 그가 세계 사정에 눈뜨기 시작한 것은 즉위 이후 근 10여 년이 지난 개항 무렵, 그리고 적극적 관심을 보이기 시작한 것은 1880년 전후다.

1881년 조사시찰단과 영선사 김윤식이 가져온 서적들을 비롯 1883년부터 1887년 사이에 집중적으로 이들 서적을 수집하였다. 거기에는 세계사정, 국가 경영, 외교, 통상, 항해, 역사와 지리, 지도, 군사, 병기, 국방, 전쟁사, 물리, 화학, 생물, 지학, 천문 등의 자연과학, 전기, 기계, 기기, 수학, 수리 등에 관한 책들이 두루 있었다.

고종은 이들 서양 사정과 학문을 소개한 서적들을 구하여 경복궁의 집옥재(集玉齋)에 소장하였다. 고종과 관료들의 서양 사정과 신학문에 대한 관심을 짐작할 수 있다.[28] 더불어 동문학, 육영공원 등을 설립하여 외국인 교사를 초빙해 오기도 하였다.

그러나 개항 이후 거듭되는 소용돌이 속에서 공조직을 통해 이들 전문서를 탐독하고 난상 토론할 기회가 어느 정도 있었을지, 나아가

---

27 고종의 한시 일부는 박희, 「高宗皇帝의 漢詩」, 『한국사상과 문화』 55, 2010을 참조.

28 4만여 권의 '집옥재서목' 중 개화서적은 260여 종, 1,450여 책 정도였다(장영숙, 『集玉齋書目』분석을 통해 본 고종의 개화서적 수집 실상과 활용」, 『한국근현대사연구』 61, 2012, 7~39쪽.

이들 서적을 토대로 학습, 연구, 토론할 만한 고등 연구기관과 학자 집단이 뚜렷이 활성화되지 못한 점은 아쉬웠다.

한국 근대 수학의 선구자로 알려진 이상설은 이회영, 여조현, 이시영, 이범세, 서만순 등 서울의 양반가 자제들과 외국의 신간서적을 구입하여 공부하는 열기를 보이기도 하였다.[29] 그러나 이 때는 1890년대 후반이고 사적인 소수의 집단 모임이었다.

1880년대에 조선에서 근대 교육의 출발점이라 할 수 있는 동문학(1883~1886), 원산학사(1883~1894), 육영공원(1886~1894) 등에서 어학, 지리, 역사, 수학, 의학, 과학 등의 교재가 활용되기는 하였다. 그러나 전국의 양반집단과 양반가 자제들의 열의가 저조하여 전국적으로 신식학교 조직이 공적으로나 사적으로 크게 확대되지 못하였다.

신식 학문에 대한 전국 양반들의 관심과 열기가 불붙기 시작하고 전국적으로 신식 학교가 민간의 호응 속에 등장하기 시작한 것은 한참 뒤인 1900년대 중후반이었다.

후일 고종은 황실도서관으로서 장서각을 구비하려 하였지만, 나라가 기울어 가던 무렵이었다. 결국 국권 상실 뒤에야 이왕직 장서각으로 건립되었다. 한국본, 중국본, 일본본, 고문서류 등이 대부분이었다.

일본은 서양의 학문을 직수입한 반면, 한국은 중국을 통해 들여온 번역서와 일본을 통해 들여온 소량의 번역서를 통해 서양에 접근하고 있었음을 알 수 있다.

그런데 이들 서적을 토대로 서양의 신학문을 가르친 것은 국가의 공교육 기구 보다는 주로 선교사 계통의 학교를 통해서였다. 고종의

---

29 윤병석, 『增補 李相卨傳』, 일조각, 1998, 20~24쪽.

근대화 의지, 서양인 선교사와 교사의 노력 등에도 불구하고 서양의 신학문이 전국적으로 신속히 확산되지 못한 점은 양반과 유림으로 대표되는 근대 조선 지식 사회의 가장 아쉬웠던 점 중 하나로 여겨진다.

고종의 멘토
박규수와 젊은 그들

고종이 '제왕 수업'을 할 당시와 개항 당시 고종에게 많은 영향을 준 '스승격'의 원로 관료는 환재(瓛齋) 박규수(朴珪壽, 1807~1876)다.[30] 박규수는 민영환, 신응조, 이돈우와 함께 후일 고종의 묘정에 배향된 4대신의 한 사람이다.[31]

1864년 10월 2일 그는 도승지로서 고종의 정책 방향을 담은 교서를 지었다. 박규수는 임금이 경계하고 주의해야 할 일, 제왕 수업을 하며 유념할 일 등을 언급하였다. 그는 고종에게 '신하들의 말을 경청'할 것을 진언하곤 하였다. 그리고 조세와 물가의 안정, 재정의 중요성, 공정한 관리등용과 인재 발탁, 관작 남발과 청탁의 경계, 사치와 안락에

---

[30] 박규수와 고종의 관계에 대해서는 강상규, 『조선정치사의 발견─조선의 정치지형과 문명전환의 위기』, 창작과비평사, 2013를 참조.

[31] 박규수는 1921년 3월 31일 이왕직(李王職) 주관 하 종묘에서 거행된 고종(高宗) 태황제(太皇帝) 및 명성태황후(明成太皇后)의 부태묘식(祔太廟式)에서 민영환, 신응조, 이돈우 등과 함께 고종의 '4공신(功臣)'으로 명명되어 묘정(廟廷)에 배향되었다.

대한 경계와 함께 군주로서 학문을 게을리하지 말 것을 주문하였다.[32]

한편, 박규수는 경복궁 중건사업에서도 중요한 역할을 했다. 『고종
실록』(1865년 4월 3일)에는 경복궁의 중건을 위해 〈영건도감〉의 관리를 임
명한 기록이 등장한다.[33] 영건도감에 포함된 인물은 풍양조씨, 안동김
씨 등 외척 가문 그리고 전주이씨 왕실 인사가 전부이고, 거기에 유일
하게 등장하는 다른 가문 인물이 박규수이다.

그는 경복궁 중건 책임을 맡은 흥선대원군에게 힘을 실어주었다.

> 진강(進講)을 마쳤다. 내시(內侍)에게 명하여 뚜껑을 덮은 구리 그릇 하
> 나를 꺼내 와 보여 주도록 하고, 전교하기를, "이것은 석경루(石瓊樓) 아
> 래에서 발굴해 낸 것인데 보기만 해도 기쁜 마음이 그지없다."(중략) 뚜
> 껑을 열어 보니 그 속에 나작(螺酌) 하나가 들어 있었다. 뚜껑 속에는 돌
> 아가며 시(詩)가 쓰여져 있었는데, '화산(華山)의 도사가 소매 속에 간직
> 한 보배를 동방의 국태공(國太公)에게 바치며 축수하노라. 푸른 소 한번
> 돌아 백사절(白巳節) 맞음에 개봉하는 사람은 옥천옹(玉泉翁)이라.'는 것
> 이었으며, 또 중앙에 '수진보작(壽進寶酌)'이라는 네 글자가 기록되어 있
> 었다. (중략) 강관(講官) 박규수(朴珪壽)가 아뢰기를, "일이 우연치가 않으
> 니, 삼가 물러가서 내각 제학과 함께 명을 지어 바치겠습니다. 그런데
> 그 시의 뜻을 살펴보면, 대원군에게 바쳐 축수하면서 태공(太公)에 비유
> 한 듯한데, 대원군은 바로 전하의 사친(私親)이십니다. 또 당(唐) 나라와

---

32 『고종실록』 고종 1년, 1864년 10월 2일.
33 '전교하기를, "영건도감 도제조(營建都監都提調)는 영의정(領議政) 조두순(趙
斗淳), 좌의정(左議政) 김병학(金炳學)으로 삼고, 제조(提調)는 흥인군(興寅君)
이최응(李最應), 좌찬성(左贊成) 김병기(金炳冀), 판중추부사(判中樞府事) 김
병국(金炳國), 겸 호조 판서(兼戶曹判書) 이돈영(李敦榮), 대호군(大護軍) 박규
수(朴珪壽), 종정경(宗正卿) 이재원(李載元)으로 차하(差下)하며, 대사성(大司
成) 이재면(李載冕), 부호군(副護軍) 조영하(趙寧夏)와 조성하(趙成夏)를 부제
조(副提調)로 차하(差下)하라." 하였다.'(『고종실록』 고종 2년(1865) 4월 3일)

송(宋) 나라 사람들의 말을 보더라도 국가의 존속(尊屬)을 국태공이라 하는데, 지금 이 시어(詩語)는 아마도 국태공에게 바치며 축수한다는 의미인 것 같습니다." 하였다. 하교하기를, "오늘 경연에서 나온 이야기들을 조지(朝紙)에 반포하도록 하라." 하였다.[34]

박규수는 석경루[35] 아래에서 출토된 그릇의 '국태공'이라는 글자를 흥선대원군을 칭하는 것으로 해석하였다. 경복궁 중건의 대사업, 이 일과 관련하여 효명세자 → 조대비 → 박규수 → 흥선대원군 등의 연계성이 두루 연상되는 장면들이다.

이상과 같은 박규수와 고종, 흥선대원군과의 인연은 그 유래가 멀리 소급된다. 원래 청년 시절의 박규수는 고종의 부왕인 익종 즉 효명세자의 '학문적 벗'이었다. 조대비는 익종과 교분이 깊고, 학문이 깊었던 박규수를 발탁하였던 것이다. 박규수는 고종보다 45년, 흥선대원군보다 13년, 익종보다 2년, 조대비보다 1년 위의 연배였다.

15세부터 문명을 떨친 박규수는 20세 무렵 순조의 후계자인 효명세자와 교유하며 『주역』을 강의하고 국사를 논하기도 했다. 그러나 1830년 효명세자가 갑작스레 운명한 데 이어 자신도 부모의 상을 당하자 그는 상당기간 칩거하며 학문에 전념했다.[36]

박규수가 과거에 급제하여 관직에 든 것은 40세가 넘은 1848년이다. 이후로도 상당 기간 잠복기를 거쳤다. 그가 세상의 주목을 받기 시작한 것은 1862년 진주민란 당시 안핵사 역할을 하면서부터였다.

---

34 『고종실록』 2년(1865) 5월 4일.
35 북한산 세검정 근처에 있던 석경루는 박규수가 젊은 시절 벗들과 교유하던 곳이었다.
36 이때 조부 박지원의 실학을 계승하면서, 윤종의(尹宗儀)·남병철(南秉哲)·김영작(金永爵)·신석우(申錫愚)·신석희(申錫禧)·김상현(金尙鉉) 등과 교유했다.

그의 나이 58세, 철종 말년이자 순원왕후 김씨의 타계로 조대비가 궁중의 어른이 된 직후였다. 이후 뚜렷이 명성을 드러내게 된 것은 고종 즉위 이후다.[37]

1864년 그는 도승지에 임명되었고, 사헌부대사헌, 이조참판, 한성부판윤을 거쳐, 공조판서 겸 경복궁영건도감 제조를 겸하였다. 이어 예조판서, 대사간, 지돈녕부사, 평안도관찰사를 거쳐 한성판윤, 형조판서를 지낸 뒤 1872년 진하사로서 두 번째 중국을 다녀왔다.[38]

박규수는 평안감사 시절 제너럴셔먼호를 격침시켰지만, 천주교도 박해에 대해서는 흥선대원군과는 결을 달리하여 희생을 줄이려 고심하였고, 운양호사건 이후 적극 개국을 주장하였다. 그에게서 애민적 목민관, 국가 미래를 고민하는 식자의 모습을 볼 수 있었다.[39]

한편, 박규수는 고종의 왕권을 비호해 주는 우군 혹은 국가의 미래 동량이라 할 인재들을 지도한 개화파의 스승이기도 하였다.

고종이 미래의 동량으로 생각했던 총아들로는 여흥민씨 외척 가문의 젊은이들로 민영익, 민영환, 민영휘 등이 있다. 다음으로 외척가문 출신이 아닌 양반가문 출신의 청년들이 있다. 대표적으로는 김옥균, 홍영식, 박영교, 박영효, 서광범, 서재필, 유길준 등이다.[40]

---

37 박규수의 집은 서울의 재동으로 오늘날 백송으로 유명한 북촌의 헌법재판소가 위치한 곳이었다. 경복궁, 창덕궁과 이웃해 있고, 운현궁, 감고당, 김옥균의 집과도 매우 가까웠다.

38 박규수는 청국사행에서 돌아온 후 형조판서, 우의정을 지냈다. 이때 흥선대원군에게 개국의 필요성을 언급한 뒤, 1874년 9월 사직하고, 1875년 판중추부사로서 국정의 일선에서 물러나 젊은 양반자제들을 가르쳤다. 그해 9월 운양호사건이 일어나자 개항을 주장하여 1876년 조일수호조규 체결에 기여했으나, 그로부터 얼마 안 되어 타계했다.

39 이완재, 『박규수 연구』, 집문당, 1999, 제1장을 참조.

40 신용하, 「개화파의 형성과 활동」, 『한국사 38-개화와 수구의 갈등』, 국사편찬위원회, 1999.

민영익이나 김옥균, 박영효 모두 박규수, 오경석, 유대치로부터 새로운 사조를 익히며, 고종의 초기 개화정책을 지지하고 따른 인물들이다.

박규수는 병인양요 당시 평양감사로서 제너럴셔면호를 격침시킨 장본인이지만, 이후 쇄국을 고집하는 흥선대원군과 달리 서양사정과 문호개방에 관심을 기울였다. 철종의 유일한 혈육인 영혜옹주의 배필로 박영효를 간택할 때도 박규수가 중요한 역할을 하였다.

노령에 접어든 박규수는 젊고 총명한 인재들에게 많은 관심을 부여했다. 박규수는 이들이 젊은 국왕 고종을 도와 나라의 미래를 이끌어 갈 수 있기를 기대했을 것이다.

박영효는 큰형 영교를 따라 박규수의 사랑채를 드나들며 오경석, 유대치 등으로부터도 배웠다. 후일 그는 "우리들의 새로운 사상은 내일가 박규수의 사랑에서 나왔오"라고 회고했다.[41] 박규수의 개화사상은 고종의 개항과 개화정책 추진, 그리고 신진기예 청년들의 개화혁신 운동으로 이어졌던 것이다.

오늘날 박규수는 역관 오경석(1831~1879), 의관 유대치(1831~1884?) 등과 함께 북학파 계보의 실학자, 개화사상의 선구, 개화파의 원로 지도자, 북학파와 개화파를 연결시킨 인물, 서법(西法)보다 동교(東敎)의 우월성을 확신한 유학자라는 평가 등이 있다.[42]

그는 실학의 연장선에서 개국통상론(開國通商論)을 주장하며 개화사상 형성에 교량역을 한 인물이자, 박지원의 학문과 사상을 개화파 인사들에게 이어주었다고 평가되고 있다. 그는 반남박씨와 기계유씨 가

41 이광수, 「박영효씨를 만난 이야기」, 『동광』, 1931년 3월호.
42 이완재, 『박규수 연구』, 집문당, 1999; 신용하, 「개화파의 형성과 활동」, 『한국사 38-개화와 수구의 갈등』, 국사편찬위원회, 1999, 1522쪽.

문의 오랜 악연을 풀고 유길준을 발탁한 것으로도 유명하다.

이처럼 그는 명가의 가풍, 학맥, 왕실과의 인연, 중국학자와의 교유 등을 바탕으로 내외정세에 안목을 지닌 고종 초년의 국정 조언자, 그리고 고종의 정치적, 사상적 우군들을 양성해 낸 인물이라 할 수 있다. 문제는 고종이 직접 정사를 이끌기 시작할 무렵 박규수가 고령에 접어들고 있었던 점이다. 고종과 측근 청년들이 탄탄하게 성장하기에는 시간이 부족했다. 1876년 박규수가 세상을 떠나자 혈기방장한 청년들을 이끌어줄 원로그룹이 없었다.

박규수와 연배가 가까운 1세대 개화사상가로는 오경석, 유대치 등이 있었지만, 이들은 중인이라는 신분 제약이 있었다. 그나마 오경석도 1879년에 타계하였고, 이후 유일하게 생존했던 유대치는 구중궁궐의 고종과는 거리가 멀었다.[43]

순조 이래의 역사를 놓고 볼 때 효명세자가 20대 초반에 세상을 떠나고, 고종이 정사를 주도하기 시작한 2년 뒤 박규수가 세상을 떠난 것은 많은 아쉬움을 남긴다. 고종도 개화파 청년들도 원하는 것은 근대화였지만, 원로 부재의 상황에서 목적이 다른 일본 정객의 노회한 선동으로 내부에 균열이 생기며 갑신정변으로 치달았다. 개화파에게 치명타였음은 물론, 고종의 치세 전반기에 나타난 리더십 좌절이자, 초기 개화정책에 등장한 악재였다.[44]

---

43 이광린, 『개화당연구』, 일조각, 1973; 신용하, 「오경석의 개화사상과 개화활동」, 『역사학보』107, 1985; 김명호, 『환재 박규수 연구』, 창비, 2008; 김종학 『개화당의 기원과 비밀외교』, 일조각, 2017 등을 참조.

44 고종의 국정 방향은 개화파에 가까웠지만, 소장기예 재사들은 노회한 일본 정객의 선동에 휩쓸려 정변으로 치달았고, 결과는 고종의 집권 전반기 리더십의 좌절이자, 19세기 고종의 근대화 정책에 큰 타격이었다. 이에 관해서는 강상규, 「高宗의 對外認識과 外交政策」, 『韓國史 市民講座』19, 일조각, 1996 등을 참조.

고종이 장가가던 날
– 운현궁과 감고당의 인연

고종은 즉위 2년 뒤인 1866년 왕비를 맞이했다. 왕비는 여흥민씨 가문 출신의 규수였다. 시기에 따라 (민)왕비, 왕후, 명성황후로 불리는 그녀다.

1851년 (철종 2) 9월 25일(음) 경기도 여주군 섬락리, 즉 현재의 여주읍 능현리에서 민치록과 한산이씨 사이에서 태어났다.

흔히 '민자영'이란 이름으로 불리기도 하나 정비석 작가가 자신의 작품 『민비』(1980)에서 그렇게 사용한 것일 뿐 공식적으로 확인된 이름은 아니다.

그녀가 왕비로 삼간택을 거쳐 낙점을 받은 것은 1866년 3월 6일, 그 직후 납채례, 납징례, 고기례, 책비례를 거쳐 3월 21일 별궁으로 지정된 운현궁에서 친영례를 하고 창덕궁 중희당에서 동뢰연(同牢宴)을 열었다.

그녀는 다음날 대왕대비, 왕대비, 대비 등 궁중의 어른에게 드리는 조현례(朝見禮)를 마치고, 인정전에서 문무백관의 하례를 받았다. 이로써 그녀는 조선의 왕비로서 공식적인 역할을 시작하게 되었다.

삼간택을 진행할 당시 일찍이 대원군과 약조가 있었던 안동김씨 가문의 규수도 주요 후보로 있었다. 대왕대비 조씨는 풍양조씨 가문의 규수를 염두에 두었던 것으로 전한다.

그럼에도 이들을 제치고 여흥민씨 가문 규수가 간택된 데에는 흥선대원군과 여흥부대부인의 역할이 크게 작용하였기 때문이다.

이 점에서 가례를 마치기 전달인 2월 13일 대왕대비 조씨가 수렴청정을 거둔 것은 시사하는 바가 적지 않다. 고종을 즉위시킨 것은 조대비였지만, 왕비를 간택한 주역은 흥선대원군이었다. 이때가 조대비와 흥선대원군의 영향력이 교차하는 시점으로 생각된다.

궁중에 들어간 왕비는 궁중의 법도를 익히며 여러 해를 조용히 보냈다. 그러나 고종이 친정을 시작할 무렵부터 그녀와 그녀의 친정 오라비들의 움직임이 주목받기 시작했다.

야사 등에서는 흥선대원군이 외척의 발호를 우려하여 가세가 빈약하고 천애고아인 왕비 민씨를 그의 부인(여흥부대부인)의 권유로 간택하였다고 소개하고 있다. 흥선대원군 부부가 왕비의 간택에 중요한 역할을 한 것은 분명하다. 그러나 '왕비의 가세가 빈약하고 천애고아였다.'고 한 것은 사실과 다른 표현이다.

우선, 왕비의 친정은 녹록한 가문이 아니었다. 여흥민씨 가문은 조선 시대에 이미 2명의 왕비를 배출했다. 태종의 비 원경왕후와 숙종의 계비 인현왕후가 그들이다. 이 중 원경왕후는 조선의 성군(聖君)으로 평가받는 세종의 어머니다. 인현왕후는 명성황후의 직계 6대조인 민유중의 딸이자 민진후, 민진원의 누이동생이다.[45]

원경왕후나 인현왕후 모두 사극에 빈번히 등장할 만큼 당대 정치

---

45 민유중(閔維重)의 호(號)는 둔촌(屯村), 여양부원군(驪陽府院君)에 봉해졌고, 시호는 문정(文貞)이다. 효종(孝宗)의 사당에 배향되었다. 민진후(閔鎮厚)의 호는 지재(趾齋), 좌참찬(左參贊)이고 시호는 충문(忠文)이다. 경종(景宗)의 사당에 배향되었다. 민유중의 5남 중 첫째가 진후, 둘째가 진원이며, 모두 인현왕후의 오빠들이다. 명성황후는 이 중 진후의 후손이다.(『고종실록』, 광무 원년 11월 22일;『驪興閔氏三房波譜』, 驪興閔氏三房波譜刊行委員會, 1988)

사나 궁중의 역사에서 빼 놓을 수 없는 인물이다.

여흥민씨 혹은 명성황후와 관련된 문장에서는 여흥민씨 삼방파와 인현왕후에 관한 이야기가 흔히 등장한다. 삼방파란 여흥민씨 가문 중 민시중, 민정중, 민유중 3인의 후예들을 칭한다.[46]

명성황후의 5대조는 진후이며, 4대조 익수는 사헌부 장령을, 증조부 백분은 성균관대사성을, 조부 기현은 이조참판을 지냈고, 부친 민치록 (1799~1858)은 장릉참봉, 과천현감, 장악원첨정 등을 지냈다.[47]

명성황후의 가문은 부친인 민치록 대에 이르기까지 쇠퇴해 오기는 하였지만, 야사에서 말하듯 한미하거나 격이 낮은 집안이 아니었다. 순조, 헌종, 철종 대의 안동김씨나 풍양조씨 정도는 아니었지만, 혼맥이나 학맥을 놓고 볼 때 언제든 왕비를 배출할 수 있는 조선의 몇몇 명문가 중 하나였다.[48]

부친 민치록도 오희상의 제자로서 상당한 수준의 유학자였다. 고종 대에 고위직을 두루 역임한 정낙용(1827~1914) 등은 민치록의 제자였다. 민치록의 첫 부인은 스승 오희상의 딸이었으나 36세에 후손 없이 세상을 먼저 떠났고, 한산이씨를 새 부인으로 맞아들여 명성황후 등 1남 3녀를 낳았다. 그러나 막내딸 명성황후를 제외하고는 모두 일찍이 사망하였다. 명성황후의 부친 입장에서는 53세에야 귀한 딸 하나를 둔 셈이었다. 그녀가 부친으로부터 많은 귀여움을 받고 자랐을 것임은

---

46 민덕식·이성배, 「閔鎭遠의 生涯와 書藝」, 『청주대학교 박물관보』 17 , 2004, 62~105쪽

47 『驪興閔氏三房派譜』, 驪興閔氏三房派譜刊行委員會, 1988을 참조.

48 이훈옥, 「閔妃의 政治參與過程과 對外政策」(『아세아학보』 13, 1979); 이배용, 「開化期 明成皇后 閔妃의 政治的 役割」(『국사관논총』 66, 1995); 서영희, 「명성왕후 연구」, 『역사비평』 통권 57호, 2001 겨울호.

충분히 짐작할 수 있다.[49]

그러나 명성황후의 부친은 철종 9년(1858) 60세 나이로 세상을 떠났다. 최고의 관직은 장악원 첨정(종 4품)이었다. 부친이 세상을 떠날 때 그녀는 8살이었다.

다음으로, 왕비가 될 당시 그녀는 부모가 모두 없는 천애고아는 아니었다. 모친인 한산이씨(한창부부인)는 그녀가 왕비가 된 이후로도 근 10년간 양아들 민승호와 함께 살았다. 그러다 1874년 민승호의 집에서 의문의 폭사 사건이 발생하였을 때 그녀의 모친과 양 오빠인 민승호와 그의 어린 아들 등 3인이 현장에서 세상을 떠났다. 왕비의 나이 24세 때였다.

왕비는 어려서부터 총명했던 것으로 언급되고 있다. 일찍이 부친으로부터 한학을 배웠는데 배우는 것마다 잘 습득했다고 전한다. 그러다 8세 때 부친을 여읜 후 서울로 이사와 살게 되었는데 그 집이 다름 아닌 감고당(感古堂)이었다.[50]

이곳은 인현왕후의 친정집이자 장희빈에 의해 궁에서 물러 나온 인현왕후가 수년간 머물렀던 집이다. 인현왕후의 자취가 깊이 배인 곳이었다. 영조는 이 집을 방문하여 인현왕후의 옛일을 상기하며 감고당 현판을 써서 걸게 하였고, 후손에게 벼슬을 내렸다.

임금이 안국동의 인현왕후가 왕비의 자리에서 밀려났을 때의 사제(私

---

49 『고종실록』 34년 11월 22일.
50 원래의 위치는 현재 서울의 덕성여고 구내다. 감고당 편액은 영조의 어필로 인현왕후가 머물던 곳에 걸어둔 것이다. 명성황후는 왕비로 간택되어 들어간 후 퇴락한 감고당 건물을 증축하였다. 현재는 여주의 명성황후 생가로 옮겨져 있다.

第)에 나아가 말하기를 "내가 지난해에 〔인현왕후의〕 수필(手筆)을 받들어 열람하고서 다시 6년 동안 거처하신 침실을 보았으니, 거의 유감이 없다." 하고, 민씨 여러 사람과 성후(聖后)의 친속(親屬)을 불러들이도록 명하고, 그 침실을 감고당(感古堂)이라고 이름을 짓고 어필로 그 편액을 써서 새겨서 걸도록 하였다.[51]

감고당에 대한 영조의 깊은 관심은 이후 정조에 이르러서도 지속되었다. 실록에 정조가 인현왕후와 감고당에 대해 언급한 내용 등이 등장한다.

오늘은 인현성모께서 돌아가신 날이다. 돌이켜 보면 지난날 선대왕이 안동 옛집에 거동하셨을 때 내가 모시고 성모께서 잠깐 거처하신 곳을 우러러본 적이 있다. 임금이 쓰신 감고당 세 글자가 난간 위에 걸려 있고, 탄생의 사적을 기록한 추모동(追慕洞)의 비석이 민간 마을에 빛나고 있었다. 오늘 이때에 어찌 선대왕의 뜻을 계승하는 조처가 없을 수 있겠는가. 여양부원군 문정 민유중의 사당에 승지를 보내 당일 제사를 지내주도록 하라. 관청에서 제사를 지내주지 못한 지가 벌써 20여 년이 지났다. (중략) 봉사손인 도사(都事) 민기현을 오늘 인사행정에서 6품 자리의 수령으로 제수하고 곧바로 떠나보내도록 하라.[52]

이처럼 인현왕후에 대해 영조와 정조 모두 깊은 관심을 보였고, 감고당이라는 편액을 써서 걸게 한 것은 영조였다. 정조는 그곳을 관리하던 봉사손 민기현(명성황후의 조부)에게 벼슬을 내려 격려하였다. 영조는 자신을 보살펴 준 인현왕후를 그리워했고, 노론 가문에 대한 고려도 했을

---

51 『영조실록』 37년 6월 13일.
52 『정조실록』 23년 8월 14일.

것이다. 바로 이곳에 그녀가 머물게 된 것은 의미심장한 일이었다.

그녀는 자신이 원경왕후와 인현왕후 등을 배출한 명문가의 후손이며, 감고당은 인현왕후의 자취가 배인 곳이란 점을 가문 인사들로부터 수없이 들었을 것이다. 일찍이 부친을 잃은 자신의 처지가 불행한 반면, 자신이 명가의 후손이라는 긍지 속에 온갖 상상의 나래를 펼쳤을 것으로 보인다. 그녀와 모친 모두 꿈에서 인현왕후를 만나 계시를 받았다고 한 기록도 있다.[53]

한편 외동딸만을 둔 명성황후의 집에서는 대를 잇기 위해 양자를 들였는데, 그 양자가 흥선대원군의 처남인 민승호였다. 대원군의 부인인 여흥부대부인과 명성황후의 나이는 한 세대 차이였지만, 친정 가문의 같은 항렬이었다. 거기에 민승호가 명성황후 집에 양자를 갔으니 대원군의 부인과 명성황후는 각별한 관계였다. 운현궁과 감고당의 위치도 불과 수백 미터 거리였다.[54]

여기서 주목할 부분은 감고당이 중간에 청송심씨들의 소유가 되어 심의면, 심이택 부자가 살고 있었던 점이다. 고종 즉위 직후 대원군은 이를 앗아 민승호에게 넘겨주었다고도 하고, 『고종실록』에도 이를 유추할만한 기록이 나타난다.[55] 따라서 명성황후가 감고당으로 이사를

---

53 을축년(1865년: 필자)에 안국동 자기 집에서 꿈을 꾸었는데 인현성모가 옥규(玉圭) 하나를 주면서 가르치기를 "너는 마땅히 내 자리에 앉게 될 것이다. 너에게 복을 주어 자손에게 미치게 하니 영원히 우리 나라를 편안하게 할 것이다."라고 하였다. 부부인 꿈도 같았다. 성모가 가르치기를 "이 아이를 잘 가르칠 것이다. 나는 나라를 위하여 크게 기대한다."고 하였다.(『고종실록』 34년 11월 22일)

54 『매천야록』 등에서는 부대부인은 물론 대원군까지도 어린 명성황후를 장래의 며느리감으로 고려하며 유심히 관찰해 본 것으로 소개하고 있다.

55 『고종실록』 고종 1년 3월 5일, 7일; 연갑수, 「개항 전후 여흥민씨 세력의 동향과 명성왕후」, 『명성황후와 항일의병운동』, 여주문화원, 2004, 9쪽.

간 것은 입궁을 위한 사전 작업으로서 그 시기는 1864년 초반으로 추정된다.

명성황후가 왕비로 간택된 시점이 1866년임을 감안할 때, 명성황후가 감고당에서 머문 기간은 길어야 2년 남짓이 되는 셈이다.[56] 야사에는 어른들이 오갈 때 어린 고종과 명성황후도 마주쳤던 것으로 등장한다.

궁중에 들어간 왕비 민씨는 1870년대 초반 고종이 정사를 주도하면서부터 점차 고종의 내조자이자 여흥민씨 외척세력의 핵심으로 지목되며 최후까지 중요한 역할을 하였다. 고종의 즉위와 초년의 정사에 가장 큰 영향을 미친 여성이 조대비라면, 고종의 친정 이후 1895년 경복궁 건청궁에서 비극을 맞기까지 궁중에서 가장 영향력이 있던 여성은 왕비였다.[57]

고종은 왕비를 어떻게 보았을까. 『고종실록』과 『주연집』에 실린 〈명성황후행록〉 등을 통해 고종은 나라의 국모, 국왕의 내조자, 왕태자의 어머니, 모후의 며느리로서 그녀가 수행한 역할을 매우 높이 평가하고 있다. 다분히 의례적인 표현도 있을 것이다. 그러나 그녀가 맞은 비극적 최후, 왕태자에 대한 안쓰러움, 격동하는 세계 속에서 예견되는 나라의 운명 등은 그녀의 빈자리를 더욱 두드러져 보이게 하였을 것이다. 이 점은 주위의 수많은 권고에도 불구하고 고종이 정식 배필을 새로 맞지 않고 일생을 마친 이유로 여겨진다.

---

56 다만 명성황후가 부친 사후 곧바로 서울의 감고당으로 와서 살다가, 심씨 가문의 인물들이 감고당을 소유하게 되면서 다른 곳으로 이전했다가 고종 즉위 직후 감고당에 다시 돌아오게 된 것인지 애매하다. 이민원, 「명성황후와 감고당」, 『歷史와 實學』 32(下), 2007, 699~716쪽.

57 이민원, 「근대의 궁중 여성–명성황후의 권력과 희생」, 『사학연구』 77, 2005, 65~100쪽을 참조; 『고종실록』 36권, 고종 34년(1897) 11월 22일.

조대비의 '은퇴'와
흥선대원군의 추락

대왕대비 조씨는 1866년 2월 13일 시원임 대신[58]에게 수렴청정을 거두겠다고 하였다.

> 후비(后妃)가 수렴청정하는 것은 나라에 큰 불행이지만, 정말 부득이한
> 사정 때문에 행한 것이다. 다행히 하늘과 조종이 은근히 도와준 덕택으
> 로 주상의 나이가 혈기 왕성한 때에 이르러 모든 정사를 능히 도맡아 볼
> 수 있게 되었으니, 이 같이 경사스럽고 다행한 일이 있겠는가? 수렴의
> 교유(敎諭)도 오늘로 마치니 대신들은 우리 주상을 잘 보필하라.[59]

햇수로는 3년, 만으로는 약 2년 2개월에 걸친 조대비의 수렴청정은 이렇게 마무리되었다. 이제 공식적으로는 고종의 친정(親政)이 시작된 셈이다. 그러나 이 시기부터 곧바로 고종이 정책을 주도한 것은 아니었다. 흥선대원군이 이후 7년간 조정의 내외정책 결정에 영향력을 크게 행사하였기 때문이다.[60]

이 시기에 등장한 안팎의 주요 사건이 천주교도 박해, 병인양요,

---

58 정원용(영중추부사), 김좌근(영돈령부사), 조두순(영의정), 이경재(판돈녕부사), 김병학(좌의정), 유후조(우의정) 등이 참석하였다.
59 『고종실록』 고종 3년(1866) 2월 13일 이후 약 한 달간의 실록 기사를 참조.
60 흥선대원군은 1865년 5월 9일 국태공에 봉해졌다.

신미양요, 척화비 건립 등이었다.[61] 두 차례 서양 군대와의 충돌과 극복은 내부의 결속과 흥선대원군의 권세를 다지게 하는 효과도 있었다.

그러나 공식적으로는 왕의 친정이 시작되었음에도 흥선대원군의 세도가 장기화되면서 점차 피로감이 누적되어 갔다. 결국 소외된 집단에서 대원군을 비판하는 여론이 들끓었다. 명분은 국왕이 성년이 되었으니 직접 정사를 이끌어야 한다는 것이었다. 마침내 1873년 윤 6월, 그의 하야를 종용하는 도발적인 상소가 조정에 올라왔다. 먼저 등장한 것이 관학유생 이세우의 상소였다.[62]

이세우는 대원군이 전하를 도와 경복궁을 짓고, 종친부를 정리하고 군제를 정비했으며, 서양과의 사단을 막고 척화비를 세웠으며, 천주교를 배격하여 이단을 물리친 공적이 있으니 『맹자』에 백이(伯夷)와 태공(太公)을 대로(大老)라 칭한 예를 따라 대원군을 대로로 예우하자 하였다.

그동안 이룩한 전하의 업적은 모두 대원군이 곁에서 보필하여 이룩한 것이니, 흥선대원군에게 대로(大老) 작호를 올려드려 공경스럽게 받들도록 하자는 것이었다. 대원군을 높이 예우하자는 것이지만, 속뜻은 대원군은 정사에 간여하지 말고, 전하가 직접 나라의 정사를 챙겨야 한다는 것이었다.

알맹이를 두루뭉술하게 포장한 상소에 고종은 즉답을 피하였다.[63]

그로부터 넉 달 뒤 새로운 사단이 일어났다. 1873년 10월 최익현은

---

61 흥선대원군은 회장(回章)을 보내어 攘夷保國의 결의를 표명하는 형식으로 의정부회의에 영향을 미쳤다.(『용호한록』 18, 병인년 9월 14일, 「自雲峴書送政府堂上坐起處輪示錄紙」
62 『고종실록』 고종 10년(1873) 윤6월 20일.
63 『고종실록』 고종 10년(1873) 윤6월 20일.

대원군의 각종 정사를 정면으로 통박하는 상소를 올려 조정 내외를 뒤흔들어 놓았다.[64]

그가 거론한 조정의 실책은 쇄국정책이 아니라 대원군의 내정을 거론한 것이었다. 즉 서원철폐, 만동묘 훼철, 호포제 시행, 경복궁 중건과 각종 토목사업, 원납전 부과, 당백전 주조, 문세 부과, 청전(淸錢)의 사용 등이 그것이었다.

최익현은 이들 정책을 비판하면서 '정변구장 이륜두상(政變舊章 彝倫斁喪)' 운운하였다. 대원군의 정사 간여가 옛날의 법도를 어겨 군신간의 윤리를 위배하고 있다는 것이었다.[65] 심지어 '나라(즉, 국왕)를 위해 일하는 사람은 괴벽스럽다고 하고 개인을 섬기는 사람은 처신을 잘한다고 한다. 그러니 능력과 덕망이 있는 이라도 어찌 견제받지 않고 잘 할 수 있겠는가.'라면서 비판하였다.

정사는 임금이 하는 것이 전래의 법도임에도 임금도 아닌 인물, 즉 대원군이 임금을 제치고 정사에 깊이 간여하고 있고, 관료들은 이런 엄연한 군신윤리 위배를 직간하지 않고 있다고 싸잡아 통박하고 있었다.

조정 내외에서는 무례한 언동을 한 최익현을 처벌하라는 상소가 벌떼같이 이어졌다. 그러자 고종은 최익현의 상소에 살 만한 점이 있다는 반응을 보이며 그동안의 일은 대왕대비가 하교하신 일이라는 투로 두둔하였다.[66]

---

64 『고종실록』 고종 10년(1873) 10월 25일. 최익현은 1868년에도 토목공사, 원납전 부과, 당백전 발행, 문세(門稅)의 부과 등을 시정할 것을 조정에 상소한 바 흥선대원군의 정책 추진에 대한 우회적 비판이었다. (『고종실록』 고종 5년(1868) 10월 10일)

65 『승정원일기』 고종 10년(1873) 10월 25일.

66 『승정원일기』 및 『고종실록』 고종 10년 10월 25일~11월 12일 사이의 실록 기사를 참조.

그러면서도 물의를 일으켰다 하여 최익현을 유배 보내는 한편, 대원군이 출입하던 궁궐 출입문을 차단했다. 뜻밖의 조처에 노발대발한 대원군은 양주의 직동(直洞: 直谷, 곧은골)으로 떠나갔다. 그러나 고종은 대원군을 만류하기는커녕 외면하였다.

대원군은 직곡에서 고종의 전갈을 고대하였다. 일각에서 부자의 인륜을 거론하며 국태공을 모셔와야 한다고 상소하자, 고종은 그동안 과로하셨으니 쉬시도록 한 것이라면서 이를 일축하였다.[67] 고종은 이렇게 단호한 모습으로 대원군과 결별하였다.

고종의 우익으로 떠오른 여흥민가

1866년 왕비로 간택되어 궁중에 들어간 명성황후 민씨는 한동안 왕비수업에 골몰했다.[68] 그러던 그녀가 점차 부각되기 시작한 것은 1873년 말경 대원군이 실세할 무렵이다. 그 배경에는 고종의 '친정' 욕구, 완화군 책봉 문제로 왕비가 갖게 된 대원군에 대한 원망, 대원군의 독주로 소외된 왕실과 외척 가문 인사들의 불만, 서원철폐에 불만

67 『고종실록』 고종 11년(1874) 10월 20일, 11월 29일. 고종 12년(1875) 5월 17일.
68 민덕식, 「명성황후의 묵적에 대한 기초연구」, 『연보』 12, 충북대박물관, 2003, 65~115쪽.

이 찼던 유림 세력이 함께 있었다.[69]

이상과 같은 상황에서 아들 재면 등의 공모가 시작되었고, 계유년 (1873)에 최익현의 상소문이 등장하자 시국이 크게 변하였다.

대원군의 세도를 종식시킨 세력은 고종을 명실상부한 국왕의 자리에 올려놓은 이들이다. 이 중 여흥민가(家)의 인물들은 왕실의 외척으로서 고종의 우익이면서도 이후 고종 집권기에 조정 내외의 요직을 독점한 특권 세력이기도 하였다.

약관을 갓 넘긴 고종은 혈기방장하기는 했지만, 아직 국정 운영에는 미숙한 점이 많았고, 왕비도 그러했다. 고종의 권력을 보완해 준 왕비가문의 인물들은 30대 후반~40대 초반으로 경험이 농축되어 있을 나이였다.

민승호, 민규호, 민겸호 등은 고종보다 15~20세 연상이었다. 이들이 정계에 포진하면서 궁중에서는 점차 왕비의 역할과 비중이 높아져 갔다. 이것이 후일 임오군란 때 왕비가 구식군대의 표적이 된 이유였다.

그렇다면 조정의 인력 구도는 어떠했나. 안동김씨 세도기(순조, 헌종, 철종)에는 의정, 판서 270명 중 노론이 161명, 소론이 80명, 남인이 14명, 북인 8명, 기타 7명으로 노론이 59.6%, 소론이 29.6%, 남인이 5.2%, 북인이 3%였고, 고종 즉위 초년 10년 사이에는 137명의 고위관직자 중 노론 73명, 소론 29명, 남인 13명, 북인 13명, 종실 1명, 기타 8명으로 노론이 53.3%, 소론이 21.2%, 남인이 9.5%, 북인이 9.5%를 차지한 것으로 분석된다.[70]

---

69 이선근, 『韓國史-最近世篇』, 진단학회, 1963, 310~340쪽 ; 이광린, 『韓國史講座-近代篇』, 일조각, 1981, 62~63쪽.

70 糟谷憲一, 「閔氏政權上層部構成關考察」, 『朝鮮史硏究會論文集』 27, 東京 : 朝鮮史硏究會, 1990, 69~99쪽.

그러나 고종의 친정 이후로는 여흥민씨를 중핵으로 노론 명문가 인물들의 포진을 통해 정권을 유지한 것으로 분석된다. 즉 1873년 11월 이후 1894년 6월 사이 약 20여 년간 의정과 판서 취임자 총 203명 중 노론 142명, 소론 35명, 남인 10명, 북인 7명, 종실 6명, 기타 3명 등으로 노론이 70%, 소론이 17.2%, 남인이 4.9%, 북인이 3.4%였다.[71]

이렇게 볼 때 고종은 왕비 가문의 인물을 중핵으로 노론이 우위를 점한 가운데 정권을 유지해 갔다고 할 수 있다. 그러나 고종과 왕비의 방벽 역할을 했던 연만한 인물들은 폭발물사건, 임오군란, 갑신정변 등으로 하나 둘씩 사라졌다.

왕비 가문의 민승호, 민규호, 민겸호, 민태호, 민영목 그리고 조대비 가문의 조성하, 조영하 등이 그들이다. 이후 왕비는 민응식, 민영환, 민영준 등 차세대 인물과 정낙용 등 측근 인물을 기반으로 고종의 보호막 역할을 하게 되었다. 그러니까 여흥민씨 '1세대'가 사라진 후 '2세대'가 고종의 한 날개를 떠받쳐 준 셈이다.

---

71 糟谷憲一, 위의 글.

제3장

청년 국왕
고종의 내외정책과 시련

메이지 일본의 정한론과
운양호사건

고종이 정사를 주도하기 시작하면서 맨 먼저 직면하게 된 난제는 일본과의 문제였다. 단초는 운양호사건과 강화도조약이다.

조선이 병인양요와 신미양요를 겪는 사이 일본 사회는 크게 변하고 있었다. 1854년 미국과 화친조약을 맺은 일본은 1858년 미국, 영국, 러시아, 네덜란드, 프랑스 등과 수호통상조약을 체결하여 외부 세계에 문호를 열었다. 이때 영사, 공사의 교환, 가나카와, 나가사키, 니가타, 효고, 시모다 등 5개 항구를 개방하고 도쿄, 오사카에서 외국인의 상업 활동을 허용했으며, 외국인의 거주권, 임차권을 인정하였다. 그 외 개항장의 자유무역 허용, 협정관세, 아편무역금지, 화폐교환규정, 영사재판권 등이 포함되어 있었다.

1854년 미국과의 화친조약은 조난 선원의 구조와 미국 선박의 식수 식량의 공급에 관한 것이 주를 이뤘지만, 1858년 미국과의 수호통상조약은 통상에 관한 규정 등이 주를 이뤘다.

이렇게 서구 열강과 조약을 맺은 일본은 이런 변화를 조선에 통고하였다. 그러나 조선 조정은 일본과 서양 사정의 변화에 대한 관심을 높이기보다는 서양오랑캐가 출몰할지 모르니 귀국은 경계에 더욱 힘쓰라고 권하는 정도로 대응을 하였다.[1]

---

1 최덕수, 「강화도조약과 개항」, 『한국사 37-서세동점과 문호개방』, 국사편찬위원회, 2000, 217~267쪽.

그 무렵 일본은 세계정세의 변화에 신속하게 대처하고 있었다. 막부정권을 뒤엎고 천황 절대주의 체제로 방향을 틀었고, 문명개화의 구호 아래 안으로 힘을 모으고 밖으로 힘을 뻗쳐 나가고자 했다.

이때 일각에서는 조선을 정벌해야 한다는 주장이 나왔다. 조선은 중국 대륙과 만주로 진출할 교두보, 일본의 공업화에 따른 장래의 수출 시장, 급격한 도시화에 따라 필요하게 될 쌀 등 곡류의 주요 공급처로도 여겼다.

이런 일본 측의 생각을 엿보게 하는 것이 외무성 관리, 사다 하쿠보(佐田白茅)의 주장이다. 그는 부산의 왜관에서 조선 사정을 정탐한 뒤 외무경(澤宣嘉)에게 건백서를 올렸다.

> 무릇 조선을 정벌해야 하는 이유는 대략 이러합니다. 즉 얼마 전 프랑스는 조선을 공격하였다가 패하여 원한이 끝이 없으니 반드시 조선은 오래가지 못할 것이고, 러시아는 그 동정을 몰래 살피고 있으며, 미국 역시 공격할 뜻을 갖고 있으니 이는 모두 조선의 재화를 탐하고 있는 것입니다. 일본이 만약 이 좋은 기회를 놓치고 저 도적 무리들에게 조선을 넘긴다면 실로 순망치한(脣亡齒寒)이 될 것입니다. 그러므로 사다 하쿠보는 황국을 위하여 조선 정벌을 주장하는 것입니다.
>
> 지금 군대를 보내자는 논의를 내 놓았는데 사람들은 반드시 재물을 낭비하여 국가를 좀 먹는다며 그 논의를 없애려 할 것입니다. 그러나 조선을 정벌하는 것은 이익이 되고 손해 볼 것이 없습니다. 비록 하루에 약간의 재화를 투자한다 해도 50일이 지나지 않아 그것을 보상받을 수 있을 것입니다.
>
> 지금 대장성은 매년 20만 원을 에조(蝦夷: 北海道)에 지출하고 있는데 몇 년이 걸려야 개척이 끝날지 모릅니다. 조선은 금혈(金穴)이며 미맥(米麥) 또한 자못 많으니 단번에 이를 쳐 빼앗아 그 인민과 재화를 징수하여 에

조에 이용하면 대장성은 그 대가를 취할 뿐만 아니라 몇 년간의 개척 비용을 절약할 수 있으니 그 이익이 어찌 크다 하지 않을 수 있겠습니까? 고로 조선을 정벌하는 것은 부국강병을 도모하는 책략입니다. 재화를 낭비하고 국가를 좀먹는다는 의론으로 쉽게 물리칠 일이 아닙니다.

지금 일본은 군대가 많아서 걱정이지 적어서 걱정이 아닙니다. 병사들은 자못 전투를 좋아하여 지난 무진전쟁(戊辰戰爭: 1868)에 만족하지 않고 또 다시 전쟁을 손꼽아 기다리니 이를 만족시키지 못하면 혹여 사사로운 싸움으로 내란을 일으킬까 걱정스럽습니다. 다행히 조선 정벌에 이들을 이용하여 그 병사의 왕성한 기운을 쓰게 하면 단번에 조선을 무찌를 수 있을 뿐 아니라 우리의 군제를 크게 연마시키는 것이 되고 국가의 위엄을 해외에 빛내는 것이 되니 어찌 신속히 조선을 정벌하지 않을 수 있겠습니까.[2]

요약하면 먼저 조선을 정복하는 것이 부국강병의 길이란 뜻이었다. 조선의 자원과 인력을 확보함과 동시에, 실직한 봉건무사들의 살길을 열어주자는 것이었다.

일본에서는 메이지 유신(明治維新) 3년 뒤 종래의 번을 폐하고 현을 두어 중앙 정부의 관할하에 두었다.(廢藩置縣, 1871) 이어 국민징집령(1872)을 내려 일본의 젊은이 누구나 군인이 될 수 있게 하였다. 그 결과 사무라이(侍)들이 대거 실직하게 되자, 불평하는 사족(士族)이 60만에 달했다. 일본이 조선에 개항을 압박한 것은 이 같은 절박한 현실과 맞물려 있었다.

마침내 일본은 조선 후기 이래 단절된 교류를 재개하기로 하였다. 먼저 메이지 유신을 알리는 문서, 즉 '서계(書契)'를 대마도주를 통해 동

---

2 『大日本外交文書』3. 日本國際協會發行, No.88, pp.138~140.(이 내용은 『日本外交文書(韓國篇)』1(서울: 泰東文化社, 1981, 138~140쪽을 참조)

래부에 전해왔다.(1868년 12월) 그런데 그 문안에 황(皇), 봉칙(奉勅) 등 종래 없었던 문구가 등장하고 있었다.[3] 동래부에서는 이의 접수를 거부하고 조정에 보고하였다. 조정에서는 설왕설래하였다.

서계 접수를 거부당한 일본은 자국을 모욕했다 하여 당장 조선을 정벌하자는 주장(정한론)이 비등하였다.[4] 그러나 이와쿠라 토모미(岩倉具視) 등은 시기상조이니 내실을 다져 힘을 길러야 한다는 입장이었다. 내란 위험이 있으며, 러시아에게 어부지리가 될 뿐 아니라, 차관을 빌려 줄 영국에도 틈을 주어 일본이 제2의 인도로 전락하리라고 보았다.

당초 정한론을 주장했던 기도 다카요시(木戸孝允) 등도 유럽과 미국을 관찰하고 돌아온 뒤 이를 반대하였다. 일본의 국력과 과학 기술이 너무도 취약한 것을 깨달았던 것이다.

일본은 정한론자들의 성급한 주장을 배제하며 힘을 키워갔다. 부산을 거점으로 조선에 대한 정보수집에 주력하는 한편, 군함을 보내 위력도 과시하였다. 흥선대원군이 실세로 군림하는 한 조선과의 수교는 용이하지 않았지만, 1873년 말 대원군이 정치의 뒤안길로 사라지고, 고종이 정사를 주도해 가자 일본은 좋은 기회라고 보고 다시 이 문제를 들고 나왔다.

이때 모리야마 시게루(森山茂, 당시 外務小丞)가 1875년 2월 부산에 도착하여 다시 서계를 제출하고 조선 당국과 교섭을 하였다. 조선 조정에서 이 문제가 다시 논의되었다. 대원군이 낙향한 이후 처음으로 고

---

3 최덕수, 「개항과 대외관계의 변화」, 『한국사 37-서세동점과 문호개방』, 국사편찬위원회, 2000, 228~231쪽; 현명철, 「개항 전 한일관계의 변화에 대한 고찰」, 『국사관논총』 72, 국사편찬위원회, 1996을 참조.
4 조선 정벌을 주장한 강경파의 거두는 사츠마번 출신의 사이고 다카모리(西鄕隆盛)였다. 그는 세이난전쟁(西南戰爭, 1877)의 결과 패하여 자결하였다.

종 자신이 직면하게 된 중대한 대외관계 사안이었다.

조정의 중신들은 전래의 교류 형식을 주장하며 접수를 반대하였다. 그러자 고종은 내용에 문제는 있지만, 접수를 거부하는 것은 '성신(誠信)의 예에 어긋난다.', '왜의 실정은 별로 의심할만한 것이 없음을 알겠다.' 하면서, 서계를 접수하고 교류를 하자고 하였다. 그러나 조정 대신들은 '대일본', '황상' 등의 용어가 불손하다면서 접수를 거부하였다.[5]

조선 정부의 입장을 확인한 일본은 무력에 의한 현상 타개를 모색하였다. 1875년 5월 부산에는 운양호 등이 입항하여 무력시위를 하고, 조정에서는 다시 위기의식이 고조된 가운데, 논의를 진행하였다. 이때 박규수와 이최응 등이 '사단을 만드는 구실을 저들에게 주지 말고 성상께서 결정하시라.'는 뜻을 상주하며 서계접수를 주장하였다. 반면, 30여 명의 대다수 조정 인사들은 여전히 거부하였다. 이 와중에 새로운 사건이 터졌다.

1875년 9월(양력), 정체 모를 한 척의 배가 강화해협 초지진포대에 접근하였다. 흰 천에 빨간색 점 하나를 찍은 깃발을 달고 있었다. 일본의 군함 운양호였다. 그해 5~6월 조선의 남해안과 동해안을 거슬러 오면서 함포를 쏘는 등 조선 군민을 불안하게 했던 일본군함 3척(春日號, 雲揚號, 第二丁卯號) 중 하나였다.

정체를 알 까닭이 없는 해안의 조선군이 다가오는 배에 포격을 가하자, 저쪽에서는 함포를 쏘아댔다. 곧이어 조선군과 전투가 벌어졌으나 무력 차이가 너무 컸다. 영종도에 상륙한 일본군은 약탈과 방화를 하였다. 결과는 조선군 전사자가 35명, 부상자 및 포로가 16명, 일본

---

5 『고종실록』 12년(1875) 2월 5일. 최덕수, 「개항과 대외관계의 변화」, 『한국사 37-서세동점과 문호개방』, 국사편찬위원회, 2000, 228~231쪽.

측은 경상자 2명뿐이었다. 일본군은 대포 36문, 화승총 130정을 전리품으로 약탈해 갔다. 운양호사건의 간략한 전말이다.

고종의 개항에 대한 인식과
강화도조약

운양호사건이 발생한 이듬해 초 일본에서는 군함 6척과 300명의 군사가 딸린 전권사절단을 조선에 파견하였다. 특명전권대신에 구로다 기요다카(黑田淸隆), 부대신에 이노우에 가오루(井上馨), 수행원에 미야모토 고이치(宮本小一), 모리야마 시게루(森山茂) 등이었다. 이 중 조선 내정과 관련하여 특별히 주목할 인물은 이노우에다. 그는 초슈번(長州藩, 현재의 야마구치현 지역) 출신으로 서양 배우기 열풍이 한창이던 1863년, 이토 히로부미(伊藤博文)와 함께 영국에 유학한 최초의 일본 유학생 5인 중 1인이다. 그는 이토와 함께 장차 일본의 정치제도를 어떻게 바꾸어 갈 것인가를 놓고 국제법과 의회제도 등에 깊은 관심을 두었다. 이런 그들의 경험이 메이지 유신과 함께 일본의 천황제 확립에 중요한 토대가 되었다.[6]

한편 이들을 상대하여 고종이 파견한 접견대관은 신헌, 부관은 윤

---

6 정재정, 「井上馨: 明治政府에서의 役割과 朝鮮侵略의 實踐」, 『국사관논총』 1, 1989, 119~152쪽. 이노우에는 후일 청일전쟁의 전세가 일본에 기울자 조선 공사로 자원해 와서 조선보호국화를 시도했다. 나아가 그는 삼국간섭 이후 서울의 정세가 급변하자 '박영효반역음모'와 '명성황후시해' 사건을 꾸미는 데 깊이 관여하게 된다. (이민원, 『명성황후시해와 아관파천』, 국학자료원, 2002, 46~65쪽)

자승이다. 강화도 연무당에서 예비접촉을 하였다.

모리야마는 일본 대신의 행차 운운하면서 뒤이어 2천의 군사가 올 것이니 거처할 것을 마련해 주라는 식으로 압박하였다. 그러자 윤자승은 '우호관계로 만나는 일에 웬 병졸이 필요한가'라고 되받아쳤다.

이 같은 예비접촉 후 1876년 2월 11일(양), 조선과 일본 사이에 제1차 본회담이 열렸다.[7] 구로다는 운양호에 단 일본국기를 모독했다 하여 조선 측을 몰아세웠다. 그러자 신헌은 해상 관문을 지키는 군사가 그것이 일본국기인지 원지 어찌 알겠는가 하면서, 일본의 무단 접근과 포격, 영종진 약탈 등은 이웃 국가 간의 의리가 아니라고 반격하였다.

그러자 구로다는 조선도 속히 국기(國旗)를 제정할 것과 일본과 통상조약을 체결할 것을 요구하였다. 강화만의 일본 함대에서는 시시로 대포를 쏘아 조선 측 인사들을 놀라게 하였다.

조선 조정에서는 일본과의 강화 여부를 놓고 의론이 분분하였다. 김병학, 홍순목 등 대부분의 대신들은 반대하는 쪽이었다. 강화를 하자는 이는 우의정 박규수(朴珪壽, 1807~1877)였다.

박규수는 삼천리강토가 안팎으로 대비를 했던들, 조그마한 섬나라 일본이 이처럼 감히 조선을 엿보고 공갈과 협박을 자행할 수 있었겠는가, 분하고 원통하지만 오늘날의 조선군대로는 일본세력을 막을 수 없다. 일단 강화를 하자고 하였다.

박규수는 조선이 일본과 조약을 체결하면 전쟁을 피할 수 있을 것이다. 그러나 조선이 청국의 권고를 받아들이지 않고 조선과 일본 사이에 사단이 날 경우 청국도 조선 사태에 책임질 여유는 없을 것이라

---

7 『승정원일기』 고종 13년(1876) 1월 19일.

고 주장하였다.

당시 청국은 마가리(Margary)피살사건(1875.2.21)으로 영국과 단교 중이었고, 서북부 중앙아시아 지역에 좌종당(左宗棠)의 원정군 파견을 준비 중이었다. 청국은 조선에서 외부세력과 분쟁이 일어나는 것을 원치 않았다. 게다가 남하하는 러시아를 고려할 때 조선과 일본이 조약을 맺는 것은 이이제이(以夷制夷) 방책이라고 보고, 조선에 일본과의 수교를 권하는 입장이었다. 박규수도 이런 청국의 사정을 감안하여 주장한 것이었다.

고종은 마침내 일본과 강화하는 쪽으로 결론을 내렸다. 이후 강화도의 연무당에서 조선의 대표(신헌과 윤자승)와 일본의 대표(구로다와 이노우에) 사이에 조일수호조규(1876.2.2. 메이지 2월 26일)가 체결되었다.[8]

양국은 다시 옛날의 우호 관계[9]를 닦아 친목을 공고히 한다는 것을 서두에 밝히고 12개조로 내용을 구성하였다. 그해 8월에는 수호조규 부록과 무역규칙을 맺었다.

조일수호조규에서는 '조선국은 자주국(自主之邦)으로서 일본국과 평등한 권리를 보유한다.' 하였고, 여타의 조항에서는 2개항의 개항(원산은 1879.8.28, 인천은 1881.2.28 개항협정 체결), 사절 파견 및 일본인의 개항장 왕래와 통상허가, 땅의 임차와 가옥 건축, 조선해안 측량, 영사의 파견

---

8 각종 문헌에 조선 측은 2월 2일 혹은 2월 3일, 일본 측 자료는 메이지 2월 26일 혹은 27일로 기록되어 혼란스럽다. 2월 2일 자(메이지 9년 2월 26일)로 문안을 작성해 두었고, 서명 날인은 2월 3일(메이지 9년 2월 27일)에 마쳤다. (『고종실록』 고종 13년 2월 3일 및 『日本外交文書』, 『日本外交史辭典』 등을 참조)

9 임진왜란 이후 조선과 일본 사이에 국교가 재개되면서 1607~1811년 사이 12차례의 통신사 왕래가 있었다. 18세기에 와서 들어서면서 양국의 관계는 교류가 단절되어 왔다.

과 재판권 등을 규정하였다.[10]

강화도조약은 국제법에 입각하여 조선이 최초로 일본과 체결한 조약이다. 이 중 주목되는 부분은 일본과 조선 양국이 '조선이 자주국'임을 명시한 부분이다. 조선과 청국의 조공책봉 관계를 고려할 때 청국의 반응이 우려되지 않을 수 없는 사안이었다.

그런데 일본은 이미 예기되는 청국과의 마찰에 대비해 예방조치를 해놓고 있었다. 1875년 일본에서는 모리 아리노리(森有禮) 공사를 청국에 파견하였다. 모리는 운양호사건에 대해 종주국인 청국에도 책임이 있지 않은가를 주장하면서, 조선에 대해 청국이 갖는 종주권(宗主權)의 의미가 무엇인가 넌지시 물었다.

청국 대표 심계분(沈桂芬)은 조선은 청국의 속방이기는 하지만, 내치와 외교는 자주에 맡겨 왔다고 답하였다. 내치와 외교는 조선이 자주적으로 하는 것이니 운양호사건은 청국 소관이 아니고 어디까지나 조선의 일이니 청국이 관여할 일이 아니라는 뜻이었다. 모리는 그렇다면 조선은 독립국이며 속방이란 허명이라고 논박하였다.[11]

청국 대표는 운양호사건의 책임 운운하는 모리의 주장에 면피용으로 답변한 것이었지만, 결과적으로 조선은 내치와 외교를 자주로 하는 나라이니 일본과의 조약과 그 내용에 대해 청국이 왈가왈부할 아무런 근거도 없다는 것을 인정한 형국이 되고 말았다.

이런 배경에서 조선과 일본 측은 '조선은 자주지방'이란 내용을 제

---

10 이후 수호조규부록에서는 개항장 10리 이내의 일본인 자유 여행과 일본화폐 유통의 허가가 결정되었고, 무역규칙에서는 아편무역의 금지, 일본 상선에 대한 세금 부과 및 '일본국 정부에 소속된 모든 선박'에 대한 항세(港稅) 면제 등이 포함되어 있다. 그러나 수출입품에 대해 관세 규정이 없었다. 이에 대한 관세 부과는 1883년에야 지리한 협상 끝에 해결되었다.
11 김용구, 『세계외교사』, 서울대학교출판부, 1994, 249쪽.

1조에 넣을 수 있었다. 그럼에도 불구하고 이 조약이 운양호사건을 빌미로 일본의 강박 아래 체결된 점, 조약의 일방성 등이 문제였다. 게다가 이후 청국도 조선의 내정과 외교에 사사건건 개입하여 '조선은 자주지방'이라는 조항이 무색하도록 조선을 곤경에 빠뜨렸다.

강화도조약에 대해 자율이냐, 타율이냐, 제1조의 '자주지방'이라는 문구가 허구냐 등의 논란이 있다. 그러나 고종의 입장에서는 자신이 전적으로 주도하게 된 조정에서 내외 사정을 종합해 내린 주요 결정이자, 고종 집권기에 시작된 조선 근대화의 첫걸음이었다.

고종의 개화정책과
서양문물 수용

강화도조약 체결 이후 고종에게 대두한 현안은 나라 체제의 재정비였다. 그 방향은 근대화와 부국자강을 추구하는 일이었다. 이를 위해 고종은 대외사정 파악, 정부 기구 개편, 서양 각국과의 수교, 서구의 신문물 수용 등을 연차적으로 추진하였다.

먼저 일본에 2차에 걸쳐 수신사를 파견하였다. 강화도조약이 체결된 그 해에 파견된 수신사 김기수 일행, 1880년에 파견된 수신사 김홍집 일행이 그들이다. 이들의 견문보고를 토대로 조선도 변화가 필요하다는 것을 확신한 고종은 개화정책의 중심기관으로서 통리기무아문을 설치하여 12개 사(司)를 두어 실무를 분장하였다. 즉 사대, 교린, 군

무, 변정, 통상, 군물, 기계, 선함, 이용, 전선, 기연, 어학 등이 그것이다.[12]

이어 1881년에는 조사시찰단(일명 신사유람단)을 구성하여 박정양, 조준영 등 12명의 관리가 51명의 수행원을 대동하여 도쿄, 오사카 등지를 4개월간 살펴보고 돌아와 견문서를 작성하여 보고하게 하였다.[13] 이때 어윤중의 수행원인 유길준, 윤치호를 유학생으로서 남겨두어 일본, 미국에서 공부하게 하였고, 임태경 등에게는 각종 제조기술을 익히게 하였다.[14]

같은 해에 고종은 통리기무아문을 통해 청국에는 영선사 김윤식 일행과 38명의 유학생을 파견하여 근대 무기제조 기술을 습득하게 하였다.[15] 이후 서울에는 기기창, 신문 발간을 위한 박문국, 화폐주조를 위한 전환국 등이 설립되었다. 고종은 청국과 일본을 동시에 관찰하고 비교하며 배우고자 하였던 것이다.

곧이어 고종은 미국 등 서양 각국과 조약을 추진하였다. 청국도 일본도 이미 서양 각국과 조약을 체결한 상태였고, 서양 기기의 우수성도 이미 입증된 터였다. 불과 10여 년 전 서양을 오랑캐로 여기며 프랑스군과 미국군을 상대로 조선이 격전을 치른 대원군 시절에 비하면,

---

12 한철호, 「統理軍國事務衙門(1882~1884)의 組織과 運營」, 『이기백 선생 고희 기념 한국사학논총〔下〕』, 1994, 1523~1554쪽.
13 허동현, 「1881年 朝士視察團의 明治 日本 社會·風俗觀-시찰단의 聞見事件을 중심으로-」, 『한국사연구』 101, 1998.
14 허동현, 「신문명의 도입」, 『한국사 38-개화와 수구의 갈등』, 국사편찬위원회, 1999, 105~125쪽.
15 권석봉, 「領選使行에 대한 一考察-軍械學造事를 중심으로」, 『역사학보』 17·18, 1962, 277~312쪽; 박성래, 「한국의 첫 근대유학-1881년의 영선사행」, 『외대』 15, 1980, 238~249쪽; 김연희, 「영선사행 군계학조단의 재평가」, 『한국사연구』 137, 2007, 227~267쪽.

조선 조정의 놀라운 대외 인식 전환이었다.

이 무렵 각국과의 통상수교에 대한 고종의 생각은 1882년 8월 5일 내린 전교(傳敎)에 잘 드러난다.

> 첫째, 천하대세는 옛날과 판이하게 달라서, 구미 각국은 정교한 기계를 새로 만들고 나라를 부강하게 하는 사업에 최선을 다하고 있다.
>
> 둘째, 천하에서 홀로 존귀하다는 중화(中華)도 평등한 입장에서 조약을 맺었고, 서양을 엄격히 배척하던 일본도 결국 수호를 맺고 통상을 하고 있다. 우리도 병자년(1876) 봄 일본과 강화도조약을 맺고 세 곳의 항구를 열었으며, 이번에 미국·영국·독일 등과 새로 화약을 맺은 것은 스스로 고립하다가 패망할 위험을 방지하기 위한 것이다.
>
> 셋째, 서양의 종교는 사교로서 멀리해야겠지만, 서양 각국의 기계는 이용후생에 도움이 되니, 농기구·의약·병기·배·수레 같은 것을 제조하는데 무엇을 꺼리겠는가. 강약의 차이가 심한데 저들의 기계를 본받지 않고 무슨 수로 침략을 막을 수 있는가.
>
> 넷째, 지난 6월의 변고(즉 임오군란)로 천하에 비웃음을 사고, 일본에게 막대한 배상금까지 물게 되었다. 한심하다. 유생들은 부지런히 공부하고 백성들은 편안히 농사를 지으며, 다시는 양(洋)이니 왜(倭)니 하면서 근거 없이 인심을 소란하게 하지 말라.

정부의 개화정책에 대한 보수유생들의 반대가 여전한 가운데, 고종은 청국과 일본의 사례까지 들며 서양의 종교는 멀리해야겠지만, 서양의 기계는 부국자강을 위해 유용하다는 점을 강조하고 있었다.

고종이 서양과의 조약 체결 과정에서 취한 논리는 '동도서기론'에 입각하고 있었다. 즉 서양의 종교는 멀리해야겠지만, 서양의 농기구, 병기, 의술, 선박, 수레 등은 이를 적극 수용하여 이용후생하자는 것이었다.

고종은 전국의 유생들에게 서양 학문을 익히라고 강제하지는 못하였지만, 적어도 조선이 나아갈 방향은 정확하게 제시하고 있었다. 고종은 서양과 수호를 맺은 이상 전국에 세운 척화비도 모두 뽑아버리라고 지시하였다.[16] 불과 10년 사이에 180도로 달라진 조선의 대외개방 정책이자 이를 주도하던 고종의 단호한 입장이 잘 드러나고 있다.

이런 분위기에서 고종은 다시 전국 팔도와 사도의 백성들에게도 놀라운 메시지를 전하였다.

> 우리나라에서 문벌을 세습하는 유풍은 그 유래가 오래되었다. 귀족들은 지서(支庶)가 수없이 뻗어나가 부모를 섬기고 자식을 기를 밑천이 없고, 천민(賤民)은 문벌이 한미하다는 이유로 먼 옛날부터 억눌려 살아왔다. 번성하게 하고픈 마음은 비록 간절하였지만 도와서 계도하는 것이 어려워 몹시 안타깝다.
>
> 지금 통상과 교섭을 하고 있는 이때에 관리나 천한 백성의 집을 막론하고 크게 재화(財貨)를 교역하도록 허락함으로써 치부(致富)할 수 있도록 하며, 농(農)·공(工)·상고(商賈)의 자식도 학교에 들어가는 것을 허락하여 다 같이 진학하게 하라. 오직 재학(才學)이 어떠한가만을 보아야 할 것이요, 출신 귀천(貴賤)을 따지지 말아야 할 것이다."[17]

고종은 문벌 세습의 문제점과 반상의 차별 문제를 지적하면서, 관리나 천민 집 모두 재화를 거래하도록 권하고 있고, 농, 공, 상의 자식들을 모두 학교에 들어가 배우게 하되, 귀천을 따지지 말라고 명을 내

---

16 『고종실록』 고종 19년(1882) 8월 5일.
17 『승정원일기』 고종 19년(1882) 12월 28일.

린 것이다.

조선 국왕이 문벌세습과 반상 차별의 문제를 지적하고, 양반도 물화를 거래하라 하고, 사농공상 가릴 것 없이 배우게 하라고 한 경우는 500년 역사상 전무한 일이었다.

적어도 1882년 무렵의 고종은 '개명군주(開明君主)'의 모습을 충분히 보여주고도 남았다.

이때 고종이 추진한 신문물 도입 하나가 교련병대(敎鍊兵隊), 즉 별기군 양성과 일본인 교관 초빙이다.(1881)[18] 고종의 일본 교관 초빙은 여전히 일본을 오랑캐로 멸시하던 전국 유림의 의식과 조정 내외의 일본에 대한 적대적 분위기에서 쉽지 않은 결정이었다.

이처럼 청국, 일본의 변화와 서구 각국의 사정을 파악한 고종은 이후 서양 각국에 문호를 개방하기 시작하였다. 그 결과 미국(1882), 영국(1882), 독일(1884), 이탈리아(1884), 러시아(1884), 프랑스(1886), 오스트리아(1892) 등 서구 각국과 조약을 맺었다.[19]

이 중에서 특히 주목할 부분은 고종의 미국에 대한 관심이다. 고종은 1883년 민영익, 홍영식, 서광범 등을 미국에 파견하여 유럽과 미국의 신문명을 관찰하게 하였다. 겉으로는 보빙(報聘), 즉 미국의 조선 주재공사 파견에 대한 답례의 형식을 취하였지만, 내용은 서양과 미국의 발전된 문물을 직접 관찰하고 이를 수용하려는 것에 목적이 있었다.

고종은 이들의 귀국 보고를 참고하여 최초의 근대식 관립학교로서

---

18 최병옥, 「敎鍊兵隊(속칭: 倭別技)연구」, 『軍史』 18, 1989, 73~125쪽; 배항섭, 「19세기 조선의 군사제도 연구」, 국학자료원, 2002.

19 전체 조약의 흐름에 대해서는 김용구, 『세계외교사』, 서울대학교출판문화원, 2006 및 최덕수 외(김소영, 성숙경, 한승훈, 김지형), 『조약으로 본 한국근대사』, 열린 책들, 2010을 참조 바람.

육영공원의 설치를 허락하였다. 그러나 갑신정변으로 지체되다가 마침내 1886년 9월에 개교하였다.[20] 초기의 교사는 미국인 헐버트(H. B. Hulbert), 길모어(G. W. Gilmore), 벙커(D. A. Bunker) 등이었고, 영국인 허치슨(W. F. Hutchison)과 핼리팩스(T. E. Hallifax) 등도 부임하였다.

고종은 1885년 조선에 입국한 선교사 아펜젤러(H. G. Appenzeller), 언더우드(H. G. Underwood), 스크랜턴(M. F. Scranton) 등에게 배재학당(1886.6.8), 언더우드학당(1886. 1905년 경신학교로 개명), 이화학당(1886) 등 사립학교 설립을 허가하여 신학문을 가르치게 하였다.[21]

여기에 입학한 청소년들은 영어 등 외국어 학습은 물론, 서양의 지리와 역사, 과학 등 신학문을 공부하였다. 그리고 일부 학생은 미국 등지로 유학하거나 정부의 관료로서 혹은 재야의 식자로서 후일 한국 사회의 근대화에 선구적 역할을 하게 된다.

다른 한편 고종은 알렌을 통해 광혜원(후의 제중원)을 설립(1885.2.29)하도록 지원하였고, 알렌(H. N. Allen)은 헤론(J. W. Heron) 등의 협력 속에 일반인들을 치료하고 서양의술을 보급하였다.[22] 이 과정에서 천주교와 개신교도 별다른 저항이나 충돌이 없이 조선 땅에 자연스레 뿌리를 내리게 되었다. 고종이 전국 유생과 양반 집단의 반발을 고려하여 암묵적으로 용인한 결과였다.

---

20 육영공원의 설립 목적은 "각국 교제에 어학이 긴급한 일이므로 어린 인재들을 선택해 학습"하게 하는 데 있었다. 현직 관료 중 선발된 학생을 좌원(左院), 양반가에서 선발된 학생을 우원(右院)으로 개원하였다. 정원은 35명, 과목은 영어가 중심이고, 독서, 산학(算學), 지리 등의 초학과정을 거쳐 대산법(大算法), 만물격치(萬物格致)와 각국 언어, 역사, 정치 등이었다.
21 옥성득, 『첫 사건으로 본 초대 한국교회사』, 짓다, 2016를 참조.
22 이들에 관해서는 이광린, 『개화당연구』, 일조각, 1977; 이광린, 『한국개화사연구』, 일조각, 1974; 이광린, 『한국사강좌─근대편』, 일조각, 1981 등을 참조.

이상에서 보듯이 1880년대 고종이 주도한 조선 정부의 정책은 청국과 일본으로부터의 신기술과 무기, 군사제도의 도입은 물론, 서양 각국과의 조약 체결로부터 서양의 신학문과 제도의 수용, 종교 활동 허용 등 다양했다.

불과 십여 년 전 9명의 프랑스 신부와 8천여 명의 조선인 천주교도 가 사형을 당하고, 병인양요, 신미양요로 조정 내외와 전국 백성들 사이에 배외의식이 고조되는 가운데 전국에 척화비가 들어서던 쇄국의 분위기에 비하면 180도로 달라진 참으로 놀라운 변화였다.

이런 변화를 이끌어간 핵심은 국왕 고종이었다. 거기에는 박규수, 오경석, 유대치 등 1세대 개화파 인사들과 김옥균, 박영효, 서광범 등 2세대 개화파 인사들 그리고 국왕의 내조자인 왕비(명성황후)와 여흥민 씨 및 풍양조씨 외척 가문 인물들의 역할도 중요했다.

고종의 호의적 미국관과 견미사절 파견

고종의 문호개방 정책에서 주목할 부분은 미국에 관한 부분이다. 19세기 말에 체결한 조약 중 고종이 가장 환영한 것은 조미조약이다. 흔히 고종을 친러파 혹은 친청파로 칭하는 경우가 있지만, 그런 방식으로 구분한다면 고종은 오히려 '친미파'였다.

고종은 개항 이후 청국을 통해 유입된 서양 관련 서적 외에 수신사 김홍집 등이 일본에서 가져온『조선책략』등을 통해 미국을 관찰하고 있었다.

고종은 미국이 땅이 넓고 풍요하여 다른 나라를 침략할 의사가 없는 부강한 나라로 보았다. 조미조약 체결 당시는 당장의 위협으로 여겨지는 러시아의 남하 위협을 '친중국, 결일본, 연미국'이라는 3각 구도의 안보망으로 방어하고자 하였다.

그러나 길게는 조선이 청국의 간섭으로부터 자주독립하고, 각종 신문물의 수용과 근대화 정책을 통해 조선이 부국자강한 나라로 크게 발전하는 것이 일관된 소망이기도 했다.

미국 역시 자국 선박의 안전한 항해와 인명구조, 나아가 조선의 자원 개발 등을 염두에 두고 조선과 통상조약을 희망하였다. 반면 청국 측은 러시아의 남하와 일본의 대륙 진출을 견제하려는 의도로 조선 측에 미국과의 수교를 권하였다. 그 결과 1882년 조선은 서구 열강 중 맨 먼저 미국과 조약을 맺었다.

후일의 사건과 관련하여 주목되는 것은 조미조약에서 언급하고 있는 '선위주선(善爲周旋, Good offices)', 즉 한국의 학계에서 '거중조정(居中調整)'이란 용어로 널리 대체하여 쓰고 있는 바로 그 문구다.[23]

그 의미는 양국 중 어느 한 나라가 제3국에게 불공정한 대우를 받는 일이 있을 경우 다른 한 나라는 조약 상대국의 요청을 받아 호의적 주선을 한다는 것이었다. 이를 근거로 고종과 조선 조정은 미국의 지원을 꾸준히 기대하였고, 위기에 몰릴 때마다 고종은 미국의 지원을

---

23 김원모,「美國의 對韓 居中調停(1882~1905)」,『史學志』8, 1974; 이보형, 「淸日戰爭 直前의 美國의 居中調停과 韓國」,『韓美修交 100年史』, 국제역사 학회 한국위원회, 1982.

요청했다. 이승만도 후일 미국이 이 약속을 이행하지 않았다고 강력히 성토하며, 일제하에 독립운동을 하던 해외의 한인들에 대한 지원을 시시로 요청한 바 있다.

그런데 이 조항은 미국과의 조약에만 삽입된 것이 아니었다. 영국, 독일, 러시아, 프랑스 등 다른 국가와의 조약에도 공통적으로 들어있는 조항이다. 의례적 양해사항이었다. 그럼에도 고종이 미국 측에만 외교적 지원을 요청한 것은 무슨 까닭인가.[24]

고종의 미국에 대한 호의적 감정은 조미조약 체결, 1883년 민영익과 홍영식 일행을 미국에 파견한 일, 1887년 초대 주미공사 박정양 일행을 파견한 일에서도 잘 노출된다.[25]

1883년 민영익과 홍영식 등은 미국에서 돌아와 고종을 알현하여 '광명의 세계로 갔다가 다시 암흑세계로 돌아왔다.'고 하였다. 고종은 이들의 견문보고를 통해 미국만큼은 영토 야욕이 없는 부강한 나라고, 청, 일, 러 등의 위협에서 조선을 보호해 줄 나라로 보았다. 그래서 '호의적 주선(居中調整, Good Office)' 조항에도 많은 기대를 하였다.

동시에 고종은 서양의 어느 나라보다도 많은 교사, 선교사, 고문관 등을 미국에서 초빙하였다. 청일전쟁 직후 고종과 왕비가 동양에서 가장 유명했던 '노다지 금광', 즉 운산금광을 미국인에게 내어준 것도 미

---

24 고종은 미국과의 수호조약 체결을 고대하였고, 미국의 공사 파견 소식에 뛸 듯이 기뻐하였다. 최근 고종은 일본이냐 러시아냐 선택해야 할 길목에서 아관파천을 하였으니 친러파며 그래서 망했다는 주장을 흔히 접한다. 그러나 아관파천은 고종이 일본의 압제를 피해 만부득이한 상황에서 취한 비상수단이었다. 당초 미국공사관으로 피신하려 했으나 미국 측이 거부하였다.

25 한철호, 「初代 駐美全權公使 朴定陽의 美國觀—『美俗拾遺』(1888)를 중심으로—」,『한국학보』66, 1992, 53~91쪽; 손정숙, 「한국최초 미국외교사절 보빙사의 견문과 그 영향」,『한국사상사』29, 2007.

국에 대한 그런 기대 때문이었다.[26]

1880년대 초중반 조선에 입국한 의료 선교사 알렌이나 아펜젤러, 언더우드, 스크랜턴 등 미국의 감리교나 장로교 계통 선교사, 헐버트, 길모어 등의 육영공원 교사, 그리고 그레이트하우스, 제너럴 다이, 닌스테드와 같은 군사고문관 등은 대부분 고종의 기대에 부응하여 한국 근대화에 기여한 이들이 많았다.

그러나 정작 미국 정부와의 관계는 조미조약 체결 이후 크게 발전하지 못하였다. 고종의 미국에 대한 기대는 근대화의 좌절만큼이나 허무하였다.

조약 체결 당시 보여준 미국의 조선에 대한 적극적 태도가 소극적으로 돌아선 데에는 여러 요인이 있다. 그중 조선에서 제공한 불씨는 갑신정변이다. 갑신정변 당시 미국공사관 측은 정변의 발발 기미를 사전에 알았다. 고종과 개화파 인사 모두와 관계가 긴밀했던 미국 공사와 공사관원들로서는 곤혹스러운 입장이었다. 정변이 발생하자 서울의 각국 외교관과 선교사 가족은 정동의 미국공사관에 몰려들어 대혼잡을 이루었다.

미국 공사나 공사관원 모두 개화파의 조급성과 무자비한 대신들 살상에 실망하고, 일본군은 물론 청군의 개입과 고종의 리더십 결핍에도 모두 실망하였다. 이후 미국은 서울 주재 미국 공사직을 공석으로 두고, 부득이 포크와 같은 초급 장교에게 대리하게도 하였다.

반면 미국은 일본에 우호적이었다. 1905년 일본이 대한제국 외교

---

26 김현숙, 「한국 근대 서양인 고문관 연구」, 이화여자대학교 박사학위논문, 1999 등을 참조. 김희연, 「주미조선공사관 참찬관 알렌(Horace N. Allen)의 활동」, 『이화사학연구』 59, 2019.

권을 탈취하고, 이후 대한제국을 병탄할 당시에도 미국은 일본을 지지하였다.

헐버트와 알렌 등은 미국 정부에 한국에 대한 지원을 요청하는 한편, 미국 정부의 '한국 버리기 정책'을 비판하기도 하였다. 그러나 어디까지나 개인 차원의 일이었다.

이런 사정임에도 불구하고 고종이 끝까지 기대한 나라는 미국이었다. 고종의 꿈은 허망하게 끝났지만, 그로부터 반세기가 지나지 않아 그 꿈이 실현되었다. 6·25 직후 대한민국의 안전보장을 요구하는 이승만에 의해 1953년 한미간에는 상호방위조약이 맺어졌다. 고종을 '나약하고 무능한 겁쟁이'라고 비난했던 '반역아' 이승만이 도리어 고종의 꿈을 넘어서 미국과의 동맹까지 맺게 된 것이다. 정부를 성토하던 이승만을 가두었던 고종이나 고종을 증오했던 이승만이나 미국과의 동맹과 우호관계가 매우 중요하다고 본 것은 마찬가지였다.

전국 유림의 개화정책 반대와
고종의 대응

고종이 문호를 열고 개화정책을 추진하자 국내에서는 보수집단의 격렬한 저항이 이어졌다. 그 첫 번째가 강화도조약 체결 당시였다.

강화도조약 체결을 앞두고 전국에서는 이를 반대하는 유생들의 상소가 쇄도하였다. 공자와 맹자의 학문과 주자학을 굳게 신봉하던 유생들의 개항 반대 상소였다. 논거는 '위정척사(衛正斥邪)', 즉 우리의 바른 학문인 정학(正學)을 지키고, 왜와 서양오랑캐의 그릇된 학문인 사학(邪學)를 물리쳐야 한다는 것에 있었다.

서양사회가 동양을 낙후한 야만의 상태로 보았다면, 이들은 서양과 일본을 무도한 오랑캐 부류로 보고 있었다. 그것이 '왜양일체론(倭洋一體論)'이다. 일본과 교제하면 서양오랑캐 문화가 만연하여 우리의 전통이 무너진다고 하였다. 개항 무렵에 등장한 '위정척사론'은 다름 아닌 '개항불가론'이었다.

이들의 주장에는 우리의 전통문화를 보존하고 선현의 가르침을 존숭하자는 점에서 합당한 일면도 있었다. 그러나 세계의 문명이 변하고 시대의 가치가 바뀌어 가는 현실을 도외시한 위정척사론이 고종과 조정 대신들에게 현실의 대안이 될 수는 없었다. 유생 혹은 유림들에 의해 19세기 말~20세기 초까지 지속된 위정척사운동은 시기와 대상을 달리하여 수차 펼쳐졌다. 이런 흐름의 상징적 인물이 화서 이항로(李恒老, 1792-1868)였다.

이항로는 병인양요와 신미양요 당시 기정진 등과 척화주전론(斥和主戰論)을 내세웠다. 서양 오랑캐의 침범은 국가 존망의 위기를 조성하는 것이니, 서양 문물을 배척하고 통상을 거부해야 한다는 상소를 올렸다. 나아가 서양 오랑캐를 공격하자는 것은 우리쪽 사람의 주장이고, 그들과 화친하자는 것은 저쪽 사람들의 주장이다. 전자에 따르면 나라와 풍속을 보존할 수 있지만, 후자를 따르면 짐승의 지경에 빠진다는 양단의 논리를 폈다.

이항로의 주장은 문호폐쇄를 택했던 흥선대원군 세도 당시에는 정책에 도움이 되었다. 조선의 전통가치, 즉 소중화(小中華)의 문화를 갈고 닦아 전통을 지키자는 데 감히 반대할 인물은 당시에 없었다. 이들의 주장은 전국 사람들의 열렬한 호응을 받았고, 흥선대원군의 강력한 쇄국 의지에 부응한 것이었다. 그 결과 1866년 프랑스군과 치른 병인양요, 1871년 미군과 치른 신미양요에서 조선의 피해는 컸지만, 조야가 일치단결하여 위기를 넘겼다.

이후 강화도조약 체결을 전후하여 조야에서는 다시 배외의식이 높아졌다. 이때 일본과의 강화를 앞장서 반대한 이는 이항로의 제자 최익현(崔益鉉)이다. 그는 강화도조약 체결 직전인 1876년 1월 한양의 궁궐 앞에 엎드려 강화를 반대하는 상소를 올렸다. 자신의 주장을 접하고도 일본과 강화를 할 지경이면 도끼로 자신의 목을 먼저 치라는 뜻이었다. 그의 상소, 즉 지부복궐척화의소(持斧伏闕斥和議疏)의 요지는 이러했다.

> 첫째, 이번의 강화는 일본의 강요에 의한 것이므로 고식책일 뿐 그들의 탐욕을 막아낼 수 없다.
> 둘째, 강화를 하면 물자를 교역하게 되는데 저들 상품은 기묘한 사치품이자 수공업 제품이므로 무한하다. 우리의 물화는 필수품이며 땅에서 나는 것이니 우리가 황폐해질 것이다.
> 셋째, 그들은 왜인이지만 사실은 서양 도적이나 마찬가지이다. 강화가 이뤄지면 사교(邪敎)의 서적들이 교역을 타고 숨어 들어와 온 나라에 퍼져 윤리가 파괴될 것이다.
> 넷째, 일본인이 왕래하며 우리의 재산을 탈취하고 부녀자를 능욕하는 등 인간의 도리가 땅에 떨어지고 백성이 안주할 수 없을 것이다.
> 다섯째, 왜적은 물욕만 높을 뿐 조금도 사람다운 도리가 없는 금수와 마찬가지이다. 사람이 금수와 더불어 같이 살 수는 없다.[27]

---

27 『고종실록』 고종 13년(1876) 1월 23일.

요컨대 왜와 서양 세력은 하나같이 짐승의 무리이며 도적이라는 것이었다. 일본과 서양 각국의 발전하는 현실에는 무지한 주장이었지만, 저들의 사치품과 우리의 생필품이 교환되면 우리가 황폐해진다는 주장은 부분적으로 타당해 보이는 측면도 있었다. 그러나 세계가 변하고 산업화로 치달아가는 시대에 이런 자세로는 고립을 자초하다가 망할 것이라는 것이 고종의 생각이었다.

고종과 조정의 대신들, 그 외 개명된 재야의 지식인들은 전국 유생들이 그와 같은 사고에 젖어 있는 현실에 참으로 난감하였다.

문호를 닫고 전통 문화를 지키며 버틸 수 있다면 좋겠지만, 저들의 공세를 막고 강화를 하지 않고 버틸 방법은 과연 있는 것인가. 그들을 서양오랑캐와 한통속이고 짐승과 같다고 했지만, 그들의 문명은 조선보다 몇 걸음 앞서가고 있지 않은가. 겨우 돛단배를 띄우고 있는 우리의 현실과 달리, 제물포 앞바다와 한강에까지 굉음을 내며 자유자재로 오락가락하는 저 철선은 무엇인가. 저들의 힘과 기술은 과연 어디서 온 것인가.

고종은 최익현의 상소에 임금을 모독하는 내용이 있다 하여 흑산도로 유배 보내고 마침내 일본과의 통상조약, 즉 '강화도조약(조일수호조규, 1876.2)'을 체결하였다.

그러나 고종의 정책에 대한 유생들의 저항은 수년 후 다시 등장하였다. 미국과의 수교에 즈음한 영남 유생들의 저항, 요컨대 만인소사건(萬人疏事件)이 그것이다. 수많은 영남의 유생들이 고종의 개화정책에 반대하는 상소에 집단적으로 이름을 올린 것이다.

강화도조약 체결 이후 고종은 대외견문사절단으로 1, 2차에 걸친 수신사(1876, 1880)[28]와 조사시찰단(1881)을 일본에, 영선사행(1881.11)을 청국에 파견한 바 있다. 이 중 전국의 보수 유생들로부터 극렬한 저항을 불러일으킨 것이 제2차 수신사 김홍집 일행이 일본에서 가져와 고종에게 바친 황준헌의 『조선책략(朝鮮策略)』이다.

김홍집은 1880년 7월 일본을 방문한 기회에 청국공사관을 찾아가 황준헌을 만난 바 있다. 그때 황준헌은 동양의 정세를 논하면서 조선이 장래 러시아의 남침에 대응하여 나라를 보존하려면, 친중국(親中國), 결일본(結日本), 연미국(聯美國)해야 한다는 것, 요컨대 조선에게 미국과 조약을 맺을 것을 권하고 있었다.[29]

이 소식이 알려지자 1881년 2월 영남의 유생들이 먼저 격렬히 반발하였다. 이만손(李晩孫)을 우두머리로 삼아 올린 '영남만인소(嶺南萬人疏)'에서는 『조선책략』이 나도는 것을 보니 머리카락이 곤두서고 쓸개가 흔들려 통곡하고 눈물을 흘렸다. 조선이 중국, 일본, 미국과 연합하여 러시아를 막자는 것은 가당치도 않으며, 나라의 재부를 쌓고 농업, 상공업에 진력하고자 서학을 배울 필요는 없다. 황준헌이란 자는 일본의 세객(說客)이며, 예수교와 관련된 인물이니 불온한 책을 들여온 김홍집을 처벌하고, 그 책을 불 속에 집어던져 주공과 공자, 정자, 주

---

28 조항래, 「対日修好後의 丙子(1876) 修信使行에 대하여」, 『조선학보』 84, 조선학회, 1977; 현명철, 「제1차 修信使行의 외교사적 위치」, 『韓日關係史硏究』 56, 2017; 송병기 편역, 『개방과 예속-대미수교관련수신사기록(1880)초-』, 단국대학교출판부, 2000.

29 原田環, 「『朝鮮策略』을 めぐって-李鴻章と何如璋の朝鮮政策」, 『季刊三千里』 17, 三千里社, 1979; 송병기, 『近代韓中關係史硏究; 19世紀末의 聯美論과 朝淸交渉』, 단국대 출판부, 1985; 장인성, 「근대 한국의 세력균형 개념 -균세와 정립-」 『세계정치』 25-2, 2004; 한승훈, 「19세기 후반 조선의 대외정책 기조와 그 실현 -균세정책과 거중조정의 추진」, 『한국근현대사연구』 83, 2017.

자의 가르침을 더욱 밝히라'고 주장하였다.[30]

이에 고종은『조선책략』의 글은 애당초 깊이 파고들 것도 없지만 그대들도 잘못이 있다, 만약 이것을 빙자하여 다시 번거롭게 상소하면 조정을 비방하는 것이다, 어찌 선비라 하여 엄하게 처벌하지 않을 수 있겠는가, 잘 알고 물러가라고 답하였다.[31] 이후로도 논란이 지속되자 고종은 이만손과 강진규를 강진과 흥양으로 귀양을 보냈다.

그러나 이후 경기도, 강원도, 충청도, 전라도 각 지역의 유생들까지 호응하여 국왕의 정책을 비판하였다.

그해 3월 황재현·홍시중이 고종에게 상소를 올렸다.『중서문견』, 『만국공법』, 『흥아회잡사시(興亞會雜事詩)』, 『속금일초공업육학(續今日抄工業六學)』등과 황준헌의『조선책략』을 찾아내 종로 거리에서 불태우라는 것이었다.[32]

이들 책은 세계정세와 국제법 그리고 공업 발전에 관한 것으로서 조선의 근대화와 부국자강에 긴요하게 참고할 서적들이었다. 그러나 유생들의 생각은 너무도 다르고 멀었다.

5월에는 경상 유생 김진순, 경기 유생 유기영, 충청 유생 한홍렬이 상소했고, 윤7월에는 경기 유생 신섭, 충청 유생 조계하, 전라 유생 고정주, 강원 유생 홍재학 등이 상소를 연이어 올렸다. 왜, 즉 일본은 서양오랑캐와 마찬가지이니 배척하라는 것이었다.

그 가운데 홍재학의 상소문이 매우 과격하였다. 홍재학은 조선의

---

30 송병기, 「衛正斥邪運動; 辛巳斥邪運動을 중심으로」, 『한국사시민강좌』 7, 1990, 38~60쪽; 權五榮, 「1881년의 嶺南萬人疏」, 『윤병석교수화갑기념 한국근대사논총』, 1990.
31 『고종실록』18권, 고종 18년 2월 26일.
32 『고종실록』18권, 고종 18년 3월 23일.

개화정책을 담당한 관료 김홍집·이유원을 겨냥했을 뿐 아니라 국왕까지도 비판하기에 이르렀다.

홍재학은 "주화매국(主和賣國)한 신료를 엄형에 처하고, 서양 물건과 서적을 소각하고, 신설된 통리기무아문을 파하라"고까지 주장하였다. 유생들은 김홍집의 처형은 물론, 고종의 개화정책까지 송두리째 부정하고 있었다.

홍재학의 상소는 용의 역린을 거스른격이었다. 고종은 홍재학을 잡아들여 극형에 처하라고 지시하였다.[33] 고종은 이처럼 극단적 처방까지 불사하며 유생들의 저항에 대처하였다.

한편 유생들의 태도와 달리 고종의 개화정책을 적극 지지한 개명된 이들도 없지 않았다. 비록 소수였지만, 이들은 유생들의 반개화, 반정부 태도를 논리적으로 비판하고 세계의 변화에 부응할 것을 촉구하였다. 전 장령 곽기락의 상소가 그중 대표적인 하나다.

곽기락은 '황준헌의 책자는 우리나라에 긴요한 문제를 다룬 것으로 적국의 정세 등을 언급한 것이니, 이의 채택 여부는 조정에서 논의, 결정하기에 달려 있다. 해외에 사신으로 가서 자국의 중대한 문제를 어찌 먼 나라 일처럼 보아 그 책을 받지 않을 수 있겠는가. 사신이 죽을죄를 지었다면 책을 쓴 황준헌은 도대체 어찌해야 하겠는가.'라고 하며 유생들의 주장에 대해 반박하였다.[34]

이어 '일본은 최근에 들으니 부강해져서 옛날과는 다르다. 우리나라와 좋은 관계를 맺자고 청하는데 그만두자고 할 수 없다. 고고하고 지당한 말로 맨주먹을 휘두르며 우리도 천승(千乘)의 나라인데 어찌 그

---

33 황현, 『매천야록』, 辛巳 18년 5월 15일, 『승정원일기』, 고종 18년 6월 8일.
34 『고종실록』 고종 18년 6월 8일.

들을 두려워할 것인가라고 한다면 좁은 소견이며 저들의 비웃음을 사기에 알맞다.'고 신랄하게 유생들의 태도를 비판하였다.

그는 '기계에 관한 기술과 농림에 대한 책이 이익이 될 수 있다면 반드시 택하여 행하고 그들의 것이라 해서 좋은 법까지 배척할 필요는 없다. 유생들의 상소문을 보면 큰소리치고 떠드는 것이 실용에 도움이 없고, 집집마다 돈을 거두어 절반은 자기들 주머니를 채우고 사람을 모아 인원수 채우는 것만 일삼는다.'고 따갑게 질책했다.[35]

곽기락이 해외 사정을 살펴보고 나라에 도움이 된다면 배워야 한다고 한 주장은 보수 유생들의 의식을 뛰어넘은 개명적이고도 실용적인 주장이었다. 고종도 이에 대해 현재의 폐단을 잘 말하였고 자못 조리가 있으니 매우 가상하다고 답하였다.[36]

그러나 이 같은 개명된 이들의 비판과 고종의 강력한 근대화 의지에도 불구하고 유생들 집단은 척사론의 굴레를 벗어나지 못하였다. 게다가 그런 집단을 정치적으로 이용하는 부류까지 있었다.

권력에서 밀려난 대원군의 지지세력 일부가 유생들의 반정부 움직임에 고무되었다. 이것이 불씨가 되어 일어난 사건이 안기영사건, 일명 이재선사건이다.

안기영은 병인양요 당시 순무영종사관으로 양헌수를 도왔고 흥선대원군을 추종했던 인물이다. 그가 대원군의 서자 이재선을 앞세워 정권 전복을 꾀하는 과정에는 영남만인소에 참여한 강달선, 강화 유생 이철구, 서리 출신 이두영 등이 있었다.

이들은 과거를 보러 온 유생들과 시정 사람을 선동하여 궁궐을 습

---

35 『승정원일기』 고종 18년 6월 8일.
36 『고종실록』 18년 6월 8일; 『승정원일기』 고종 18년 6월 8일.

격하여 국왕을 폐위하고 척족 인물과 일본공사관, 별기군교련장 등을 습격한다는 다소 엉뚱한 계획을 세웠던 것 같다. 그러나 모의에 가담했던 광주장교 이풍래의 고변으로 전원이 체포되었다.(1881.8.28.)

안기영 등은 대역부도죄로 능지처참을 당하고, 이재선은 사약을 받았다. 이 사건을 계기로 조정은 흥선대원군의 우익까지 철저히 제거하였다. 지방 유생들의 반정부 여론을 등에 업고, 일부 인물들이 정치적 욕망을 달성하려다가 자신들의 목숨을 앗아감은 물론, 고종과 흥선대원군의 관계를 더욱 악화시키고, 고종의 서형인 이재선의 죽음까지 부른 '어설픈 용꿈'에 불과한 사건이었다.

임오군란
- 구식군대의 반란과 신식군대의 와해

유생들의 척사운동, 요컨대 반정부 운동과 안기영사건 등은 고종에 대한 심각한 정치적 도전이었다. 고종은 강력한 대응으로 이때의 고비를 잘 넘겼다. 그러나 정국의 불안감이 완전히 해소된 것은 아니었다. 개화정책을 반대하는 유생들의 불만이 여전했고, 대원군을 부추기는 세력도 저편에 있었다. 개항에 이은 대외 사절 파견과 군제 개편, 신무기 구매 등에 따른 재정 지출도 고종과 조정에 큰 부담이었다.

이로부터 수개월 뒤 터진 것이 구식군대, 즉 구훈련도감 소속 군인들의 반란이다. 이 사건은 청국은 물론 일본의 개입을 야기하여, 고종과 조정을 극단의 위기로 몰아갔다. 고종의 개화정책에 대한 반동이기도 했지만, 정부의 재정난, 외척세력의 관직 독점, 대원군 추종세력의 불만, 거기에 일본과 청국의 무역 경쟁이 두루 얽혀 있었다.

무위영 소속 구훈련도감 군인들, 요컨대 구식군대 병정들이 대규모 폭동을 일으킨 것은 1882년(고종19) 6월 5일(음)이다. 오랫동안 밀린 급료 중 겨우 한 달 치를 지급받는 과정에서 시비가 붙어 불만이 폭발하였다. 사태가 걷잡을 수 없이 커지자 그들은 선혜청 당상 민겸호(閔謙鎬)의 집을 습격하고, 외척가문 인사들의 집과 일본공사관을 공격하였다.[37]

다음날 이들은 창덕궁을 습격하여 대신들을 살해하고 척족의 핵심으로 지목되던 왕비를 수색하였다. 이 와중에 대원군의 형인 영돈녕부사 이최응(李最應)이 피살되고, 궐내로 난입한 군병들에 의해 선혜청 당상 민겸호와 경기감사 김보현도 피살되었다. 그러나 왕비는 대원군 부인의 도움과 무관 홍계훈의 기지로 극적으로 궁을 빠져나갔다.

군란으로 주요 대신들이 피살되고 조정이 혼란에 빠지자 고종은 구식군의 지지를 받던 대원군에게 사태 수습을 위임하였다. 권세를 회복한 대원군은 왕비가 난리 중 사망한 것으로 처리하여 국상을 발표하고, 5군영과 삼군부의 복설을 지시하였다.

그러나 새로운 변수가 등장하였다. 조선의 사태로 국제 분쟁이 야기될 것을 우려한 청국이 조선 조정의 요청에 응한 형식으로 파병을 한 것이다. 군란의 배후에 대원군이 있다고 본 청국 측은 사태수습의 일환으로 대원군을 납치하여 청국의 보정부에 연금시키고, 군란의 주모자들을 체포하여 처형하도록 하였다.

---

37 이날 저녁 하나부사(花房義質) 일본 공사는 공사관에 불을 질러 기밀문서 등을 소각한 뒤 공사관원들을 이끌고 급히 인천으로 탈출하였다.

고종과 은밀히 소식을 주고받으며 여주, 장호원, 충주 등지로 피난처를 옮겼던 왕비는 얼마 후 서울로 귀환하였지만, 조정은 이전과 다른 상황을 맞게 되었다.

청국은 조선에 대한 간섭을 적극화하여 속방화(屬邦化) 정책으로까지 나아갔다. 러시아의 남하에 대한 우려와 일본의 조선 진출에 대한 우려가 겹치자 청국은 조선을 자국의 울타리 속에 더욱 옥죄는 방향으로 정책을 폈다. 그 결과 맺은 것이 1882년의 '조청상민수륙무역장정(朝清商民水陸貿易章程)'이다.

이 장정은 '속방관계의 문증'이라고 해석될 만큼 조선 측을 구속하고 있었다. 청국의 장수 오장경은 남대문에 조선은 청국의 속방이라는 문구를 내걸기도 하였다. 일본과 서구 각국을 의식한 시위였다. 그러나 자주독립국을 지향하며 개화파 청년들을 후원하던 고종과 신료들로서는 병자호란 당시의 굴욕을 다시 맛보는 셈이었다.

그렇다면, 이 같은 군란은 왜 일어났고, 그것은 고종에게 어떠한 영향을 미쳤을까. 임오군란은 국제 배경과 무관하게 강화도조약 이후 누적된 국내 세력의 갈등에 불과하다거나, 청일 양국의 민족적 억압에 대한 조선인의 저항이 군란으로 폭발하였다는 주장이 있다. 그러나 군란 당시 조선 군민은 일본공사관을 공격하였고, 일본인 교관을 살해하였다. 이들의 적대 행위는 분명 일본을 향하고 있었다.

조선의 군민은 왜 일본에 적대감을 보이게 되었나. 생업과 관련이 있었다. 강화도조약 이후 일본상인은 점차 조선의 대외무역을 독점해 갔다. 개항 이후 급증한 조선의 대외무역, 특히 1877년~1882년 사이 대일무역에서 일본 제품이 차지하는 비중은 11.7%, 유럽 제품이 88.3%였다.

당시 일본 상인은 유럽 상품을 상하이에서 고베(神戶)로 들여와 조선으로 재수출하는 삼각무역을 하였다. 일본을 통한 수입품의 주종은 영국산의 면포, 마포 등 면제품이고, 조선의 수출품은 쌀과 콩 등의 곡물류가 주류였다.

이러한 무역구조가 조선의 하층민, 특히 수공업자와 농민층에 부담을 안기게 되었다. 공산품과 곡물의 교역, 즉 2차 산품과 1차 산품의 교역으로 조선의 식량이 부족하게 되고, 곡가 폭등이 뒤따랐다. 중개무역을 하던 국내의 일부 상인과 대토지를 소유한 양반들에게는 유리한 점이 있었지만, 소작농, 중소상인, 수공업자 등이 먼저 고통을 겪었다.

한편 여흥민씨 외척 세력은 1866년 왕비(명성황후)를 배출한 이후 안동김씨, 풍양조씨 세력과 함께 조정의 유력한 세력으로 부상하고 있었다. 특히 흥선대원군이 유생들의 탄핵을 받아 축출됨과 동시에 고종의 정책 추진에 중요한 우군세력으로 자리 잡아 갔다. 그들은 고종의 집권 기간 내내 중앙과 지방의 요직을 확보하며 내정에 참여하였다.

당시 전국적으로는 재정 결핍과 그에 동반한 관료의 매관매직, 부패가 겹치면서 여흥민씨 외척 세력이 표적이 되었다. 개화와 척사의 갈등과는 또 다른 차원의 정치문제가 등장한 것이다.[38]

한편 고종은 1881년(고종18) 4월 신식군대로서 교련병대(일명 별기군, 왜별기)를 창설하고, 12월에는 군사 분야의 구조 조정을 단행하였다. 훈

---

38 포크는 여흥민씨가 조선 최고의 귀족이자 토지소유자들이라고 분석했다.*Report of information relative to the revolutionary attempt in Seoul, Corea, by Ensign George C. Foulk, December 4~7, 1884.* (Park IL_Keun, ANGLO-AMERICAN DIPLOMATIC MATERIALS RELATING TO KOREA 근대한국관계 영미외교자료집(1866~1886, 신문당 SHINMUNDANG COMPANY, Seoul, 1982), pp.990~998.

련도감, 용호영, 금위영, 어영청, 총융청 등 5영을 폐지하고 무위영, 장어영 등 2개의 영을 설치하였다.

그런데 교련병대의 창설과정에 일본 공사 하나부사(花房義質)의 권고와 지원 약속이 있었고, 일본군 소위 호리모토 레이조(堀本禮造)가 교관으로 배치되어 일본식 훈련을 습득케 하였다. 이때 별기군의 조선 측 지휘관은 윤치호의 부친 윤웅렬이었다. 비록 일본식 군사교육을 받고 일본인을 교관으로 둔 점은 만부득이했지만, 당초의 목표대로 잘 양성되었다면, 전 조선군의 근대화에도 중요한 역할을 할 수 있었을 것이다.

문제는 이들 신식군대에 비해 구훈련도감 군인들로 구성된 두 영의 군사들에 대한 대책이 미비하였던 점이다.[39]

군제개혁으로 5영에 소속했던 군인들 수천 명이 실직하고, 무위영과 장어영에 배속된 군병도 별기군에 비해 차별을 받았다. 구식군인들에게 13개월이나 군료가 밀렸다가 한 달 치를 지급받았는데 그것도 매우 상태가 불량한 쌀이었다. 이에 울화가 치민 군병들과 창고지기 사이에 시비가 붙으면서 결국은 군란으로까지 비화되었던 것이다.

조정은 왜 그렇게 구식군대를 차별하면서 군제개혁을 추진하였는가. 중앙군대가 천대를 받는다면 정부에 화근이 될 것은 자명하다. 그들에게 1년 이상 급료가 밀렸다는 것은 단순한 차별로만 보기 어려운 점이 있다.

조정의 재정 운영 미숙, 대원군의 세도 당시 우대받은 구식군대에 대한 정치적 입장의 차별, 척족인사들이 요직을 점한 상태에서 노출된 관료의 부패, 중간 관리의 농간 등을 원인으로 생각해 볼 수 있다. 그

---

39 조성운, 「임오군란」, 『한국사 38 – 개화와 수구의 갈등』, 국사편찬위원회, 1999, 263~317쪽.

러나 이 모두를 감안하더라도 개항 이래 심화되어 간 조정의 재정 궁핍이 가장 중요한 요인이 아닌가 생각된다.

말하자면, 일본의 강압이 작용한 개항, 개항 후 일본상권의 확대, 개항 이후의 재정 지출 증대 등을 외적 요인으로 볼 수 있을 것이다. 거기에 집권 전반기에 미숙했던 고종과 조정 대신들의 국정 운영, 여흥민씨와 풍양조씨 외척인사들의 요직 독점에 따른 불만, 국가 재정의 빈곤, 척족에 적대적인 대원군 세력의 존재 등이 내적 요인으로 볼 수 있다. 이런 상황에서 구식 군대의 불만이 직접적 도화선으로 작용하였다고 할 수 있다.

군란이 조선의 국정에 미친 타격은 심각했다. 청국은 즉각 조선에 파병하였고, 이후 조선 내정에 간섭을 강화하여 군사와 외교, 재정 등을 좌지우지하였다. 일본은 공사관 소실과 일본인 교관 살해 등에 대한 피해 보상 명목으로 조선 정부에 55만 원의 배상금을 부과시켰다. 더불어 양국의 전권위원 이유원(李裕元)과 하나부사(花房義質) 사이에 맺은 제물포조약(1882.7.17)을 통해 일본군의 서울 주둔권까지 확보하였다. 임오군란은 청년기 고종의 개화정책은 물론 조선 정부의 재정에도 심각한 타격을 준 사건이었다.

갑신정변
– 청년 개화파의 쿠데타와 삼일천하

임오군란이 일어난 지 근 2년 반, 서울에서는 다시 무력 정변이 발생하였다. 사건이 발생한 곳은 우정국(현재의 종로구 견지동 체신기념관 자리:1972년 12월 4일 개관). 우정국 낙성 축하연이 벌어지던 10월 17일(양력 12월 4일) 밤이었다. 거사의 주역들은 30대 초반의 김옥균을 빼곤 거의가 20대였으니 박영효, 서광범, 서재필, 변수 등이 그들이다.

이들은 친청파로 여긴 '척족정권'을 뒤엎고, 일본을 모델로 조속히 부강한 새 나라를 건설하자는 조급한 생각에서 쿠데타를 일으켰다.

그러나 일본의 공작이 배후에 있었다.[40] 그 무렵 청국은 안남을 놓고 프랑스와 충돌하면서 임오군란 이래 조선에 주둔한 청군 3,000명 중 1,500명을 빼내어 갔다. 정세를 읽은 일본 측은 즉각 김옥균 등을 충동질하였다. 김옥균 등이 제안한 바 있던 차관(300만 엔)은 물론, 군사(150명)까지 제공하겠다는 언질을 주었다. 왕비와 민영익 등이 청국으로 기울고 있다고 본 김옥균 등은 일본 공사의 선동에 자극되고, 고무되어 조급히 거사를 도모하였다.

그런데 개화당이 구상한 쿠데타 군은 최대한 부풀려도 800명 정도였다. 서재필 휘하 사관생도(14명), 장사패(40여 명), 박영효가 광주유수

---

40 조정 내외에서도 '일본의 공작이 있지 않았다면 김옥균(金玉均) 등이 정변을 일으키지 않았으리라는 것 정도는 알고 있었다.(『고종실록』 22년 1월 16일 부사과(副司果) 김상권(金象權)이 올린 상소).

재직 당시 양성한 병력(500), 윤웅렬이 함경남병사 근무 당시 양성한 신식군 일부(250명)가 그들이다. 사관생도와 장사패를 빼면 훈련 면에서 보잘것 없는 오합지졸이었고, 무기는 더욱 열악하였다.

거사 당일 연회에 참석한 내외 인사는 20여 명. 주빈인 우정국 총판 홍영식을 필두로 박영효(금릉위), 김홍집(독판), 한규직(전영사), 민영익(우영사), 이조연(좌영사), 김옥균, 서광범, 윤치호, 신낙균, 묄렌도르프, 푸트(미국 공사), 애슈튼(영국 총영사), 진수당(조선 상무 총판), 시마무라(島村久: 일본공사관 서기관) 등이었다.

그날 사건 현장을 목도한 윤치호는 이렇게 기록하였다.

> 저녁 7시에 미국 공사 서기와 우정국의 연회에 참석하였다(중략) 연회가
> 거의 끝날 무렵 누군가가 후면에서 불이야! 하고 외쳤다. 좌객들이 일어
> 나 보니 이웃 전동 근처에서 화염이 크게 치솟고 있었다(중략) 갑자기 누
> 군가 비명을 지르며 뛰어 들어 오는데 피가 줄줄 흘러 옷을 적셨고, 낯
> 빛이 창황하였다. 모두가 놀래어 보니 민영익이다. 자객의 칼을 맞아 귀
> 에서 볼까지 살이 찢겨 늘어져 있었다. 밖에서 함성이 들렸다. 모두 놀
> 라 이리 저리 튀어 달아났다. 미국 공사는 식당에서 묄렌도르프와 같이
> 민영익을 구호하였다.

김옥균 등은 즉각 현장을 떠나 교동의 일본공사관을 들른 뒤, 창덕궁의 고종에게 변란이 발생하여 사태가 위급함을 진언하였다. 정확한 상황을 알 수 없었던 고종은 김옥균 등의 옹위 속에 경우궁[41]으로 이동하였다. 그 직후 고종의 명이라 하여 '일사래위(日使來衛)'라는 쪽지가 일본

---

41 경우궁은 창덕궁 이웃에 위치한 곳이다. 정조의 후궁이자 순조의 생모인 수빈 박씨의 사당이었다. 현재는 경복궁 뒷편 육상궁으로 이전되어 있다.

공사에게 전해졌고, 일본 공사는 즉시 일본군을 보내 고종의 주변을 경계하였다.

이렇게 하여 경우궁 내외는 고종을 경호하는 서재필 휘하의 사관생도와 장사들(약 50명), 친군영의 전영과 후영 소속 조선군 일부, 일본군 100여 명 등 3중의 혼성부대가 집결한 모습이었다.

그날 밤 개화당은 곧바로 정적 제거에 들어갔다. 변란 소식을 듣고 입궐하던 한규직, 이조연, 민태호, 민영목, 조영하와 궁중 내시 유재현 등과 척족 인사 일부가 밤중에 희생되었다. 경우궁 내외에 유혈이 낭자하였다.

다음날 아침 개화당은 왕비의 집요한 요청으로 좁고 불편한 경우궁 대신 계동궁(이재원의 집)으로 고종의 거소를 옮겨 새 정권을 수립하였다. 신정권에는 개화당이나 민씨 척족에 의해 소외되었던 인물들, 혹은 개화당에 우호적인 인물들이 포진하였다.

이재원(좌의정), 홍영식(우의정), 박영효(전후영사겸좌포도대장), 서광범(좌우연사겸우포도대장), 김옥균(호조참판), 박영교(도승지), 서재필(병조참판겸정령관), 윤치호(참의교섭통상사의), 변수(동상), 이재면(좌찬성), 이재완(병조판서), 이재순(평안도관팔사), 홍순형(공조판서), 조경하(판의금), 김윤식(예조판서), 윤웅렬(형조판서), 김홍집(한성판윤) 등이 그들이다.

이들 중 실세는 거사의 주역들이었고, 조정은 한국 사상 '가장 젊은 내각'이었다.

개화당은 그날 오후 5시에 국왕의 거처를 다시 옮겼다. 조대비와 왕비의 집요한 불평에 따라 방어에 유리한 계동궁을 떠나 원래의 창덕궁으로 옮긴 것이다. 창덕궁은 개화당의 소수병력만으로 방어하기에는 매우 불리하였다. 김옥균 등은 단호히 거절했지만, 어떤 이유인지 일본

공사는 일본군만으로도 청군의 공격을 격퇴할 수 있다고 호언하였다.

이에 고종이 환궁을 명하자 김옥균 등은 거절하지 못하고 창덕궁으로 이동하는 고종의 행렬을 따랐다. 긴장이 고조되던 그날 밤, 이들은 혁신정강을 발표하였다.[42]

대원군의 조속한 귀국, 청국에 대한 조공허례의 폐지, 문벌폐지와 인민평등권 확립, 지조법의 개혁, 내시부의 폐지, 국가재정의 호조관할, 경찰제도의 실시, 불필요한 관청의 폐지 등이 주요 골자였다. 대외적으로는 청국과의 관계를 대등하게 조정하고, 대내적으로는 왕권을 제한하면서 신분제도와 재정, 사법, 군사, 행정 등을 혁신하자는 것이었다.

그렇다면, 정변의 주역들이 구상한 나라는 어떠한 것이었을까? 유럽을 직접 견문한 이들이 없었으니 서구의 제도를 수용한 일본을 모델로 삼을 수밖에 없었다.

이들의 눈에 비친 일본은 막번체제(幕藩體制)를 버리고 메이지 유신을 계기로 절대주의 천황제 정부를 수립함으로써 근대화에 성공을 거두고 있었다. 천황은 절대 권력의 상징일 뿐, 실권을 장악해 간 것은 쵸슈번(長州藩) 사츠마번(薩摩藩) 등의 하급 사무라이 출신들이었다.

김옥균 등은 조선을 중화체제에서 탈피한 자주독립 국가로 변화시키고, 입헌군주제를 통해 군주를 대외적인 통치권력의 상징으로 내세우되, 조정의 실권을 자신들이 장악하여 입헌군주제 형식의 국가체제를 통해 부국강병을 추구하려 한 것으로 추측된다.

그러나 사태는 당일부터 뜻대로 풀리지가 않았다. 정변 직후 윤웅

---

42 이상은 김옥균의 저술로 전하는 『갑신일록』의 내용이다. 작성 시기 등을 놓고 논란은 있지만, 전반적인 흐름 이해에 참고가 될 수 있을 것이다.

렬(정변 직후 신정부에서 형조판서로 임명됨)은 거사가 반드시 실패할 것으로 예측하였다.

1. 임금을 위협한 것은 이치를 따른 것이 아니라 거스른 것이니 실패할 첫째 이유다.
2. 외세를 믿고 의지하였으니 반드시 오래가지 못할 것이 실패할 둘째 이유다.
3. 인심이 불복하여 변란이 안으로부터 일어날 것이니 실패할 셋째 이유다.
4. 청군이 곁에 앉아 있는데, 처음에는 비록 연유를 알지 못하여 가만히 있으나 한번 그 근본 이유를 알게 되면 반드시 병대를 몰아 들어갈 것이다. 적은 것으로 많은 것을 대적할 수 없는 것이니, 적은 일본병이 어찌 많은 청병을 대적할 수 있겠는가. 실패할 넷째 이유다.
5. 가령 김옥균, 박영효 등 여러 사람이 능히 순조롭게 그 뜻을 이룬다 하더라도, 이미 여러 민씨와 주상께서 친애하는 신하들을 죽였으니 이는 건곤전의 의향에 위배되는 것이다. 임금과 왕비의 뜻을 거스르고서 능히 그 위세를 지킬 수 있겠는가. 실패할 다섯째 이유다.
6. 만약 김, 박 여러 사람의 당인(黨人)이 조정을 채울 수 있을 만큼 많다면 혹 할 수 있는 길이 있다고 하겠다. 그러나 두서너 사람이 위로는 임금의 사랑을 잃고 아래로 민심을 잃고 있으며, 곁에는 청인이 있고, 안으로 임금과 왕비의 미움을 받고 밖으로 당붕(黨朋)의 도움이 없으니 능히 그 일이 순조롭게 이루어짐을 꾀할 수 있겠는가. 일이 반드시 실패할 터인데 도리어 스스로 깨닫지 못하고 있으니 어리석고 한스럽다.[43]

---

43 송병기 역, 『국역 윤치호일기』 1, 연세대학교 출판부, 2001, 206~207쪽.

군사전문가다운 정확한 진단이었다. 이후의 사태는 그의 예상대로였다. 정변이 일어난 다음 날 청군은 즉각 개입하여 창덕궁을 공격해 들어갔다.

그러자 일본군이 먼저 빠져나갔고 쿠데타군도 삽시간에 무너져 달아났다. 창덕궁의 북장문(北墻門)으로 탈출하여 국왕을 배종하던 홍영식, 박영교와 사관생도 7명이 청군과 조선군에게 피살되었다. 김옥균, 박영효 등은 간신히 몸을 빼어 변장하고 일본 공사 일행과 함께 탈출하였다. 달아나는 이들을 백성들이 도처에서 공격을 하니 계속 쫓기는 신세였다.

인천에 도착한 김옥균, 박영효 등은 세이코 마루(千歲丸)를 타고 일본으로 망명하였다. 허무한 삼일천하(三日天下)였다. 이상과 기상은 높았지만, 개화파의 이상을 펴기에는 조선의 현실이 미치지 못하고 있었고, 거사의 준비도 너무 어설펐다.

한성조약과
천진조약

정변 직후 일본에서는 이 사건을 놓고 내각에서 격론이 벌어졌다. 이 기회에 조선을 놓고 청국과 한판 붙느냐, 아니면 청국과 전쟁을 하는 것은 시기가 이르니 일단 조선을 옥죄이고 청국의 발목을 잡느냐는 것이 골자였다. 결국 후자로 결론이 났다.

일본은 외무경 이노우에 가오루(井上馨)를 조선에 파견하였다. 군함 7척과 육군 2개 대대를 거느리고 인천에 도착한 이노우에는 호위병을 대동하고 서울에 들어와 조선 정부와 담판을 꾀하였다. 이노우에는 조선 정부를 겁박하였다.

결국 조선 정부가 일본에 사죄하고 배상금(11만 엔)을 지불하며, 일본공사관 신축비(2만 엔)를 부담한다는 조건으로 조선 측 전권대신 김홍집(金弘集)과 일본 측 전권대신 이노우에 가오루(井上馨) 사이에 한성조약(1884.11.24/ 1885.1.9)이 맺어졌다. 내용을 들여다보면, 조선 조정은 정변에 가담한 일본의 책임을 추궁하기는커녕, 역추궁을 당한 형국이었다.

가뜩이나 재정이 빈곤한 조선 정부는 1882년 제물포조약 당시 지불하게 된 50만 엔 대일보상금까지 합하면 총 63만 엔에 달하는 거액을 일본에게 갈취당하고 있었다.

이 시기 일본에 대한 고종의 생각은 어떠했을까. 정변 이듬해 북양아문의 이홍장(李鴻章)을 방문한 조선의 사절(남정철)은 이렇게 하소연 하였다.

> 조선이 일본에 실수한 일이 없는 데 일본이 무슨 이유로 조선 대신 6인을 죽였는가. 그런데도 감히 조선 정부가 말 못하고 배상금을 물고 사죄하여야 한다니 이 무슨 법인가? 정변에 가담한 일본군 몇몇이 죽은 것이 무슨 대단한 일이라고 일본 측은 기한을 정해 범인을 잡아들이라느니 배상을 하라느니 협박하는가? 그렇다면 사건 당일 임금을 협박하고 외국군대를 끌어들여 대신들을 살해한 김옥균, 박영효 무리를 왜 일본은 속히 압송하지 않는가? 이 자들이 화근이니 각국 공영사관에 알려 일본이 이들을 잡아 보내게 함이 어떠한가?(「북양대신아문필담」)

남의 나라에 정변을 유발하여 내분을 일으킨 뒤, 사죄는커녕 나약한 조정을 겁박하여 배상을 물라 하니, 일본의 행위는 왜구와 같은 해적질의 재판이라는 것이었다. 고종과 조정 관료들의 생각도 이와 다르지 않았을 것이다.

이홍장도 조선 사정을 모르는 바 아니지만, 청국도 기울어가는 마당에 다른 대응을 모색하기가 궁하였다. 청국은 정여창, 오대징 등을 2척의 군함과 함께 조선에 파견하여 수습에 나섰다. 안남 문제를 고려하여 일본과의 협상은 소극적이었다. 일본이 유리할 수밖에 없었다. 청, 일 양국은 군대의 철수를 합의하면서 장차 조선에 파병할 경우 상대국에 미리 알릴 것을 골자로 청국의 전권 이홍장과 일본의 전권 이토 히로부미(伊藤博文) 사이에 천진조약(1885.3.4/4.18)을 맺었다.

일본은 유사시 청국과 동등하게 조선에 대한 파병권을 확보했다. 일본은 조선 문제에 관해 청국의 발목을 잡은 셈이었다. 반면 청국은 잠시 발등의 불은 끈 것에 지나지 않았다.

갑신정변을 계기로 일본의 조선에 대한 야심이 상상을 초월함을 확인한 청국은 조선에 대해서는 오히려 내정간섭을 강화하여 갔다. 20대의 청년 원세개가 조선에서 보인 행태는 무소불위였다. 대궐에 가마를 타고 들어가고, 국왕 앞에 칼을 차고 들어가는 형식이었다.

청국은 조선을 발전시켜 강소국으로 만들려 하기보다는 조선을 더욱 옥죄어 자국의 울타리에 가두려 하였다. 한걸음 더 나아가 식민지로 만들려고까지 하였다.[44] 청국이 열강에게 거듭 침략을 당하는 상황에서 자기방어적으로 택한 것이지만, 결과는 하책(下策)이었다.

조선의 상국으로 군림한 청국은 무능했고, 일본은 용의주도하고도

---

44 구선희, 「19세기 후반 조선사회와 전통적 조공관계의 성격」, 『사학연구』 80, 2005, 151~189쪽.

침략적이었다. 고종의 시대에 청국과 일본은 조선에게 도움보다는 해가 많은 이웃 국가였다.

1888년 박영효는 자신의 우국충정을 담아 고종에게 조선의 내외정책에 대한 건의를 하였다. '만국공법과 균세(均勢), 공의(公義)가 있지만, 나라에 자립, 자존의 힘이 없으면 영토를 깎이고 분할을 초래하여 나라를 유지할 수 없게 됩니다. 국제법과 공의는 본래 믿을 것이 못되는 것'이라 하였다.

박영효는 만국공법이 약소국의 독립을 지켜주지 않는 국제사회의 현실을 지적하면서 나라에 필요한 것은 자립과 자존, 즉 부국강병에 기초한 내치(內治)임을 강조하고 있었다.

이런 고민은 갑신정변을 일으킨 개화파 청년들이나 그들을 역적으로 보게 된 고종이나 조정 대신들도 마찬가지였다. 문제는 어떻게 조선이 처한 현실을 극복하고 부국강병을 도모하느냐였다.

김옥균, 홍영식, 박영효, 서광범, 서재필 등 개화파 청년들이 이루려고 한 것은 국가의 발전과 부강이었다. 그러한 이상과 열정에도 불구하고 일본의 선동과 정략이 드리워지고, 청군이 개입하여 나타난 결과는 고종의 리더십 붕괴, 조선 근대화의 좌절이었다.[45]

김옥균, 박영효, 서광범 등의 반청자주독립 사상과 근대화 지향의식은 높이 평가하면서도 그들의 어설픈 정변기도와 일본의 정체에 대한 부족한 인식은 오늘날의 역사가들도 많은 비판을 가하는 부분이다.

고종은 갑신정변에 대해 "난적(亂賊)의 화가 예로부터 무수히 많았

---

45 갑신정변에 대한 국내의 여러 평가에 대해서는 한국정치외교사학회 편, 『갑신정변연구』, 평민사, 1985; 김종학, 『개화당의 기원과 비밀외교』, 일조각, 2017 등을 참조.

지만 이번 다섯 역적의 변고는 역사에 없는 일로 간담이 떨려 생각조차 할 수 없다." 하였다. 고종이 개화정책을 선도할 자신의 우군으로 여겨 후원하였고, 나라의 동량으로 여겼던 멘토 박규수의 제자들인 이들, 고종은 이들이 일본의 모략에 선동되어 국정을 해쳤다고 보았고, 그래서 일생 이들에 대한 원망을 지울 수 없었다.

포크가 관찰한
고종과 청년 개화파의 관계

임오군란과 갑신정변에 대한 청·일과 조선의 기록은 관련 당사국의 기록이다. 이에 비해 대국적 관찰 기록을 남긴 것이 미국공사관 측의 보고다.

그중 가장 주목되는 것이 무관 포크(George C. Foulk, 1856-1893)[46]의 기록이다.[47] 포크는 미해군사관학교 출신으로 7년간 청국, 일본에 근무

---

46 손정숙, 「주한 미국 임시대리공사 포크 연구(1884~1887)」, 『한국근현대사연구』 31, 2004.

47 푸트는 갑신정변이 일어난 지 불과 한 달 만인 1885년 1월 사임하고 조선을 떠났다. 포크는 미국 공사직이 공석이 되자 대리공사직을 수행하였다. 그는 19세기 말 일본에 와서 근무했고, 이후 조선에 건너와 조정내외 정정과 서울의 성곽 시설 등에 대해 많은 정밀한 관찰기록을 남겼다.(*Report of information relative to the revolutionary attempt in Seoul, Corea, by Ensign George C. Foulk, December 4-7, 1884.*(Park IL_Keun, ANGLO-AMERICAN DIPLOMATIC MATERIALS RELATING TO KOREA 근대한국관계 영미외교자료집(1866~1886, 신문당 SHINMUNDANG COMPANY, Seoul, Korea, 1982), pp.990~998).

하였고, 시베리아 탐사 경험이 있다. 그리고 부산과 원산도 방문한 바있다. 그는 1883년 민영익 일행이 워싱턴을 방문할 때 수행원 역할을하며 조선과 인연을 맺었다. 중국어, 일본어는 물론 한국어도 능숙하게 익힌 인물이다.

그는 1884년 5월 31일 처음으로 서울에 부임하여, 푸트 공사를 이어 임시대리공사로도 2년여 간 근무하였다. 무관 시절 그는 고종과 민영익의 요청으로 서울의 북한산성은 물론 전국 곳곳을 탐사하고 고종의 자문에 응한 바 있다.

포크는 임오군란을 갑신정변의 주요 배경으로 분석하면서[48] 고종과 개화파 청년들, 여흥민씨 척족인사들과의 3각 관계를 분석하여 보고하였다.

포크에 따르면 고종은 개화파의 총지휘자였고, 서양문명을 적극 도입하려 한 군주였다. 고종은 박영효, 김옥균, 서광범을 전폭적으로 지원해 주었다. 박영효는 철종의 부마로 관직 등용이 금지된 신분이지만, 고종은 척족의 반대에도 그를 한성판윤으로 발탁하였다.[49]

고종은 서구화를 희망했지만, 임오군란 이후 청군이 서울에 주둔한 상황에서 청국을 무시하고 서양의 무기와 서양 교관을 초빙하는 등 개화정책을 적극 추진하기에는 어려움이 있었다. 그런데 청국군이 안남 사태로 1,500명을 철수하자 고종은 청국인 교관과 외아문고문 묄렌도르프를 해고하고 신무기를 구입하여 궐내에 배치하였다.

---

48 청군은 서울에 넓은 부지를 확보하여 창덕궁 옆에 하나, 한강변에 두 개 등 3개 초소를 두었다. 청군은 안남 문제로 1천 5백 명을 빼내가던 1884년 6월까지 3천 병력을 배치하였다고 했다.
49 이런 파격적 인사에 왕비가문 인사들이 불만이 있었다. 박영효가 서울의 도로를 정비하려 하자, 척족 인사들이 이를 방해하여 파직당하게 한 것으로 보았다.

고종은 김옥균의 건의로 일본인 전문가를 고용, 종이와 자기 제작 기계를 도입하여 교육하고자 하였다. 이어 궁중의 전기시설 도입을 위해 포크에게 요청하였고, 그 결과 민영익은 미국 방문 당시 에디슨 전기를 도입, 경복궁 건청궁에 처음 전등이 가설되었다.

이상에서 보듯이 고종은 청국보다는 일본 그리고 일본보다는 미국을 통한 근대화를 추구하고자 했음을 알 수 있다. 고종은 개화파 청년들을 후원하여 미국 및 일본과의 통로로 삼음과 동시에, 현실적으로 상국으로 군림하는 청국에 대해서는 민영익 등 외척 인사 및 온건한 원로들을 소통의 창구로 삼았다. 고종은 이렇게 양측을 조율하며 청, 일과의 관계에 균형을 잡아가는 한편, 가능한 한 부강한 나라 미국에 접근하고자 하였던 것이다.

문제는 국내적으로 고종의 취약한 통치기반이었다. 원인은 대원군 세력이 고종의 우군이 되지 못하고 적대세력이 된 점, 고종을 보필할 개명된 원로의 존재가 미비했던 점, 전국의 양반과 유생들의 보수성으로 개화정책 추진의 동력이 약해진 점이었다.

이런 취약한 고종의 리더십 속에서 국내적으로는 민영익으로 대표되는 척족 세력과 김옥균으로 대표되는 개화파 청년 세력의 갈등이 불거졌다. 포크는 정변 발발의 요인을 여흥민씨 가문의 총아 민영익과 개화파의 리더인 김옥균의 갈등으로 분석하였다.

갈등의 한 사례는 일본에서 돌아온 서재필 등 사관생도의 처우를 둘러싼 것이었다. 1883년 11월 사관생도 14명이 귀국하여 국왕 앞에서 시연을 보였고, 이들은 한규직 휘하의 영에 배치되었다. 장차 이들이 조선군의 훈련을 담당할 것으로 예상되었다.

그런데 민영익은 5명의 청국인 교관에게 조선군 훈련을 담당하게 하였다. 그 결과 한규직의 영에 배치된 3명을 제외하면 사관생도들 모두가 군사업무와 무관한 우정국에서 하위직을 받게 되었다. 일본에서 돌아온 14명의 사관생도가 군사업무에서 배제되는 등 홀대를 받게 되면서 이들이 척족인사와 보수적 대신들에게 불만을 품고 정변에 가담하는 유인이 되었다.

다른 사례는 민영익 등이 개화정책과 서양에 대해 보인 적대적 태도였다. 포크는 개화정책에 참여하던 민영익이 미국에 사절로 파견되었을 당시 서광범, 변수 등과 달리 미국의 문명을 외면하려는 듯한 태도를 우려한 바 있다. 미국 방문 사절단이 서울로 돌아왔을 때 변수는 "조선의 모든 세력들이 그들이 서양에서 배운 경험에 기초해 제시한 새로운 것들에 대해 불쾌하게 생각한다."고 포크에게 하소연한 바도 있다.

이 무렵 민영익 주변에는 보수적 인사들과 청국인들이 빈번히 왕래하는 대신, 민영익은 서양인의 방문을 외면하는가 하면, 서양인들에게 무례한 태도까지 보였다. 다른 한편 서울에는 청국인들이 급속히 증가하면서 외아문의 업무가 마비될 지경이었다고 했다. 청국인들은 거주지와 상업무대를 조선의 전국으로 확대하면서 거리낌없이 활보하였다.

개화파 주역들은 외세 개입이 없으면 조선은 곧 청국의 수중에 들어갈 것이고, 자신들도 처형될지 모른다는 위기감에 휩싸였다. 친청파가 구실을 만들 것이고, 개화정책에 투입되어야 할 세입은 조세를 담당하는 여흥민씨 인사(민태호)에게 차단되어 청국인 교관 혹은 청국군 휘하의 조선군 무장에 사용되리라고 불평하였다.

포크는 이상의 정황이 김옥균 등 개화파 청년들을 극단으로 몰아갔다고 분석했다.

포크의 언급처럼 국왕 고종은 개화파의 총지휘자였지만, 청국과 일본의 존재는 고종의 권위를 짓누르는 압도적 외적 장애요인이었다. 이들과 연결된 일본과 미국 지향의 개화파 세력과 청국 지향의 척족 혹은 온건한 개화파 세력은 각기 고종의 대외 창구였지만, 그들은 일본과 청국 세력에 휘둘리고 있었다.

청년 국왕 고종은 이들을 제어할 강력한 리더십을 갖추지 못한 상태였다. 그 결과가 안기영사건, 임오군란, 갑신정변 등으로 나타났던 것이고 후일의 동학농민봉기도 그러하였다. 고종이 척족, 유생, 개화파 등 제 집단을 통제하게 된 것은 아관파천 이후, 특히 대한제국 선포 이후였다. 이처럼 고종에게 강력한 리더십이 요구될 때는 국내외로 장애가 겹쳤고, 후일 고종이 황제로서 강력한 리더십을 갖추었을 때는 이미 나라가 기울고 있었다.

푸트 공사의 정변 평가와
망명객의 고뇌

위에서 보듯이 포크는 고종의 근대화 정책을 무산시킨 것은 청국의 과도한 내정간섭과 청년 개화파의 조급성 그리고 일본의 도발과 선동에서 비롯된 갑신정변으로 보았다.

그렇다면 포크의 상관인 푸트 공사는 갑신정변을 어떻게 보았을까. 푸트는 "17일 밤[50]의 우정국 혈연(血宴)은 결코 용서할 수 없는 일", "김·

---

50 정변이 발발한 날의 음력 일자를 말함. 양력 12월 4일, 음력으로는 11월 17일.

박 등 여러 사람이 움직여 일을 그르쳤다"고 하였다.[51] 푸트는 고종의 근대화 정책을 망친 것은 정변을 일으킨 개화파 인사들이라고 보고 있었다. 이 점은 윤치호의 부친인 윤웅렬의 평가와도 일치한다.

윤웅렬은 무관으로서 임오군란 이전에 별기군의 조선 측 장교였고, 병력 운영은 물론, 조정 내외 정국의 추이에도 밝은 인물이었다. 그의 예측대로 정변의 심각한 결과는 그 다음날(12월 7일) 윤치호의 다음과 같은 기록에서 처절하게 드러난다.

> 아아 고우(古愚: 김옥균) 등의 망발로 위로 국사(國事)를 실패하게 하고 아래로 민정(民情)을 시끄럽게 하였으며, 공적으로는 개화 등의 일을 탕패(蕩敗)시켜 남김이 없게 하였고, 개인적으로는 가족을 망파(亡破)시켜 온전치 못하게 하였다. 한 생각의 차이가 모든 일을 실패하게 하였다. 어찌 그리 어리석고 어찌 그리 도리에 어긋났는가. 더욱 우리와 같은 무죄한 사람들로 하여금 위로는 군왕의 의심을 사게 하고 아래로 인민의 앙심(怏心)이 돋게 하였으니 어찌 삼가지 않겠는가. 말을 가려 쓰지 못하니 김옥균은 용기가 없는 것이다. 저녁 때 일본공사관이 타 버리고 고우의 집도 타 버렸다. 밤에 큰 눈이 내리다.[52]

갑신정변의 배후는 개화파인 윤치호 부자에게 일생 맴돌던 의문이었다. 정변 직후 윤웅렬은 주위의 의혹을 받아 전라도로 귀양을 갔고, 윤치호는 그나마 푸트 공사와 고종의 배려로 해외로 망명하였다. 이후 윤치호는 미국 외교관과 선교사의 도움 속에 중국, 미국에서 고학하며 학업을 마치고 돌아왔다. 이들 모두 아무런 기약 없이 10년의 세월을

---

51 송병기 역, 『국역 윤치호일기』 1, 연세대학교 출판부, 2003, 210~211쪽.
52 송병기 역, 『국역 윤치호일기』 1, 연세대학교 출판부, 2003, 208~209쪽.

그렇게 보냈다.

그런데 이들은 정변의 배후와 관련하여 서울 주재 일본 공사 다께조에는 물론, 후쿠자와 유키치 등에 대해 많은 의혹의 눈길을 돌리고 있었다.[53]

소장기예의 개화파 인사들이 정변으로 치달은 국내적 배경은 여흥 민씨, 풍양조씨 등 척족 인사들이 고위직을 독점하고 있는 것에 대한 불만도 고려될 수 있다. 그러나 대외적으로 주목할 부분은 당시에 목도된 일본공사관 측의 상식을 벗어난 고의적 도발과 선동이다.[54]

이런 시각에서 보면, 정변 이후 해외에서 떠돌이 생활을 하다가 비운에 간 김옥균 등이나 정변 당일의 피살자들이나 일본의 정략에 따른 희생자들로 여겨진다.

그리고 가장 큰 피해자는 고종과 조선 정부였다. 조선 조정은 정변으로 인해 국가의 미래 동량들을 대거 잃었다. 가까스로 살아남은 청년들은 해외로 망명하여 떠도는 가운데 조선의 근대화에 기여할 기회를 상실하였다.

개화파 청년들이 반역자로 낙인찍히면서 고종은 과감하게 서구화, 근대화 정책을 추진할 동력을 잃게 되었다. 자신이 후원한 일본통의 청년들이, 역시 자신이 후원한 청국통의 인사들을 공격하여, 양측 인재들과 원로들이 하루아침에 목숨을 잃게 되었으니 고종은 망연자실했을 것이다. 무엇보다 개화파 청년들에 대해 말할 수 없는 배신감을

---

53 이런 점은 윤치호가 남긴 일기 중 1883년~1895년 사이의 기록에 간간이 시사하고 있다. (국사편찬위원회 편, 『윤치호일기』 1~4를 참조)

54 이태진, 「1884년 갑신정변의 허위성」, 『고종시대의 재조명』, 태학사, 2000; 강범석, 『잃어버린 혁명-갑신정변연구』, 솔, 2006; 김종학, 「이노우에 가쿠고로(井上角五郎)와 갑신정변(甲申政變): 미간사료 『井上角五郎自記年譜』에 기초하여」, 『한국동양정치사상사연구』 13-1, 동양정치사상사학회, 2014 등을 참조.

느꼈을 것이다.

임오군란에 이은 갑신정변은 고종의 권위와 권력 기반을 송두리째 뒤엎고, 조선의 점진적 발전과 서구화에 치명타를 안긴 사건이었다. 고종은 두고두고 이를 한스러워했다.

한편 일본에 망명해 떠돌던 박영효는 다음과 같은 시를 남겼다.

> 수택어룡국(水澤魚龍國) 강과 연못은 물고기의 나라요
> 산림조수가(山林鳥獸家) 산과 수풀은 날짐승 들짐승의 집이라
> 고주명월야(孤舟明月夜) 외로운 밤 배에 밝은 달 보노라니
> 하처정생애(何處定生涯) 이내 인생 어느 때야 안정을 찾으려나

풍전등화와 같은 나라의 운명 속에 정변의 실패로 망명하여 정처 없이 떠도는 처지가 되었던 금릉위 박영효, 그는 자신의 심사를 그렇게 표현하였다.

고종의 조러밀약 시도와
영국의 거문도 점령

갑신정변 이후 일본은 청국에 대한 적개심을 높이는 한편, 조선을 청국에게서 독립시키자는 명분 아래 군비를 증강해 갔다. 동시에 김옥균 등 망명인사 인도를 요구하는 조선 정부에 대해 때로는 겁박을 때

로는 회유를 하며 시간을 끌었다.

이 무렵 고종은 일본과 청국을 포기하고 재정과 군사의 난제를 해결하기 위해 제3의 대안을 모색하였다. 그 대상은 러시아와 미국이었다. 이후 드러난 것이 '조러밀약설'이고, 박정양 주미공사의 워싱턴 파견 당시 추진한 미군사교관 초빙, 대미차관 교섭 등이다.[55]

이 중 고종의 대미차관 교섭은 조선과의 교역량이 저조한 데 실망한 미국 측의 관심 퇴조로 좌절되었다. 그러나 조러밀약 건은 이후 동북아 국제관계는 물론 조선의 운명에 큰 영향을 미치게 되었으니, 영국의 거문도점령(1885–1887)[56]이 그것이다.

그렇다면 영국의 거문도점령과 조러밀약은 어떠한 관계고, 당시 고종의 구상은 무엇이었으며, 그 결과가 조선의 내정과 고종의 국정 운영에 미친 영향은 어떠했는가.

1885년(고종22) 3월 1일(양력 6월 16일) 영국의 동양함대 사령관 도웰 (William M. Dowell) 제독이 아가멤논(Agamemnon)호 등 3척 군함을 이끌고 일본의 나가사키를 떠나 거문도에 도착하였다.[57]

열흘이 지난 3월 10일 북경 주재 영국공사 오코너(Nicholas R. O'conor)는 '뜻밖의 일에 대비하기 위해 영국 함대가 대조선국 남쪽의 작은 섬인 해밀톤(哈米笁), 즉 거문도를 잠시 점유했음'을 조선에 알려왔다.[58]

---

55 한철호, 「초대 주미전권공사 朴定陽의 활동과 그 의의」, 『韓國史學報』 77, 2019.
56 이용희, 「英國의 巨文島 占據」, 『韓英修交 100年史』, 한국사연구협의회, 1984; 김원수, 「그레이트 게임(the Great Game)과 한러관계의 지정학—거문도 사건과 이홍장·라디젠스키 협약(1886)을 중심하여—」, 『서양사학연구』 30, 2014, 43~70쪽; 최덕규, 「러시아 해군상 쉐스타코프와 거문도 사건(1885–1887)」, 『서양사학연구』 37, 2015, 59~89쪽.
57 이용희, 「巨文島占領外交綜考」, 『李相佰博士回甲紀念論叢』, 을유문화사, 1964.
58 『고종실록』 22권, 고종 22(1885)년 3월 10일.

뜻밖의 사태를 접하면서 고종과 조정의 대신들은 좌불안석이었다. 이로부터 조선, 영국, 청국, 러시아 사이에 외교적 분규와 협상이 지속되다가, 마침내 거문도에서 영국 함대가 철수한 것은 1887년 2월 27일이다. 만 2년 만이었다.

영국이 거문도를 점거한 이유에 대해서는 '조러밀약'이 주요 원인이라는 주장과 '아프가니스탄 분쟁'이 주요 원인이라는 주장이 있다.

조러밀약설은 임오군란·갑신정변 이후 군사와 재정의 난제를 해결하려는 고종, 한반도에서 부동항을 확보하려던 러시아 당국의 이해가 부합한 것에 원인이 있었다.

군란과 정변을 거치면서 고종은 청국과 일본 모두 조선의 자주독립을 방해하는 존재임을 깊이 인식하게 되었다. 이에 고종은 조선 궁정에 접근해 오는 러시아에 관심을 돌렸고, 그 결과 러시아와 밀약을 추진하게 되었다.

핵심 내용은 조선이 러시아에게 군사와 재정에 관한 지원을 받고, 반대로 러시아는 한반도 동해안의 부동항인 영흥만을 조차한다는 것이었다. 이때 양측을 중재한 인물이 독일인 묄렌도르프(穆麟德 : Möllendorf, Paul George von, 1848~1901)였다. 그러나 정보가 유출되면서 러시아의 남하에 민감히 대응하던 영국이 전격적으로 거문도를 점령하였다. 목적은 러시아 함대의 한반도의 남해 통항을 차단하고, 극동 함대의 거점인 블라디보스토크항을 공격하는 데 있다고 하였다.

오랫동안 대부분의 러시아 학자들은 조러밀약은 결코 없었다고 주장해왔다. 아프가니스탄 사태로 러시아와 갈등을 빚게 된 영국이 블라디보스토크항을 기습하기 위해 거문도를 선점한 것이고 조러밀약설은

어디까지나 영국이 내세운 구실에 불과하다는 것이었다.[59]

　그렇다면 고종은 러시아 측과 밀약을 추진할 의향은 없었는가. 고종은 일찍이 러시아와 경계를 마주하고 있는 북방의 국경 지대에 관심을 갖고 비밀리에 연해주와 두만강 지역의 현황을 정탐하게 한 일이 있었다. 그 결과 작성된 것이 장서각의 '보물지도', 즉 아국여지도(俄國輿地圖)이다.[60] 이때만 해도 고종과 조정은 러시아를 크게 경계하는 상황이었지만, 수교 후에는 러시아를 청국과 일본의 대안으로 바라보게 되었다.

　실제로 권동수와 김용원 등은 조정의 은밀한 명을 받아 블라디보스토크에 가서 러시아 관헌과 접촉하였다. 조선 정부에 고빙되어 있던 독일인 묄렌도르프도 갑신정변의 사후 처리를 위해 앞서 수신사로 일본에 파견되었던 서상우와 함께 고종의 밀명으로 주일 러시아공사 다비도프((Alexandre P. Davydow)와 수차례 접촉한 일 등이 있다.[61]

　러시아계 미국인 학자 렌슨(George A. Lensen)은 1885년 1월 초 무렵부터 나타난 이런 움직임은 서울 주재 스페이에르(Alexis de Speyer, 士貝耶)러시아공사가 독일인 묄렌도르프의 주장에 휘말려 러시아 정부의 훈령을 넘어서 행동한 것으로 보기도 했다. 이는 서울 주재 러시아 공사의 독단적

---

59 George Alexander Lensen, *Balance of Intrigue: International Rivalry in Korea and Manchuria 1884–1899, Volume 2.* Tallahassee: Florida State University Presses, 1982, pp.31~53.

60 이민원, 「19세기 말의 한러관계와 俄國輿地圖」, 『장서각』 29, 한국학중앙연구원, 2013, 172~191쪽. 이 지도의 작성 시기에 대해서는 여러 설이 있으나, 필자는 1879년 무렵 인력을 파견하여 연해주 지역을 탐하고 한러수교 이전에 완성한 것으로 보고 있다.

61 George Alexander Lensen, *Balance of Intrigue: International Rivalry in Korea and Manchuria 1884–1899, Volume.* Tallahassee: Florida State University Presses, 1982, pp.46~48.

행동이라는 해석이다.

러시아 당국이 어느 정도 관여되었는가는 깊이 알 수 없지만, 적어도 블라디보스토크 현지의 러시아 사령관, 주일 러시아공사 등과 사전 조율이 없다면 불가능한 움직임이었다. 그리고 이 과정에는 고종의 뜻이 있었고, 러시아 역시 그런 범주에서 이해하지 않을 수 없다.

그러므로 조러밀약이 맺어졌다고 단정하기는 어렵지만, 시도가 없었다고 하기도 어렵다. 분명한 것은 영국의 거문도 점령사태로 인해 조선의 주권이 침해되었다는 사실이다.

한편 1885년 2월 러시아는 아프가니스탄 국경의 요지인 메르브(Merv)를 점령한 뒤, 남하하여 3월 말경에 또 하나의 요지인 펜제(Pendjdeh)를 점령하였다. 이대로 간다면 러시아가 인도양으로 나가는 길을 뚫게 되는 것이었다. 그러자 영국의 글래드스턴(Gladstone) 내각에서는 하원에 추가예산을 요구하였고 해군부에도 비상이 걸렸다.

영국은 러시아의 힘을 분산시키기 위해 취약한 곳을 공격하기로 결정하였고, 그 목표는 극동의 블라디보스토크 군항이었다. 이 군항을 공격하기 위해 영국해군은 전초기지가 필요하였고, 그래서 물색된 것이 한반도 남해상의 거문도였다는 것이다. 이상이 거문도사건과 연계된 조러밀약설과 아프가니스탄 사태의 간략한 전말이다.

그렇다면 거문도사건을 접한 조선 조정과 고종의 대응과 고민 양상은 어떠했는가. 고종이 영국군의 거문도 점령사태를 공식적으로 인지하게 된 것은 북경 주재 영국 공사와 북양대신(北洋大臣) 이홍장, 서울 주재 일본 대리공사 곤도 모토스케(近藤眞鋤) 등이 보내온 서한을 통해서였다.[62] 고종과 조정의 대신들은 경악하였다.

---

62 『고종실록』 고종 22년(1885) 3월 10일 및 20일조 기록 참조.

고종은 의정부의 유사당상 엄세영(嚴世永)과 교섭통상사무협판 묄렌도르프에게 영국군과 담판하도록 하는 한편, 서울의 각국 외교관에게도 협력을 청하였다. 그러나 아무 도움을 줄 수 없다는 반응이었다.

이때 외무독판 김윤식(金允植)이 공법(公法)에 투철한 나라인 영국이 어찌 남의 나라 영토를 점령할 수 있느냐고 영국총영사 애스턴(William G. Aston)에게 항의하였다.[63]

한편 조선의 영토를 무단 점거한 처지에서 명분이 취약했던 영국은 조용히 이 일을 처리하려 하였다. 조선 측에 5천 파운드에 거문도를 사겠다고 제안하였다. 고종과 조정 대신들은 결단코 응할 수 없다고 거부하였다.

영국의 거문도점령은 범세계적으로 대립을 보이던 영국과 러시아의 갈등에서 빚어진 것이었지만, 러시아는 자국 함대 활동이 한반도 남해에서 차단되는 것이 괴로웠고, 청국은 조선에서 다시 분규가 이는 것을 원치 않았다. 일본, 독일, 미국, 프랑스 등은 사태의 귀추를 주목하고 있었다. 이때 청국의 이홍장이 중재에 나섰다.

그는 청국 주재 러시아공사 라디겐스키에게 러시아가 향후 거문도나 혹은 조선의 어떤 영토도 점령하지 않겠다고 보증한다면 영국군의 철수를 요청할 용의가 있다 하였다. 영국 해군의 공세에 고전하던 러시아 측은 영국군이 철수한다면, 향후 거문도나 조선의 어떤 지역도 확보할 의사가 없을 것이라고 회답하였다. 청국은 이를 영국 측에 통고하였고, 영국 측은 청국이 러시아의 약속을 보증할 것을 조건으로 철수하겠다고 했다.

---

63 『고종실록』 고종 22(1885)년 4월 3일, 4월 7일.

마침내 1886년 10월 합의에 이르렀고, 영국군은 이듬해 2월 27일 장장 2년 만에 철수하였다.[64] 거문도사건의 해결 과정에서 정작 조선의 역할은 배제되었지만, 이홍장이 영국과 러시아 사이의 중재자 역할을 자처함으로써 양국 사이의 긴장은 원만히 수습되었다.[65]

거문도사건은 국제사회에 많은 파장을 몰고 왔다. 먼저 러시아는 동아시아 해로 이용에 취약점이 노출된 데다가 조선에서 부동항 확보의 길마저 차단되었다. 이에 러시아는 육로를 통한 동아시아 진출을 서둘렀고,[66] 마침내 러시아는 1891년 모스크바와 블라디보스토크를 잇는 장장 5천5백 마일의 시베리아 횡단철도를 착공하였다.[67]

한편, 러시아에서 철도 건설이 논의될 때 일본은 크게 긴장하였다. 철도가 완공되면 그의 종단점인 블라디보스토크의 러시아 함대가 위력을 발휘하게 될 것이고, 일본은 만주는 물론 한반도로 진출하는 일조차 난경에 처할 것이기 때문이었다. 일본에서는 러시아가 시베리아 횡단철도를 완공하기 전에 만주에 교두보를 확보하자는 주장이 팽배하였다. 이에 장기적으로는 러시아를, 단기적으로는 청국을 겨냥하여 군사력 증강에 박차를 가하였다.[68]

이제 조선을 포함한 동아시아 지역은 청일의 경쟁, 영·러, 일·러의 경쟁까지 뒤엉킨 상황이 되었다. 조선을 둘러싸고 청국과 일본이

---

64 이용희, 「巨文島占領外交綜考」, 『李相佰博士回甲紀念論叢』, 을유문화사, 1964.
65 최문형, 『제국주의 시대의 列强과 韓國』, 민음사, 1990, 143~171쪽.
66 "The Great Siberian Rai;way" in Charlemagne to Tower, No.227, St., Petersburg, May 26, 1900, Despatches from U.S. Ministers to Russia; 이민원, 『명성황후시해와 아관파천』, 민음사, 2003, 30~36쪽.
67 "The Great Siberian Rai;way" in Charlemagne to Tower, No.227, St., Petersburg, May 26, 1900, *Despatches from U.S. Ministers to Russia.*
68 최문형, 『제국주의 시대의 列强과 韓國』, 민음사, 1990, 143~171쪽.

대립구도를 형성하고 있던 상황에서 고종의 고민은 더욱 깊어만 갔다. 무엇보다 직접적인 압박은 청국의 존재였다. 영·러 두 세력을 밀어낸 청국이 조선에서 입지를 더욱 강화하자, 고종의 운신 폭은 더욱 좁아졌다.[69] 이 무렵 청국의 조선에 대한 자세를 잘 담아 보여주는 것이 원세개의 '조선대국론'이다.

원세개의 〈조선대국론〉과
고종의 응답

갑신정변, 거문도사건 이후 조선 정부는 국내외적으로 난경에 직면하였다. 국내에서는 개화파들이 축출되고, 국외로는 청국의 간섭과 일본에 대한 배상금 지급 문제 등으로 고종이 조선의 낙후한 상황을 타개하기에는 역부족인 상황이었다. 이에 고종은 청국과 일본의 공세에서 벗어나 활로를 찾고자 유럽 국가와의 접근을 시도하였다. 그 결과 묄렌도르프와 데니 등 조선 정부에 임용된 고문들과 서울 주재 외교관들이 적극적으로 활동하게 되었다.

그러자 청국의 원세개가 조선에 제시한 것이 '조선대국론(朝鮮大局論)'이다. 원세개가 작성하여 조선의 의정부에 보낸 것이지만, 사실은 고종을 압박하는 내용이었다. 그 내용에 원세개는 물론, 청국 조정과

---

69 이런 분석에 대해서는 위의 책과 최문형, 『러시아의 남하와 일본의 한국 침략』, 지식산업사, 2007 등을 참조.

이홍장이 조선과 고종을 보는 당시의 관점이 잘 드러나 있다.

먼저 조선은 동쪽 모퉁이의 작은 나라로 영토는 3,000리(里), 인구는 1,000만 정도, 부세는 200만 석(石) 정도, 군사는 수천 명에 불과하니, 이 세상에서 가장 빈약한 나라라고 전제하였다. 이런 작은 나라를 강대국들이 조여 오는데 안일하게 대처하니 자주국가가 될 수 없고, 보호해 줄 강대국도 없으니 나라를 보존하기 어렵다고 하였다.

그렇다면 유럽의 강대국들은 어떠한 나라인가. 영국과 프랑스는 영토를 탐내니 교류를 하면 호랑이를 방에 끌어들이는 격이고, 독일과 미국은 부강하나 조선에 대한 관심이 적어 도와주려 하지 않는다. 러시아는 아시아를 탐내고 조선을 병탄(幷呑)하려 하나 유럽 방면과 극동 지역 블라디보스토크의 취약점, 내란과 재정 곤란에 더하여 영국이 견제하고 있으니, 조선을 도와주기 어렵다. 이웃에 일본이 있지만, 서양법을 따르고 공리(功利)만 강조하니 속은 빈데다가 본성이 교활하여 교류는 하되 믿고 협력할 수 없다 하였다.[70]

이처럼 서양의 강대국이나 러시아, 일본 모두 조선에 도움이 되지 않는 존재라면 조선의 대안은 무엇인가. 원세개는 중국만이 조선을 도울 수 있다고 하였다. 그는 조선이 중국을 믿고 따를 경우 유리한 점 여섯 가지를 들었다.[71]

> 첫째, 중국과 조선은 바다와 육지로 이어져 하루 이틀 내에 군함이 조선
> 에 닿을 수 있고, 육군도 10일이면 한성에 닿을 수 있다.
> 둘째, 중국은 천하를 한 집안처럼 여기고 변방 나라들을 한 몸처럼 대한

---

70 『고종실록』 고종 23(1886)년 7월 29일.
71 『고종실록』 고종 23(1886)년 7월 29일.

다. 변란이 생기면 즉시 평정한다. 군사비용을 아끼지 않고 물자도
요구하지 않는다. 임오년(1882)과 갑신년(1884)에 실천한 바 있다.

셋째, 중국은 작은 나라에게 의리를 다한다. 군현(郡縣)으로 만들지 않
고 조세를 받지 않으며 평안을 추구할 뿐이다. 조선은 속국이라
하지만, 영토가 있고 무궁히 보전되니 중국을 믿을 수 있다.

넷째, 중국이 조선을 돌보아준 지 수백 년 되어 조선의 상하가 의뢰하고
신하와 백성이 따른다.

다섯째, 강대국이 욕심을 채우려하지만 중국과 조선이 결속되고, 중국
이 조선을 돕는 것을 알면 잠식하려는 마음도 없어질 것이다.

여섯째, 중국과 조선이 서로 믿으면 내란도 없고 외부 침략도 두려울 것
이 없다.

요컨대 서양과 일본은 교활하니 가까이하지 말고 오로지 중국만을
따르라는 것이었다. 만일 조선이 중국을 배반할 경우에는 마땅히 응보
가 따를 것이라고 경고하는 문구까지 담아 전하였다.

즉, 월남과 버마가 서양에게 침략을 당해도 중국이 어쩌지 못한 것
은 멀리 있기 때문이다. 그러나 조선은 경우가 다르다. 중국의 바로
곁에 있으니 조선이 없으면 동쪽 성벽이 없는 것과 같다. 그래서 중국
은 조선을 결코 놓칠 수 없다. 그러므로 만일 조선이 청국을 배반한다
면 즉각 파병하여 무력으로 점령할 수밖에 없다고 하였다.

그는 중국의 병력은 서양 강대국만 못하지만, 정병이 30만, 전선(戰
船)이 100여 척(隻), 세입이 6,000만 석(石)이니, 조선을 점령하는 일은
손쉽다고 호언하였다. 조선은 병든 나라로 서양이 차지하려 하지만,
중국이 대병력으로 도와줄 것이니, 조선이 예의를 다하고 중국의 원조
를 받는다면 다른 나라가 업신여기지 못하리라는 것이었다.

그는 조선은 자주(自主)를 도모할 가망이 없는 나라가 아닌가라는

주장이 있지만, 조선은 각 나라와 조약을 맺어 자주국이라 부른다. 다만 중국은 관할할 뿐이다. 중국의 신하가 아닌 것을 자주라고 한다면 체면이나 유지하다 망할 것이다. 허명을 취하여 아침에는 황제라고 부르다가 저녁에는 파면될 것이니 어느 것이 성공이고 실패인가.

조선이 인구가 많고 부유하며 군사가 수십 만이 되어 강대한 나라로 자립을 도모하면 기대할 수 있지만, 지금 조선은 쇠약하고 백성은 빈곤하다. 조선이 가깝고도 강대하며 공정한 나라의 비호를 받으려면 중국 외에 어느 나라가 있겠는가 하였다.

원세개는 이 문건을 통해 서양과 중국 중에서 하나를 택하라고 고종을 압박하고 있었다. 그는 다시 별도의 글을 추가하였다. 서울에 부임한 지 벌써 5년, 조선이 쇠약하고 백성들이 가난하며 변란이 이어지는 것은 정사를 잘못 편 때문이라 하였다.[72] 지금 조선은 못쓰게 된 배와 같으니 나무와 돛을 바꾸어 튼튼하게 해야 한다면서 조선이 당면한 열 가지 대책을 논하였다. 일종의 시무책이었다. 즉 대신의 임명에 관한 건(任大臣), 간신을 멀리하는 일(屛細臣), 여러 관서를 활용하는 건(用庶司), 민심을 얻는 일(收民心), 시기심과 의심을 푸는 일(釋猜疑), 재정 절약 건(節財用), 신하의 간언 경청(愼聽問), 상과 벌의 공정(明賞罰), 친할 사람을 가까이하는 일(親所親), 신중한 외교(審外交) 등이었다.

고종으로서는 제왕 수업 당시 접한 요순시대의 덕치를 반복해 듣는 것 같았을 것이다. 원세개의 글에 대해 고종은 이렇게 답하였다.

---

72 (1) 나라를 세우는 것은 집을 세우는 것과 같고, 조선은 중국과 인접한 이웃이니, 조선이 무너지면, 중국도 위태하다. (2) 조선은 못쓰게 된 배와 같으니 나무와 돛을 바꾸어 튼튼하게 해야 한다. (3) 치국(治國)은 의사가 병을 치료하는 것과 같은데 조선의 병은 골수에 든 병이다. (4) 나라는 사람의 몸과 같다. 화려한 옷을 입더라도 먹을 것이 없다면 무엇으로 살아나가겠는가.(『고종실록』 고종 23(1886)년 7월 29일)

이 나라가 중국을 섬겨온 지 200여 년, 황제의 은혜를 입지 않는 것이 없다. 나라 운수가 불행하여 임오년과 갑신년 변란이 생겨 종사가 위태롭고 사람들이 도탄에 빠졌는데 천조에서 군사와 재물을 쓴 덕에 위험에서 구원되었다. (중략) 천지와 같은 은혜를 어찌 잊을 수 있겠는가? 족하(足下)는 우리나라에 온 5년 동안 좋은 일 궂은일을 함께 치렀다. 그 누가 족하의 의리를 흠모하고 칭송하지 않을 것인가. 근래 정령이 하나도 집행되지 못하고 있는 것은 내가 똑똑치 못해 일처리를 못하고, 신하들은 우물쭈물 말하지 않고 있기 때문이다. 족하는 두터운 우의를 아끼지 말고 때때로 교훈적인 말로 나를 트이게 하여 막히지 않도록 해주기 바란다.

20대 중후반의 원세개와 30대 중반의 고종 사이에는 숨바꼭질하듯 글이 오가고 있었다. 이 무렵 원세개는 '조선총독'과 같았다.

그런데 원세개가 전한 조선대국론은 정작 조선의 근대화에 절실한 과학기술 수용이나 교육, 군사에 대해서는 한마디도 언급이 없었다.

서양 세계의 사정과 청국의 뒤떨어진 현실을 알고 있던 고종에게 조선대국론은 오히려 '조선망국론'으로 비쳐졌을 것이다. 조선대국론은 중국의 허세가 가득한 대조선 압박용의 문건이었지만, 이를 정면으로 반박할 수도 없는 것이 고종의 처지였다. 이런 형식의 청국과 조선의 관계는 청일전쟁 무렵까지 이어져 고종의 운신을 제약하였다. 갑신정변 이후 10년간 조선은 청국에 의해 내정과 외정이 좌우되는 형국이었다.

이 무렵 일본은 외압이 없이 청국과 러시아를 겨냥하여 군비 증강에 매진할 수 있었던 데 반해, 조선은 거문도사건, 주미 공사 박정양의 파견과 자주외교 시도에 대한 청국의 간섭, 방곡령사건에 투영된 일본의 침탈 등에서 보듯이 내정과 외정의 어려움이 지속되고 있었다.

청년 국왕 고종이 1880년대 초반에 적극 추진한 개화정책의 동력
이 더 효과적으로 발휘되지 못한 결정적 요인은 내적으로는 고종의 취
약한 집권력 때문이기도 하지만, 보다 근본적으로는 조선에서 입지를
강화하고자 하는 청국과 일본의 정치, 군사, 외교적 경쟁과 거기에 더
하여 조선에 직접적으로 가해지는 청국의 물리적 외압이었다.

제4장

청일전쟁과 조선

-국왕 고종의 위기-

동학의 성장과
농민봉기에 대한 고종의 인식

　서세동점이 고조되면서 조선 내부에서는 세 갈래 방향으로 대응이 나타났다. 척사운동, 개화운동, 동학운동이 그것이다. 고종 즉위 후 10여 년간에는 척사운동이 등장했고, 고종이 성년이 된 이후에는 개화운동이 큰 물줄기를 형성했으며, 1890년대 접어들면서는 동학과 결부된 농민운동이 한동안 전국을 뒤흔들었다.

　동학(東學)은 1860년 최제우(崔濟愚)에 의해 경상도에서 창도되었다. 하늘을 받든다는 고대의 전통신앙에 유, 불, 선의 교리와 주문, 부적 등을 활용하는 등 주술적 요소가 있었다. 거기에 민중의 고통을 위무하고 인간의 평등을 지향한다는 점에서 민중의식과 근대지향적 요소가 혼재된 것이었다. 동시에 19세기 말 청국에 등장한 태평천국의 난이나 의화단의 난처럼 서양의 과학기술과 사상을 거부하려는 배외적 흐름을 띠고 있었다.[1]

　조선 조정은 동학을 어떻게 보았을까. 경상감사 서헌순은 이렇게 보고하였다. '최복술은 경주 백성으로 아이들을 가르치는 일을 해왔는

1　실록에 최제우와 동학(東學)이 처음 등장하는 것은 고종 즉위 직후인 1863년 12월 20일이다. 이후 선전관 정운귀, 경상 감사 서헌순의 보고를 토대로 우두머리인 최복술(최제우)을 사형시키고, 강원보 등 그를 따르는 무리 12명에게 등급별로 형을 주자는 의정부의 의견에 조대비가 윤허한 것은 이듬해 3월 2일이다.(『고종실록』 1863년 12월 20, 21, 29일, 1864년 3월 2일 등의 기사). 불과 3개월 여 만에 처리한 것이니, 조대비 수렴청정 당시의 조처는 매우 신속하였다고 볼 수 있다.

데 양학(洋學)이 등장하여 갑자기 퍼지는 것을 보고 있을 수 없어서, 하늘을 공경하고 하늘에 순종하는 마음으로 「위천주고아정영세불망만사의(爲天主顧我情永世不忘萬事宜)」 13자를 지어 동학이라 불렀다. 동학이란 동국의 학문으로 양학은 음(陰), 동학은 양(陽)이니, 양으로 음을 억제할 목적에서 외우고 읽었다.'

이처럼 처음에는 관망하는 입장이었지만, 수개월 뒤 조정에서는 '동학은 서양의 사술(邪術)을 답습하고 명목만 바꿔 사람을 현혹하니 국법으로 처결하지 않으면 중국의 황건적이나 백련교 같은 도적들처럼 될 것이라는 결론을 내렸다. 마침내 1864년 교조 최제우는 혹세무민 혐의로 사형에 처해지고, 동학도들은 전국의 산간으로 숨어들었다.

이후 2세 교주 최시형(1827–1898)이 이끌어가면서 동학은 꾸준히 성장하였다. 그는 경상·충청·전라 등을 다니며 포교하였다. 이후 손병희 등 충청도 출신의 북접계 인물들이 입도했고, 전봉준 등 전라도 출신의 남접계 인물들도 많이 동학에 들어왔다.

30년의 세월이 흐르는 가운데 동학은 꾸준히 세력을 확장하였다. 마침내 고종과 조정 대신들도 동학의 존재와 성장을 크게 우려하기에 이르렀다. 충청도감사가 동학도 탄압을 강화하자 몇몇 동학의 간부들은 포교의 자유를 달라 하였다. 동학의 교조가 혹세무민한 것이 아니니, 억울한 누명을 풀어주고, 동학도에 대한 관의 침탈을 금해 달라고 요청하였다. 그들은 마침내 각지에서 서울로 몰려와 광화문 앞에 모여 국왕 고종에게 호소하였다.

정부에서는 우두머리를 잡아들이고 이들을 해산시켰다. 이때 서울에는 수만 명의 동학교도가 집결한다는 출처불명의 소문이 돌면서 민심이 흉흉하였다.

각국 외교대표부와 교회, 외국인 주택에 '척양·척왜' 혹은 기독교를 배척해야 한다는 벽보가 붙었다. 미국 공사는 조선 정부에 괘서의 설명을 요구하였고, 영국총영사는 청국군함 파견을 종용하였다. 일본 영사는 거류민들을 인천에 집결토록 지시하였다. 이때 원세개는 청국에 타전하여 2척의 순양함 파견을 요청하였다. 기묘한 움직임이었다.

복합 상소가 실패하자 동학의 간부들은 행동 방향을 바꾸었다. 최시형은 동학도들을 보은에 집결토록 한 뒤 대규모 집회를 열었다. 보은에 모인 동학도가 2만여, 전라도의 동학도가 6천여 명이 넘었다. 이들은 일본과 서양을 배척한다며, 척왜양창의(斥倭洋倡義)의 깃발을 올렸다. 보은 군수가 만류하고, 양호선무사 어윤중이 간부를 면담하고 해산을 권하였다.

그 사이 홍계훈이 서울의 군사 즉, 경군 600명을 이끌고 청주에 출동하였다. 동학도들은 일단 해산을 결정하였으나, 이후 전라도 농민과 연결되면서 동학농민봉기로 번져갔다.

전통적으로 전라도는 물산이 풍부한 곡창지대. 국가재정도 상당 부분 이 지역에 의존하고 있었다. 그러나 대대로 농민들은 가렴주구에 시달렸다. 1892년 말 고부군수로 부임해 온 조병갑은 그러한 관리 중 정도가 심한 자였다.

그는 영의정 조두순(趙斗淳)의 조카였다. 1892년 고부군수로 부임하자 조병갑은 각종 명목으로 탐학과 비행을 자행하였다. 가뭄이 들어도 면세는커녕 몇 배 더 징수하고, 부유한 농민을 잡아다가 각종 죄명으로 재물을 약탈하였다. 그 중 만석보(萬石洑)의 개수에 따른 탐학으로 큰 물의를 일으켰다. 급기야 농민들의 쌓인 불만이 폭발하였다.

이때 이들을 이끈 인물이 전봉준이다. 1894년 1월 전봉준은 1,000여

명의 군민을 이끌고 고부관아를 습격했다. 무기고와 곡식 창고를 부수고, 원성 대상인 만석보 제방도 허물었다. 조병갑이 불순한 농민이 난리를 일으켰다고 보고하자 조정은 군수를 교체하고 안핵사를 보내 사태를 수습케 하였으나 서툰 조치로 농민의 분노에 기름을 부은 격이었다.

동학도와 농민들이 다시 들고 일어나 전주 등을 점령하자, 조정에서는 홍계훈을 초토사로 파견하였다. 홍계훈 휘하의 경군은 전주성 밖에 이르러 농민군과 대치하였다.

전봉준은 이때 폐정개혁안을 제시하였다. 탐관오리의 가렴주구 배제와 외국상인의 횡포 금지, 국내 특권상인의 배격, 미곡의 해외유출 방지 등이 골자였다. 그러자 홍계훈도 이를 받아들여 마침내 '전주화약'을 맺었다. 청일 양군의 개입을 우려한 대승적 타협이었다. 농민군은 전주성에서 철수하고, 홍계훈의 정부군은 전주성을 접수하였다.

당시 전라도는 치안과 행정이 마비된 상태였고, 일부 일탈한 동학도와 무뢰배들의 작폐가 심하였다. 조선 전국을 정탐하던 일본군 첩자들은 시시로 농민군과 관군의 동향을 보고하고 있었다. 전라감사 김학진은 전봉준과 치안 복구와 관민 화합을 위한 방책을 논하였고, 각지에 집강소(執綱所)를 두는 등 사태는 수습되어 가는 형국이었다.

고종은 농민봉기를 어떻게 보았을까. 1894년 4월 4일(음력) 고종은 시원임 대신과 농민에 대한 대책을 논한 바 있다.

좌의정 조병세는 네 칸짜리 초가집이 있는 사람은 1년에 100여 냥(兩)의 돈을 바치고, 5, 6마지기 토지를 가진 사람은 4석(石)이 넘는 조세를 바치니 입에 풀칠도 할 수 없어 궁색하기 짝이 없습니다. 백성들이 안착하여 생업이 즐겁다면 어찌 날뛰며 시끄럽게 호소하겠습니까? 크게 고치지 않으면 효과가 없을 것이라면서 지방관의 가렴주구가 주요 원인임을 지적하였다.

판부사 정범조는 백성들이 소란을 일으키기 시작한 것은 관리들의 잔인, 포악, 탐욕으로 살아갈 수 없기 때문에 그런 것이고, 동학당의 비적(匪賊)들이 기회를 타고 세력을 합쳐 확장된 것이라 하였다. 농민의 불만을 틈타 동학당이 준동한 것으로 보고 있었다.

반면, 김홍집은 지방에서 보부상들과 동학도들 사이에 충돌이 있음을 지적하며 봉기를 한 주동자를 잡아 처벌할 것을 진언하였다. 심순택도 "두목 몇몇은 기한을 정하고 체포하지 않을 수 없지만 한 명이라도 혹여 평민이 걸려든다면 어찌 말이 되겠습니까?" 하여 동학당의 우두머리와 일반 평민을 구분해 처리할 것을 주장하였다.

그러자 고종은 한 사람의 백성이라도 뜻밖에 걸려든다면 어찌 백성을 위해 폐해를 제거하는 뜻이 되겠는가. 묘당에서 각별히 더 신칙하라고 하였다. 고종은 봉기의 원인이 지방관의 가렴주구에 있고, 동학당이 틈을 이용하고 있다고 보았다. 고종은 동학당의 우두머리를 처단하고 지방관의 잘못으로 봉기했거나 주동자의 강요로 가담한 이들은 농사를 지으며 안착할 방책을 강구하게 하는 쪽으로 결정을 내렸다.

그런데 농민군은 예상보다 세력이 컸다. 지방에서 경군 급파 요청이 이어지자 조정이 이를 받아들였다. 1894년 6월 장위영 대관(隊官) 이학승, 이두황 등이 병정들을 인솔하여 인천을 거쳐 군산포에 상륙하였다.

이때도 동학농민에 대한 고종의 생각은 여전하였다.[2] 1894년 6월 23일 고종은 다음과 같은 전교를 내렸다.

---

2 『고종실록』 1894년 6월 23일.

이른바 동학(東學) 무리들이 아직 양호(兩湖)에서 더욱 소요를 일으키고 있다. 생업에 안착하려 하였지만 거의가 생업을 잃었고, 귀순하였다고 는 하지만 교화에 순종하지 않고 있다. 그들도 떳떳한 성품을 함께 가 지고 있으니, 어찌 혹시라도 어리석고 몽매하여 깨달을 줄 모르겠는가? 틀림없이 곤궁하여 의탁할 데가 없어 그러는 것이다. 두 도(道)의 도신 (道臣) 및 해당 수령들로 하여금 속히 무휼(撫恤)하고 편안히 정주하도록 구제 방도를 강구하는 한편 성심으로 포유(布諭)함으로써 다 같이 새 길 로 나가도록 하는 조정의 지극한 뜻을 알게 하라.

고종은 동학 무리도 나의 한 백성이니 살상을 피하고 효유하여 해 산토록 하라고 하명하였다. 홍계훈도 똑같은 임금의 백성으로 창칼을 교차함은 골육상쟁이나 다름없다. 동학도가 진정한 것은 성상께 아뢰 어 시행토록 할 터이니 귀향하여 본업에 종사하라고 효유하였다.

이처럼 일본군이 틈을 엿보는 상황에서 고종은 관군과 농민군과의 충돌을 방지하고자 고심하는 모습이었다.[3] 다만 고종과 조정 관료 모 두 동학의 우두머리에 대해서는 강력히 대처하고자 하였다. 고종은 동 학도의 우두머리들을 동비(東匪), 즉 동학을 신봉하는 비적 내지는 반 란군으로 보았다. 이런 인식은 동학농민군이나 전국 곳곳에서 활동하 는 도적들로부터 피해가 잦았던 보부상들 그리고 '충군애국'적 사고를 지녔던 전국의 유림이나 양반 관료들도 마찬가지였다.[4] 모두가 그들을 잡아들여 처형해야 한다는 생각이었다.

그러나 문제는 조정의 조치로만 해소될 수가 없었던 점이다. 일본

---

3 고종의 동학도와 관군에 대한 인식 일부는 이민원, 「대한제국의 장충사업과 그 이념 ―장충단과 모충단을 중심으로―」, 『동북아 문화연구』 33, 2012, 133~151쪽 을 참조.
4 이민원, 「대한제국기 안성군수 윤영렬의 토포 활동 연구」, 『군사』 82, 2012.

은 농민군과 관군의 충돌을 자극하는 한편, 청국의 파병을 유도하고자 공작을 폈다. 조선 조정과 청국은 그런 함정에 빠졌고, 마침내 청군 파병을 계기로 조선 상황은 새 국면으로 치달았다.

청·일의 파병과
일본군의 경복궁 습격

앞서 동학도와 농민의 봉기로 사태악화를 우려한 조정은 홍계훈의 초기 보고 등을 접한 뒤 청군의 차병 문제를 두고 설왕설래하다가 결국 청군파병을 청한 바 있다. 이때 나선 인물이 민영휘다. '전주화약'이 있기 이전의 일이었다.

그 사이 주목해 볼 부분은 일본의 움직임이다. 서울 주재 일본공사 오도리 가이스케(大鳥圭介)는 동학도 세력이 막강하여 관군으로서는 진압이 불가하니 해외차병이 필요함을 조선의 대신들과 원세개에게 강조하였다. 더욱 놀라운 것은 이 무렵 일본의 우익 낭인 집단이 전봉준 진영을 방문하여 부패한 정권 타도에 협조하겠다고 자청하였다는 사실이다. 전봉준은 그들의 제안을 일언지하에 거절하였지만, 그들의 정체와 의도를 어느 정도 감지하고 있었는지 기록만으로는 잘 알 수 없다.

한편 청국 주재 일본 공사도 조선에서 청군을 차병하여 동학도들을 진압할 필요성이 있다는 등 공공연히 청군 파병을 종용하고 있었다.

고종과 대신들은 농민봉기가 자칫 대외 문제를 유발하지 않을까 우려하였지만, 사태는 점차 그런 방향으로 가고 있었다.

원세개로부터 조선 상황 보고를 받은 북양대신 이홍장은 즉각 파병을 명하였다. 5월 초순 청군의 육병 2,800명이 포 8문을 이끌고 아산에 상륙하였다. 청국 조정은 1884년 일본과 맺은 천진조약의 조항에 따라 조선에 파병한다는 사실을 일본에 통고하였다. 일본이 천진조약의 조항을 구실로 전쟁을 도발하리라고는 예상하지 못한 조치였다.

그러나 청군 파병 정보를 입수한 일본 내각은 즉각 파병을 결정하였다. '동학란을 계기로 조선 정부의 개조를 단행하고, 갑신정변 이후 부진한 세력을 회복해야 한다.' 하였다. 전시의 군통수기관인 대본영이 설치되고 육해군에 동원령을 내렸다. 5월 초순 인천에 도착한 일본 공사는 해병대 420명과 대포 4문을 이끌고 서울로 진입하였다. 뒤이어 보병 1개 대대 1,050명과 혼성여단 2,673명도 인천에 상륙하였다.

놀란 조선 정부는 일본 공사에게 강력히 항의하였다. 동학도는 이제 평정되었고, 서울이 평온한데 일본이 파병하여 평지풍파를 일으킨다고 하였다. 원세개도 같은 취지로 항의하였다. 그러자 일본 공사는 어디까지나 일본공사관 보호를 위한 것이며 난이 진압되면 일본군은 철수할 것이라고 응답하였다.

그러면서 일본 공사는 청일 양군이 공동으로 조선 병란을 진압하고 조선의 내정을 개혁하자고 제안하였다. 청 측은 물론 이 제안을 거부하였다. '병란이 진정되었으니 공동 토벌할 이유가 없고, 내정개혁은 조선 스스로 할 일이다. 청국은 조선 내정에 간섭한 바 없고, 일본도 조선의 자주를 인정하였으니 내정 간섭할 권한은 더욱 없다.'는 것이었다.

그러나 일본정부는 2개 대대의 병력(약 2,000명)을 서울에 진입시키고, 후속부대를 인천에 증파하였다. 서울과 인천의 일본군은 약 6,000명,

청군의 두 배였다. 전쟁 기운이 감도는 가운데 일본은 조선 정부에 내정개혁을 요구하였다. 목적이 달성되지 않으면 철병할 수 없다고 못박았다. 일본 측은 청국군 철퇴와 조선이 청국과 체결한 조약의 폐기까지 들고 나왔다. 회답 기한을 6월 20일(7.22)로 못박았다. 일본은 이렇게 청국을 압박함과 동시에 조선 정부를 겁박하며 청국과의 개전을 목표로 치닫고 있었다.

동학농민봉기는 고종과 대신들이 우려한 대로 새로운 국면으로 치달았다. 마침내 1894년 6월 21일(7.23) 새벽, 대원군을 납치하여 가마에 태운 일본군이 서울의 경복궁을 쳐들어갔다. 대원군의 쿠데타를 가장한 일본의 대조선 전쟁 도발이었다.[5] 광화문과 경복궁 내외에서 조선군이 강력히 저항하는 가운데 치열한 전투가 벌어졌다. 그러나 무력이 열세인 조선의 병사들이 무참하게 살상을 당하고 있다는 보고와 건청궁에까지 침입한 일본군 대대장들의 위협 속에서 고종은 전투 중지를 명하였다.[6] 이후 고종과 대신들은 궁 안의 포로와 같은 처지로 전락하였다.

이후 조정에는 군국기무처가 설치되고(6·25/음), 제1차 김홍집내각(7.15/음)이 들어섰다. 중앙관제와 사회제도가 대폭 바뀌어 500년 초유의 대대적인 구조조정이 진행되었다. 이것이 갑오개혁 혹은 갑오경장이다. 갑오개혁의 배경에는 여러 요소가 개입되어 있었다. 하나는 조선의 개화파 인사들과 동학농민군의 개혁 요구다. 오래 쌓인 낡은 내정을 혁신하자는 것이었다. 개혁의 성격을 띠고 있는 이유다. 다른 하

---

5 中塚明,『近代日本と朝鮮』, 東京: 三省堂, 1977 및 朴宗根,『日清戰爭と朝鮮』, 青木書店, 1982 등에 이 부분에 대한 분석이 자세하다.
6 박종근 지음, 박영재 옮김,『청일전쟁과 조선』, 일조각, 1989, 56~66쪽.

제4장 · 청일전쟁과 조선 151

나는 메이지 유신(明治維新, 1868) 이래 조선을 지배하고자 기도해 왔던 일본의 목표였다. 침략성을 띠고 있는 이유다. 개혁을 표방하여 내정 개입 구실을 만들고 일본의 체제에 맞게 구조를 조정하자는 것이었다.

넓게 보면 일본의 침략을 위한 사전 정지작업이었고, 좁게 보면 신 내각의 인사들이 일본의 위압하에서나마 잠시의 기회를 맞아 추진한 근대화 작업이었다.

이 중 청일 사이에 전투가 진행되던 시기에는 일본 측이 세세한 부분까지 간여할 여유가 없었으므로 조선 개화파의 구상이 반영된 부분이 많았다. 전체 기간은 1894년 7월 27일(이하 양력)에서 1896년 2월 초순까지였다. 핵심 줄기는 국가운영상의 골격을 다듬고 가지를 쳐가는 형식이었다. 즉 조선과 청국의 종속관계 단절을 명기한 것, 왕실과 조정의 사무를 나눈 점, 중앙 제도의 개혁을 추진한 것, 지방제도를 개혁한 것 등이다. 그리고 후반에는 조선을 보호대상국으로 만들기 위한 극단적 조치를 밀고 나갔다.

전체적으로 전근대에서 근대로 넘어가는 과정에서 필요한 내용을 망라하고 있다. 정부조직이나 관료제도는 물론, 관리선발제도, 중앙과 지방 행정조직의 개혁, 사회신분제도의 철폐, 왕실재정과 정부재정의 분리, 신식화폐장정, 태양력의 채용, 소학교령, 단발령, 종두법의 채용 등이 그것이다. 한국사의 발전 과정을 놓고 볼 때 중요한 매듭에 해당하는 것이 적지 않았다. 일본의 침략 요소만 제거한다면, 1880년 대 초반 고종과 개화파가 지향했던 것 그리고 동학농민군 측이 주장한 것들까지 망라하고 있었다.

그러나 개혁을 제약한 것은 일본의 압제였다. 주한일본공사 이노우에(井上馨)는 조선 정부의 각부에 근 40명의 일본인 고문들을 배치하여

내정을 장악하게 하였고, 조선의 대신들은 빈번한 교체로 실권을 행사
하기가 용이하지 않았다.

청일전쟁 진행중 조선 내정개혁 추진을 명분으로 일본 공사는 갑신
정변 이후 해외에 망명한 인사들을 귀환시켜 활용하고자 하였다. 김홍
집 등 개화파 관료들도 나름의 목표를 갖고 이들을 초청하였다. 박영
효, 서광범, 서재필, 윤치호 등이 그들이다. 그러나 그동안의 경험으로
이들은 이미 일본측의 의도를 간파하여 일본 공사의 뜻대로만 움직이
지는 않았다. 박영효가 특히 그러한 행동을 보였다.

박영효는 이노우에의 영향을 벗어나 오히려 고종과 왕비에게 접근
하여 조선을 위한 내정개혁을 추구하고자 하였다. 그러나 이런 행태로
이노우에의 과도한 개입에 반발하던 박영효는 누군가에 의해 날조된
'반역음모사건(1895.7.6.)'으로 일본에 재차 망명하였다. 고종과 왕비로부
터 쿠데타 기도의 주모자로 오해된 박영효는 이후로도 일본의 마수를
벗어나지 못하고, 시시로 쿠데타설의 배후로 지목되곤 하였다.

청일전쟁과 시모노세키조약
- 떨어진 녹두꽃

한편, 청군과 일본군의 파병으로 사태가 심상치 않자 전봉준은 농
민군을 이끌고 재봉기하였다. 9월 중순 전주에서 전봉준이, 광주에서
손화중이 봉기하자 각처에서 호응하였다. 10월 말을 전후하여 전라도

삼례역에 모인 농민군의 수는 10여 만에 달했다. 종교적 입장을 고수하여 1차 봉기에 합류하지 않은 충청도의 동학교도, 즉 북접도 동참하였다. 손병희 휘하 1만여 명의 북접군이 청산에 집결한 뒤, 논산에서 남접과 만나 공주로 향하였다.

이들이 관군과 처음 접전을 벌이게 된 곳은 세성산. 관군이라 했지만 일본군에게 발목이 잡혀 있었으니, 일본군과의 싸움이었다. 농민군은 숫자는 많았으나 제대로 된 무기나 훈련이 미비한 채 정규군에다 신식 무기와의 싸움이었다. 동학농민군 측은 수 백 명의 사상자를 내고 패주하였다.(10.21)

이후 일본군과 관군이 공주로 진격하여 진을 쳤다. 논산에서 북상하던 농민군의 주력부대도 이인역으로 전진하였다. 우금치를 사이에 두고 치열한 공방전이 벌어졌다. 농민군의 운명을 건 일대 격전이 근 일주일간 40~50회 치러졌다. 결과는 농민군의 참패. 일본군의 신식 무기에 밀려 동학군은 수많은 사상자를 내고 후퇴하였다. 1만여의 병력 중 살아남은 자는 500여 명. 전주, 태인, 금구, 원평까지 밀려간 이들은 후일을 기약하고 해산하였다.

순창에 은신하여 재기를 다짐하던 전봉준이 관군에 체포되어 먼저 일본 공사에게 심문을 받은 뒤 이듬해 봄 처형되었다.(1895.3.29./음)[7]

한편 일본의 최후통첩을 접하자 궁지에 몰린 것은 원세개였다. 조선에서 '원대인'으로 군림해 왔지만, 정작 최후통첩에 직면하자 부하 당소의에게 자신의 일을 떠맡기고, 천진으로 재빨리 탈출하였다.(6.17/7.19)

그로부터 일주일 뒤 일본군은 풍도 앞바다의 청국 군함 제원호(濟遠

---

7 강창일, 「동학농민전쟁과 일본의 동향」, 『한국사론』 41·42, 1999.

號), 광을호(廣乙號)를 기습하여 타격을 입히고, 청국군사를 싣고 이동하던 영국의 수송선 고승호(高陞號)를 격침시켰다. 수천의 청국군이 황해에서 수장되었다. 청일전쟁의 발발이었다.

일본이 전쟁을 선포한 것은 8일 뒤(7.1/8.1)였다. 전투는 아산, 성환을 거쳐 평양, 요동반도, 산동반도로 확대되어 갔다. 이를 정리하면 풍도해전(7.25), 성환전투(7.29)를 거쳐, 이어진 해상과 육지의 전투가 평양전투(9.16), 황해해전(9.17), 압록강전투(10.24), 요동반도전투(11.6~11.21), 산동반도 웨이하이웨이 점령(1895.2.17), 전장태(田庄台)전투(1895년 3월) 등이 그것이다.

그 과정에서 이홍장이 건설한 청국의 북양함대, 여순의 요새가 속속 일본군에게 점령되었다. 청국군과 민간인 수만 명이 여순 등지에서 도륙을 당하였다.[8] 전쟁을 피하려던 소극적인 청국과 집요하게 달려들던 일본 쪽의 '하늘과 땅 같은 차이'였다.

전투는 성환과 황해에서처럼 일본군의 일방적 승리였다. 청국 내부에서 주전론과 주화론이 대립한 가운데 조선에서는 청군이 제대로 싸움도 못해보고 패해갔다.[9] 청국의 북양함대는 일본 해군에게 허망하게 패전하여 역사무대에서 퇴장하는 운명을 맞게 되었다.

청일전쟁은 청국의 전권 이홍장과 일본의 전권 이토 히로부미 사이에 체결된 시모노세키조약(下關條約, 馬關條約: 1895.4.17.)으로 막을 내렸다.[10]

---

8 제임스 앨런 지음, 손나경·김대륜 옮김, 『미 외교관 부인이 만난 명성황후·영국 선원 앨런의 청일전쟁 비망록』, 살림, 107~234쪽.

9 劉文明, 『西方人親歷和講述的 甲午戰爭』, 浙江大學出版社, 2015, pp.1~66; James Allen, *Under the Dragon Flag: My Experiences in the Chino-Japanese War*, London: William Heinemann, 1898 등을 참조.

10 제1조에서 '청국은 조선의 완전무결한 자주독립을 인정한다.'고 하였다. 기타 조항에는 대만과 요동반도 할양, 배상금 2억 냥 지불 등이 있었다.

청국은 '조선의 자주독립국'임을 확인함과 동시에 요동반도, 대만, 팽호도를 일본에게 할양하고, 전쟁 배상금 2억 냥(3억 엔)을 일본에게 지불한다는 것이 주요 내용이었다. 이것이 일본에게 지니는 의미는 만주의 교두보 확보와 함께 청국을 대신한 일본의 조선 지배와 다름없었다.

청국은 왜 그렇게 허망하게 패하였나. 청일전쟁 전쟁 당시 청군의 무질서, 일방적 패주에 대해서는 제3국인과 기자들의 목격담에 잘 드러난다. 보급의 불균형으로 청군은 막대한 인력과 장비에도 불구하고 제 기능을 발휘하지 못하였다. 게다가 서태후의 사치와 낭비 등은 관료의 부패와 더불어 군대의 사기와 질서를 무너뜨렸다. 그 결과 청국은 붕괴가 더욱 가속되었다.

고종 시대의 조선은 바로 그런 무력한 제국 청국의 간섭에 의해 근대화 추진 동력이 제대로 가동되기 어려웠다. 그러므로 일본의 승리로 청국이 조선에 대해 과거와 같은 간섭을 할 수 없게 된 사실은 한편으로는 조선과 고종에게 축복일 수도 있었다.

그러나 청국이 물러간 그 자리를 대신한 것은 조선의 보호자를 자임하려는 일본이었다. 일본의 조급성과 폭력성은 메이지 유신 이후의 근대화에도 불구하고 낙후한 청국보다 오히려 무지막지하였다. 이후 조선에서 전개된 무지막지한 사태는 '문명개화'의 아시아 모델로 찬양받던 일본제국의 양면성을 입증하고도 남는다.

삼국간섭 직후 조선 정국의 변화
– '인아거일책'의 성격

청·일 양국군의 전투가 만주로 확장되자 러시아는 일본의 목표가 자국이 건설 중인 시베리아횡단철도를 향해 있음을 깨달았다. 러시아 당국은 전황을 주시하며 대응책 마련에 부심하였다. 급기야 일본이 요동반도를 할양했다는 소식이 알려지자 러시아는 즉각 행동을 개시하였다. 그 결과가 러시아 주도의 삼국간섭(三國干涉)이다.

1895년 4월 23일(양) 동경 주재 러시아, 프랑스, 독일 3국의 공사는 일본외무성에 출두하여 각기 각서를 전하였다. '일본의 요동반도 점유는 청국의 수도 북경을 위협할 뿐만 아니라 조선의 자주독립을 유명무실하게 하여 장래 동양의 영원한 평화에 장애를 줄 것이므로 요동반도의 영유를 방기할 것을 정중히 권고한다'는 내용이었다. 3국의 압력에 처한 일본은 영, 미, 이탈리아 등에 협력을 청하였지만, 어느 나라도 응하지 않았다. 동맹국도 없이 국제적으로 고립무원했던 일본은 결국 3국의 압력에 굴복하였다.[11]

일본의 요동반도 반환 소식이 알려지자 조선 내의 분위기가 일변하였다. 먼저 서울 주재 서양 각국 공사가 일본 공사 이노우에(井上馨)에게 압력을 가하며, 그의 독주에 제동을 걸었고, 궁정에서도 고종과 민왕

---

11 外務省 編, 「露佛獨三國遼東半島還付勸告」, 『日本外交文書竝主要文書』上, 東京:原書房, 1965, 169~170쪽을 참고.

후가 이노우에의 행태에 정면으로 도전하였다. 그동안 추진해 온 일본의 대조선 정책, 요컨대 조선 보호국화 기도를 포기하라는 뜻이었다.[12] 학계에 잘 알려진 왕비의 '인아거일책(引俄拒日策)'이란 사실은 삼국간섭에 발 맞춘 서울 주재 3국 공사와 조선 궁중의 공동 대응이기도 하였다.

이 시기 일본 내각은 요동반도 환부건과 조선 내의 사태 변화로 비상이 걸린 듯했다. 내각회의가 거듭되었고(6.4), 조선에서 아무 일도 할 수 없게 된 이노우에는 휴가를 청하여 동경으로 돌아갔다(6.7 서울 출발, 6.20, 요코하마 도착).

이노우에가 서울을 떠나기 직전 열린 송별연에서 김홍집(내각 총리)은 '귀로에 태풍이 없기를 바랍니다.' 하자 이노우에는 '그대들이나 조정에서 태풍을 맞지 않기를 바랍니다.'라고 묘한 대꾸를 하였다.[13] 그로부터 한 달 뒤 서울에서 터진 사건이 이른바 '박영효반역음모사건'이었다. 박영효가 고종을 폐위하려 한다는 소문을 낸 자는 일본인이었다. 경악한 고종이 체포령을 내리자, 박영효는 변호할 기회도 없이 일본으로 탈출하였다.(7월 6일)[14]

미국 공사는 이 사건의 배후를 고종과 박영효 사이를 이간하려던 이노우에로 보았다. 이노우에는 갑신정변 이후 해외에 망명한 박영효를 귀국시켜(1894. 12) 왕실과 대원군, 김홍집과 박영효 등의 관계를 조종하며 내정 장악을 꾀하였다. 조정 대신들의 반발에도 불구하고 이노우에는 박영효를 총리로 내세워 조선 보호국화에 이용하려 하였다.

---

12 이민원, 『명성황후시해와 아관파천』, 국학자료원, 2002, 40~46쪽.
13 이민원 역, 『국역 윤치호영문일기』 3, 국사편찬위원회, 2015, 63~67쪽을 참조.
14 이민원, 『명성황후시해와 아관파천』, 국학자료원, 2002, 57~65쪽.

그러나 이노우에의 목표를 간파한 박영효는 오히려 고종과 왕비에게 충성을 보였다. 내정개혁을 명분으로 왕실과 내각, 내각인사들 상호간을 분리, 조종하려던 이노우에의 공작은 조정 내외의 반일적 대응으로 무너지고 있었다.

미국 공사 시일(J. M. B. Sill)은 '박영효는 일본의 지원에 의해 조선의 실권자가 되었지만 속마음은 조선인이다. 그와 최근의 일본인 지원자들과의 관계는 사실상 깨어졌다'고 보고하였다.[15]

한편 동경에 도착한 이노우에는 자신의 후임으로 예비역 중장 미우라 고로(三浦梧樓)를 추천하는 한편, 내각회의에 참석하여 조선에 500만 엔의 기증금을 제공할 것을 건의하였다. 이후 조선에 부임한 미우라는 일본의 공권력을 동원해 조선의 왕후[16]를 시해하게 된다.

미우라를 조선에 파견하기로 결정한 핵심 인물은 누구일까. 이토 히로부미는 이노우에가 추천하여 받아들인 것이라고 하였다.(『伊藤博文傳』) 이노우에는 어디까지나 이토가 결정한 일이라고 하였다.(『世外井上公傳』) 미우라 자신은 이토와 이노우에가 거듭 사양하는 자신을 밀어내듯 조선으로 보냈다고 하였다.(『觀樹將軍回顧錄』) 3인 각자 미우라의 서울 부임이 자신의 결단은 아니라고 발뺌하는 모습을 보이고 있다.

내각 총리 이토는 당시의 조선 정국을 어떻게 보고 있었을까. '종래처럼 조선의 개혁을 추진한다면 러시아의 방해를 받을 것이고, 중단한다면 일청전쟁은 전혀 그 의의를 상실하는 동시에 도리어 러시아에게 조선을 엿볼 수 있는 기회까지 허용할 우려가 있어 난처하다.'[17] 하였

---

15 Sill to Uhl, No.120, Jun. 7, 1895, *DUSMK*.
16 갑오개혁 당시인 1894년 말 왕실의 호칭을 변경하여 왕비 → 왕후, 전하 → 폐하, 저하 → 전하 등으로 바꾸었다.
17 春畝公追頌會, 『伊藤博文傳』下, 東京: 原書房, 1975, 274쪽.

다. 이 무렵 서울에서는 고종과 왕후는 물론, 대원군까지도 러시아공사에게 도움을 요청하고 있다는 소문이 있었다.[18]

일본은 왜 조선왕후를 표적으로 삼았을까. 서울 주재 일본신문사(한성신보사)의 기자 고바야카와 히데오(小早川秀雄)는 그 배경을 이렇게 묘사하였다.

> 청일전쟁을 도발한 의도에 비추어 보나 거액의 전비를 쓰고 자국 청년들을 희생시킨 점에 비추어 보나 또한 장래의 평화와 일본제국의 영원한 안위를 생각할 때 러시아 세력의 신장을 방임할 수 없으니…비상한 수단으로 조·러 관계를 차단하는 것 외에 방법이 없다. 즉 러시아와 왕실이 굳게 악수하며 호응하고 온갖 음모를 다 함에는 일도양단!…환언하면 왕실의 중심이요 대표적 인물인 왕후를 제거하여 러시아가 결탁할 상대를 없애는 것 외에 더 좋은 대책이 없다.(『閔后殂落事件』)[19]

일본이 처한 내외 위기를 벗어나기 위해서는 조선 내 반일세력의 핵심이자 러시아의 연결고리인 왕후를 제거해야 한다는 주장이다. 이토를 이 사건에서 배제할 수 없는 이유이다

여기서 다시 주목할 것은 일본 정계의 원로이자 전임 일본 공사였던 이노우에의 행적이다. 서울로 돌아온(7월 하순) 그는 종래의 위압적 자세를 전환하여, 일본정부가 조선에 300만 엔을 기증하려 한다고 하며 고종과 왕후에게 접근하였다.

후임자인 미우라가 부임(공식임명: 8. 17, 서울 도착: 9. 1)한 뒤로도 그는 업무인계를 명목으로 17일 동안 일본공사관에 머물렀다. 이노우에가 서

---

18 이민원 역, 『국역 윤치호영문일기』 3, 국사편찬위원회, 2015, 47쪽.
19 조덕송 역, 『閔妃弑害記』, 범문사, 1965, 34~36쪽.

울을 떠난 것은 9월 17일, 인천에서 4일간 더 머물다가 일본으로 향했으니(9.21) 왕후를 시해하기 불과 17일 전이다. 그리고 그가 떠난 직후부터 서울에는 왕후제거설이 나돌기 시작하였다.

경회루의 마지막 연회
- 개국기원절 행사

1895년 9월 4일 밤, 서울의 경복궁에서는 성대한 연회가 열렸다. 고종과 문무관료, 각국의 외교관 외에도 조선 왕후(1897년 명성황후 추존)와 상궁과 나인 등 궁중의 여성들과 동서양 각국 외교관의 부인들이 자리하고 있었다. 장소는 궁의 서쪽에 위치한 경회루였다. 이날 고종은 다음과 같이 내외 인사들에게 언급하였다.

> 생각건대, 하늘이 우리 종묘사직(宗廟社稷)을 도운 결과 나라의 운수가 장구하여 경사스러운 개국 기원 503년이 되는 명절을 맞이하였으니 기쁨과 축하하는 마음은 여느 해보다 특별하다. 이로써 연회를 열어 조정의 신하들과 외국 사절을 한 대청에 모아 놓고 축하하는 술잔을 함께 들어 널리 경축하는 뜻을 보이니 이것도 드물게 있는 성대한 일이다.[20]

위에서 보듯이 이 연회는 조선조 5백 년 역사에서 처음 열리는 개국기

---

20 『고종실록』 고종 32년 을미 7월 16일(음력).

원절(開國紀元節) 행사였다.[21] 1895년은 조선이 건국한 지 503주년, 임진왜란 303주년이 되는 해였다.

고종은 조선을 건국한 태조와 역대 군주들을 회상하며 그동안 억눌린 조정의 분위기를 떨쳐버리고, 자주독립의 결의를 보여주고자 하였다. 그 자리에는 조정 대신들 부부와 서울 주재 각국 외교 사절 부부 외에도 각국의 통역관과 내시, 상궁, 무희와 악사, 소리꾼 등이 있었다.

그 외에도 고종에게는 절절한 감동이 있었다. 일본이 '의전(義戰)'을 명분으로 전쟁을 일으켜 조선보호국화를 기도하다가[22] 삼국간섭으로 좌절된 뒤였다. 고종은 조선이 일본의 압박에서도 벗어났다고 여겼다. 말하자면 청국과 일본의 간섭에서 벗어난 것을 자축하고 조선이 자주독립국임을 내외 인사들에게 보여주려는 일종의 자축 행사였다.

이처럼 경회루의 연회는 청일전쟁 이래 반전을 거듭한 끝에 조선 조정이 잠시 안정을 맞아 열게 된 조선 건국 및 임란 극복 기념 축하연이었던 것이다. 동시에 개항 이래 고종이 추구해 온 청국으로부터의 자주독립과 일본의 보호국화 기도 탈피를 자축하는 행사였다.

이때의 분위기를 윤치호는 이렇게 기록하고 있다.

> 지난 며칠 동안 내렸던 비가 다행히 왕조창건 기념행사에 맞춰 멈췄다.
> 일주일 동안 준비한 결과 하궁(夏宮, 경회루)은 온갖 등으로 장식된 매

---

21 개국(開國)의 연호는 처음 쓴 것은 1876년 일본과 수호조약을 체결할 때였다. 이때 조선에서는 '대조선국 개국(開國) 485년 병자년(1876) 2월 2일', 일본에서는 '대일본국 기원 2536년 메이지(明治) 9년 2월 26일'으로 표기하였다. 이후 1894년 7월 1일 공문서에 개국기년을 사용토록 하였다.(『고종실록』 32권, 고종 31년 7월 1일)

22 일본의 조선 '보호국화'작업은 유영익, 『甲午更張研究』, 일조각, 1990, 22~87쪽을 참조.

우 깔끔한 모습으로 바뀌었다. 오후 3시에 폐하가 외교단 일행을 접견했다. 5시에 왕후는 외국 공사의 부인들과 조선의 대신과 협판의 부인들을 접견했다. (중략) 오후 8시에 경회루에서 만찬이 베풀어졌는데, 일본·청·조선 그리고 서양풍의 등이 아름답게 어우러져 있었다. 그 큰 누각은 병풍을 이용해 두 칸으로 나뉘어 있었다. 큰 쪽은 조선과 외국의 신사들이 차지하고 있었고, 작은 쪽은 부인들이 몰려있었다. 예정된 시간에 폐하가 짧은 연설로 축하연을 시작했다. 그리고 나서 폐하는 자리를 물러나 하객들이 축하연을 편안히 즐기도록 했다. 여성이 모여 있는 방에서는 왕후도 그렇게 했다. 모두가 연회를 즐겼다. 연회의 무용·음악·노래 등은 모두 조선식이었다. (중략) 밤 12시에 축하연이 끝났다.[23]

이것이 경회루에서 열린 조선의 마지막 연회였다. 그날 여성들이 자리한 곳에서 조선 왕후가 어떤 이야기를 했는지는 자세한 기록이 없어 알 수 없다. 대체로 고종의 축사와 비슷했으리라고 생각된다. 그리고 그 내용은 일본 공사에게 그대로 전달되었을 것이 분명하다. 1896년 8월 25일 프랑스에 머물고 있던 윤치호는 이렇게 기록하고 있다.[24]

조선 달력을 보고 1년 전 어제 조선 국왕과 왕후가 경회루에서 외국 사절과 조선의 고위관료에게 큰 연회를 베풀어 준 것이 기억났다. 그로부터 단지 1년인데 왕후는 어디에 계신가? 그 정도 시간 사이에 어떠한 비극 아니 어떠한 일련의 비극이 일어났던가! 매우 고통스러우나 뚜렷한 기억 속에 여러 가지 장식과 등이 걸려있는 궁, 온갖 종류의 산해진미가 담겨있는 기다란 식탁, 온유한 모습을 띤 국왕, 만면에 미소를 짓고 있는 왕후, 다소곳한 모습의 궁녀들 그리고 훌륭한 품성의 귀빈들을 볼 수

23 국사편찬위원회 편, 『윤치호일기』 4, 탐구당, 1975, 60~61쪽.
24 국사편찬위원회 편, 『윤치호일기』 4, 탐구당, 1975, 280~282쪽.

있다. 그날 밤 달은 밝았다. 그날 밤 베베르 부인은 국왕 부처가 더 이상 고난이 없기를 기원했다. 그날 밤 술에 취한 일본 영사[25]가 왕후와 궁녀들이 자리하고 있는 누각을 곧장 가로질러 갔다. 그날 밤 나의 아내도 거기 있었다. 그날 밤-오! 모든 것이 너무 밝았고, 행복했다. 불과 한 달 뒤 (왕후는) 더 이상 존재하지 않게 되었다. 인생은 일장춘몽이다: 흔히 그것은 악몽이다!

일본군의 경복궁 재습격과
조선 왕후 시해

경회루에서 연회가 열린 때로부터 한 달여 뒤 조선의 왕후는 더 이상 이 세상에 존재하지 않게 되었다. 그날 연회 자리에 참석했던 여러 인사들 중 이경직(사건 당시 궁내부대신), 홍계훈(훈련대 연대장) 등은 물론, 궁중에서 왕후를 시중들던 몇몇 궁녀들도 마찬가지였다.

사건이 발생한 것은 1895년 10월 8일 새벽. 그날 경복궁 건청궁에서는 동서고금의 역사에서 볼 수 없는 참극이 벌어지고 있었다. 서울 주재 일본 공사 미우라 고로(三浦梧樓)의 지휘 아래 일본군 수비대, 일본공사관원, 일본영사경찰, 일인신문기자와 기타 폭도들이 경복궁을 기습하여 왕후(1897년 명성황후로 추존)를 살해하고 시신을 불태워 버린 것이다.

---

25 당시의 일본영사는 우치다 사다츠지(內田定槌)였다. 그는 명성황후시해 직후 현장의 구체적인 내용까지 본국에 보고한 바 있다.

그날 새벽 일본 측은 공덕동의 아소정(我笑亭)에 머물고 있던 흥선대원군을 납치하여 가마에 태운채 경복궁을 쳐들어 갔다. 이 같은 형태로 자행된 일본군의 경복궁 습격은 전년도에도 있었다. 모두 흥선대원군의 쿠데타로 위장한 습격이었다. 다만, 그때는 조선의 병사들만 희생되었지만, 이번에는 훈련대 연대장과 병사들, 왕후와 대신, 궁녀들까지 피살되었다.

당일 새벽 병력이 이동한다는 급보를 접하고 가장 먼저 광화문 앞으로 달려간 것은 훈련대 연대장 홍계훈이었다. 그는 광화문 앞에서 일본군 교관에 이끌려 들어가던 조선군 훈련대를 막아서서 호령하며 이들의 진입을 정지시켰다. 바로 이때 일본군 장교가 칼을 빼들고 공격해왔고, 홍계훈이 이에 맞대응하자 광화문 옆 초소에 숨어있던 일본군이 일제 사격을 하여 그를 쓰러뜨렸다. 그는 9발의 실탄에 피격되었으나 다음날까지 의식은 남아있었다.

경복궁에서는 숙위 중이던 시위대의 미국인 교관 다이 장군(William McEntyre Dye, 茶伊)[26]과 시위대 연대장 현흥택의 지휘하에 비상 소집된 300~400명의 조선군 시위대 병사가 저항하였다. 그러나 무기의 열세로 곧 무너졌다. 이후 일본군이 경복궁의 후원으로 진격하여 건청궁을 포위하였고, 왕후의 거처인 곤녕합과 옥호루에서는 사복차림의 폭도들이 만행을 자행하였다. 이때 일본군 보초가 사방의 출입구를 봉쇄하였고, 사복차림을 한 일본인(오카모토 류노스케, 岡本 柳之助)이 현장을 지휘하는 가운데 일본군 장교 2명이 보조하였다.

영국 영사 힐리어(Walter C. Hillier)는 사건의 현장을 이렇게 보고하였다.

---

26 고종이 청일전쟁 직후 궁내부고문관(宮內府顧問官)으로 발탁하였다. 러시아인 건축가 사바친도 이때 고종이 고용하여 궁중에 배치하였다.

건청궁 앞뒷문을 통해 일본군 엄호 아래 침입한 민간인 복장의 일본인들을 한 무리의 (조선군 복장) 군인들과 일본인 장교·사병들이 경비를 서 주었다. 그들은 곧바로 왕과 왕후의 처소로 가서 몇몇은 왕과 왕태자의 측근들을 붙잡았고, 다른 자들은 왕후의 침실로 향하였다. 궁내에 있던 궁내부대신 이경직은 서둘러 왕후에게 급보를 알렸고, 왕후와 궁녀들은 잠자리에서 뛰쳐나와 은신하려던 순간이었다. 그때 자객들이 달려들자 궁내부 대신은 왕후를 보호하려고 두 팔을 벌려 앞을 막아섰다. 폭도 중 하나가 왕후를 수색하기 위해 왕후의 사진을 갖고 있었던 데다가 그의 보호행위는 자객들에게 (왕후를 알아볼: 역자) 단서가 되었다. 궁내부 대신은 그들의 칼날에 두 팔목을 잘리는 등 중상을 입고 쓰러져 유혈이 낭자한 채 죽었다. 왕후는 뜰 아래로 뛰어나갔지만 붙잡혀 넘어뜨려졌고, 자객들은 수차례 왕후의 가슴을 짓밟으며 거듭 찔렀다. 실수가 없도록 확실히 하기 위해 왕후와 용모가 비슷한 여러 궁녀들도 살해되었다. 이때 의녀가 앞으로 나서서 손수건으로 (얼굴을 하늘로 향한 상태로 절명한: 역자) 왕후의 얼굴을 덮어주었다. 한둘의 시신이 숲에서 불태워졌지만, 나머지 시신은 궁궐 밖으로 옮겨졌다.[27]

한편 미국공사관 측에서는 10월 10일자로 이렇게 국무부에 보고하였다.

옥호루에서 궁녀들과 함께 피신해 있던 왕후는 바로 앞에서 이경직(궁내부대신: 역자)이 칼을 맞고 쓰러지는 순간, 마루로 뛰쳐나갔다. 그러나 몇 걸음 못 가서 뒤쫓아 나온 자객들에게 잡혀 쓰러졌고, 곧이어 만행이 자행되었다. 그 패거리들은 다시 방에 들어가 왕후와 용모가 비슷한 궁녀들을 골라 살해하였다. 확인 살해였다. 이때 거의 절명 상태에 있던

---

27 이민원, 『명성황후시해와 아관파천』, 국학자료원, 2002, 91쪽. 건청궁의 비극 관련 부분은 이 책의 27~107쪽을 참조 바람.

왕후가 의식을 되찾아 실낱 같은 목소리로 왕태자를 불렀다. 왕태자가
안전한가를 묻는 것이었다. 그러자 안에서 이 목소리를 들은 자객들이
달려 나와 다시 왕후를 짓밟고 거듭 칼로 찔렀다. 그리고 방안의 궁녀들
을 하나하나 끌고 나와 왕후의 시신 여부를 확인하였다.[28]

이상 영국, 미국 외교관의 보고는 일치되는 내용이다. 제정 러시아
당시의 운테르베르게르 장군의 메모(『20세기 여명기 러시아와 일본』)에는 이
보다 더 참혹한 내막이 등장한다.

왕후는 자상(刺傷)을 입었으며, 죽은 사람처럼 넘어졌다. 그리고 왕후를
나무판 위에 눕혔으며, 담요를 감싸서 궁궐에서 나갔다. 얼마 안 있어
바로 그곳으로부터 가장 가까운 공원으로 운반한 후, 그곳에서 왕후의
몸 위에 자잘한 불쏘시개를 던졌다. 그러고는 온 몸에 등유를 부어 태워
버렸다. 비록 부상을 입었지만, 살아있던 왕후를 불살라버린 것이다. 왕
후는 고통 속에서 머리와 팔을 땅 속에 묻어 불을 피하려 하였다.[29]

이상의 사태는 새벽 5시에서 5시 45분 사이였다. 사태가 일단락되자
폭도들은 왕후의 침실까지 약탈한 뒤, 유유히 광화문을 빠져나갔다.[30]
일본 공사 미우라는 그날 아침 고종의 요청에 응한 형식으로 입궐
했으나(6시경), 즉시 사태 은폐를 진행하였다. 고종을 핍박하여 신내각
을 조각하게 하고, 왕후가 궁궐을 탈출한 것처럼 꾸미며, 왕후의 폐서인
(廢庶人) 조칙을 강요하였다. 이어서 사건을 조선군 훈련대와 순검의 충

---

28 이민원, 『명성황후시해와 아관파천』, 국학자료원, 2002, 93~94쪽.
29 박 보리스 드미트리예비치 지음, 민경현 옮김, 『러시아와 한국』, 동북아역사
재단, 2010, 422쪽.
30 이민원, 『명성황후시해와 아관파천』, 국학자료원, 2002, 95~107쪽을 참조.

돌로 날조하였다. 다음날 일본공사관 측은 훈련대를 엄벌할 것과 일본인이 가담하였다는 '소문'의 사실 여부를 규명해달라는 식의 위장공문을 외부에 보내, 이를 조선 외부에서 부정하는 내용의 날조된 공문까지 확보해 두었다.

그러나 사건의 진상은 서양 외교관들에 의해 바로 당일부터 폭로되었다. 그날 오후 3시 베베르 등 열국외교관들은 일본공사관으로 몰려가 미우라에게 일본군의 개입에 대한 진상을 추궁하였다. 그러나 미우라는 일본의 군과 민은 한 사람도 가담하지 않았으며, 일본인 옷이나 일본군 복장을 즐겨 입으려는 조선인들이 자행한 일이라면서 항상 믿을 수 없는 말을 퍼트리는 조선인들을 당신들은 믿느냐고 역질문을 하였다.

열국공사들은 이 증언은 조선인들뿐만이 아니라 미국인 교관 다이와 러시아인 사바친이 했고, 우리가 경복궁에 들어설 때 칼 차고 산만한 차림으로 나오는 일본인들을 직접 목격했다고 반박했다. 궁지에 몰린 미우라는 더 조사해보아야 알 일이라고 하면서 더 이상 언급을 피하였다. 결국 이 사건은 알렌(미국공사관 서기관 겸 공사대리), 힐리어, 베베르 등 주한외교관들의 보고와 뉴욕 헤럴드(New York Herald)의 특파원 코커릴(John A. Cockerill) 등에 의해 국제사회에 널리 알려지게 되었다.

한편, 궁중에서 왕후가 비극적 운명을 맞은 데다가 얼마 후 단발령이 공포되자, 조선의 전국은 벌집을 쑤신 듯 소란하게 되었다. 지방각지의 유생들이 '국모 시해 사건'에 분노하여 항일의병을 일으켰고, 최익현 등은 '내 목을 자를지언정 내 머리칼은 훼손할 수 없다'고 항거하였다. 19세기 말의 을미의병이 그것이다.

춘생문사건
– 실패한 고종 구출기도

왕후 시해 직후 고종은 다시 경복궁에 연금된 처지가 되었다. 건청궁에서 운명한 이경직을 이어 궁내부 대신에 임명된 사람은 흥선대원군의 큰 아들이자 고종의 형인 이재면이었다. 그런데 이재면 역시 사건 당일 영문을 모른 채 궁으로 납치되어 왔었다. 이후 그는 감시자들로 인해 고종과의 대화도 자유롭지 못하였다. 알렌과 힐리어 등 열국 외교관들이 이재면을 만나 간단한 이야기를 나누어 본 결과 경복궁의 내부 분위기는 공포 그 자체였다.[31]

사건 현장을 폭로한 다이와 사바친 등 미국과 러시아인들은 회유와 협박을 받고, 사건 현장에 가까이 있었던 시위대 연대장 현흥택과 궁녀들은 생명의 위협을 피해 미국공사관으로 피신해야 했다. 이런 궁중 내외의 공포는 어떤 사태로 비화될지 알 수 없었다.

이런 상황에서 고종을 궁 밖으로 탈출시키려는 시도가 일어났다. 춘생문사건(春生門事件, 1895.11.28./양)이 그것이다. 시시각각 죽음의 공포가 다가오던 궁중 내의 분위기에서 고종을 경복궁 북동쪽의 춘생문을 통해 탈출시켜 조정의 위기를 벗어나려던 계획이었다.

국내외 인사가 관련된 이 사건에는 시종원경 이재순, 시종 임최수,

---

31 Allen to Olney, No.159, Seoul, 14, 1895, "Tai Won Kun Revolution,"
    DUSMK.

탁지부사계국장 김재풍, 참령 이도철, 정위 이민굉, 전의원 이충구, 중추원의관 안경수 등이 가담하였고, 이범진·이윤용·이완용·윤웅렬, 윤치호·이하영·민상호·현흥택 등이 호응하고, 친위대 소속 장교 남만리와 이규홍 이하 수십 명 장교가 가담한 것으로 드러난다.[32]

외국인으로서는 미국인 선교사 언더우드(H. G. Underwood)·에비슨(O. R. Avison), 교사 헐버트(H. B. Hulbert), 교관 다이(W. M. Dye), 그리고 미국공사관 서기관 알렌(H. N. Allen), 러시아공사 베베르(K. I. Weber) 등도 직접, 간접의 관련자로 알려져 있다.

고종이 어디로 이동하려 했는지 선명히 밝혀져 있지는 않으나, 단편 자료들을 종합해 보면, 목적지는 미국공사관 쪽으로 윤곽이 그려진다. 물론 미국 정부가 사전에 인지한 수준은 아니었고, 서기관 알렌이 이에 호응한 것으로 추정된다. 더 자세한 내막은 알 수 없지만, 고종과 측근 인사들은 러시아 보다 먼저 미국 측의 지원을 기대했음을 알 수 있다.

그러나 당시 미국무부는 조선 주재 공사가 조선의 정치 문제에 간여하는 것을 금지하고 있었다. 교육과 의료, 선교, 언론, 이민사업 등 비정치적 분야에서는 단연 미국이 압도적으로 많은 기여를 하였지만, 임오군란, 갑신정변을 거치면서 조선의 정치 문제와는 담을 쌓고 있었다. 20세기 전반까지도 그러했다. 결국 이후 고종과 측근 관료가 러시아에 군사와 재정의 지원을 모색하게 된 것은 어디까지나 미국의 무관심으로 인한 차선의 방책이었던 것이다.

---

32 洪景萬, 「春生門事件」, 『이재룡박사환력기념 한국사학논총』, 同 논총간행위원회, 1990; 이창식 외, 『이도철과 춘생문의거』, 제천문화원, 2006; 오영섭, 「고종과 춘생문사건」, 『鄕土서울』 68, 서울特別市史編纂委員會, 2006; 김영수, 「춘생문사건 주도세력 연구」, 『사림』 25, 2006 등을 참조.

춘생문사건은 왕후 시해(명성황후 시해, 1895.10.8.)와 고종의 아관파천(俄館播遷, 1896.2.11.) 사이에 위치한 사건이자 아관파천의 전 단계 사건이었다. 국왕과 나라에 대한 충정에서 비롯된 의병운동과 맥락이 같다.

그러나 사전에 기밀이 노출되어 무산되었다. 일본은 이 사건을 자국을 비난하는 국제 여론에 역공을 가할 기회로 삼았다. 일본 측은 서양의 외교관과 선교사가 가담한 점을 들어 '조선 내정에 간여하기는 일본이나 서구 열강이나 마찬가지!', '일본인의 왕후 시해 가담과 오십보 백보'라는 논리를 폈다.[33]

이후 조선 조정의 분위기는 다시 삼국간섭 이전과 같은 급박한 위기 상황으로 치닫고 있었다. 일본은 '조선 보호국화'를 거침없이 지속하고 있었던 것이다. 이 상황이 그대로 갔다면, 조선은 10년 뒤의 러일전쟁을 기다릴 필요도 없이 이때 이미 운명을 고했을 가능성이 없지 않았다. 그러나 바로 이런 위기를 벗어나게 한 사건이 얼마 후 실행된 고종의 러시아공사관 피난이다.

---

33 〈朝鮮侍衛隊王城に亂入〉(11.29, 東朝), 〈侍衛隊暴動顚末〉(11.30, 時事), 〈京城侍衛隊暴動の原因〉(11.30, 時事)(이상 『新聞集成明治編年史』9, 327~328쪽); 『尹致昊日記』4, 101·102쪽, Mckenzie, *The Tragedy of Korea*, p.77.

아관파천
- 고종의 러시아공사관 피난

　1896년 2월 11일(양) 아침, 조선의 군주 고종은 경복궁에서 정동의 러시아공사관으로 비밀리에 거처를 옮겼다.(俄館播遷)[34] 청일전쟁이 종결된 지 10개월 뒤였다.

　아관파천은 19세기 말의 한반도와 만주를 둘러싼 러·일의 경쟁, 나아가 근대 한국사에서 매우 중요한 의미를 지닌 사건이었다. 이에 대해 위기에 처한 고종의 '건곤일척의 선택'이었다는 주장이 있는 반면, '나라의 군주가 외국 공사관에 신변을 위탁한 행위는 있을 수 없는 일', 아관파천은 '친미·친러파의 고종 연행 사건', '국왕과 친미·친러파의 외세의존적 행위'라는 주장 등이 당대에는 물론, 현재까지도 이어져 온다.

　어느 쪽이든 아관파천을 국내 사건으로 보고, 러시아와 일본의 역학 구도와는 별개로 파악하고 있는 셈이다. 그러나 이 사건은 러시아 측의 개입이 없었거나, 일본이 고종과 조선 조정에 위압을 가하지 않았다면 일어나지 않았을 일이다. 요컨대 조선과 러시아, 일본의 3자 구도가 작용하지 않고는 일어날 수 없는 일이었다.

　아관파천은 어떻게 진행되었고, 이에 대한 조선, 러시아, 일본의

---

34 '上與王太子移蹕駐御于大貞洞俄國公使館, 王太后王太子妃移御于慶運宮'(『고종실록』 고종 33년 2월 11일).

관계는 어떠한 것인가.

먼저 주목할 부분은 러시아 측의 조선 상황에 대한 인식과 대응이다. 아관파천은 고종이 원했다고 해도 러시아 측이 원하지 않으면 불가능한 일이었기 때문이다.

아관파천과 러시아의 관계는 조선 현지에서 활동한 신·구임 러시아공사, 즉 스페이에르(Alexis de Speyer, 士貝耶)와 베베르의 움직임에서도 잘 엿보인다. 주한러시아공사 스페이에르가 서울에 도착한 것은 1896년 1월 8일이다. 그는 부임 도중 동경에서 주일 러시아공사 히트로보(Mikhail A. Khitrovo)와 일본 당국자들과 의견을 나누었다. 그가 만난 인물들 중에는 총리 이토와 외상 사이온지 등이 있었다. 이들은 대원군이 조선의 내정을 장악하고 있고, 일본은 조선의 독립을 존중한다고 하면서, 조선 문제에 대해 러시아와 협정 체결을 희망한다고 하였다.[35]

그런데 스페이에르가 조선에 도착해보니 사정은 전연 딴판이었다. 일본이 조선의 독립을 존중하고 있지도 않았고, 조선인은 일본에 대한 적개심이 높았다. 조선 전역에서는 의병이 봉기하고 있었는데, 이들은 일본의 만행에 분노하여 일본군 전신선을 절단하고 통신을 차단하는 등 일본군의 활동을 저지하고자 하였다. 불과 열흘 사이(1896년 2월 5일~11일)에 조선에서 피살된 일본인은 36인(여주 16인, 원산 10인, 가흥 9인, 서울 1인 등)이었다.[36]

---

35 Lensen, *op. cit.*, pp.575~580.

36 Inclosure 4 in No.16, Seoul, Feb. 22, 1896, Satow to Salisbury, No.4, Tokio, Feb.24, 1896; Hillier to Beauclerk, Inclosure 1,3 in No.33, Seoul, Feb.9, 12, 1896, *F.O.405-VIII*. 의병의 항일활동은 아관파천 이후에도 지속되고 있었다(Inclosure 1 in No. 58, Seoul, Apr.15, 1896, *F.O.405-VIII*). 이 시기 의병의 항일 활동에 대해서는 황현, 『매천야록』, 국사편찬위원회, 1955, 190~200쪽 및 김상기, 「갑오경장과 갑오·을미의병」, 『국사관논총』 36, 1992 등을 참조.

서울의 형편도 이토나 사이온지의 말과는 너무 달랐다. 우선 대원군이 권력을 장악하고 있지도 않았다. 조선의 군주 고종 역시 실권 없이 무력화된 상태였다. 그 대신 일본인 고문관들이 조선의 대신들 위에 군림하고 있었다.[37] 조선인 누구도 내정을 장악한 사람은 없었다. 스페이에르는 일본이 주장한 조선의 독립은 사기극임을 간파하였다. 그는 '일본이 조선의 독립을 존중하고 있는가.'라고 고무라 일본 공사에게 비난을 퍼부었다.

한편 일본에서는 히로시마재판소(廣島裁判所) 판결에서 왕후 시해 범죄 가담자 전원을 '증거불충분'이라 하여 무죄방면하였다. 맹랑한 판결이었다. '일본군은 상관의 명령에 따랐을 뿐이니 무죄, 일본군 장교는 일본 공사의 명에 따랐으니 역시 무죄, 미우라는 대원군의 요청에 따라 군사를 동원했으나 사태가 일단락된 뒤였으니 역시 무죄'라는 등식이었다.

일본은 국제사회의 여론에 정면 대응을 하고 있었고 조선 내각은 다시 일본에 장악되어가고 있었다. 2월 초에는 일본 공사와 접촉을 유지하고 있던 인물 조희연이 군부대신에 복귀하고 있었다.[38] 그의 내면 구상이 어떠한 것인지 정확히 파악하기는 어렵지만, 적어도 조정 내외의 인물 중 간접적이나마 왕후 시해에 가장 깊이 연루된 조선 측 인물이었다.

스페이에르와 베베르는 긴급 대책을 논의하였다. 러시아 당국의 목표는 조선에서 일본의 영향력을 제거하는 것이니, 조선의 분위기로 보아 조선의 반일파를 지원하자는 쪽으로 가닥을 잡았다. 이 계획에는

---

37 이때 스페이어는 小村에게 일본이 주장해 온 조선의 독립은 하나의 사기극임을 힐난하였다(Hillier to Beauclerk, Inclosure 1 in No.1, Seoul, Feb.8, 1896, F.O.405-VIII).

38 『舊韓國官報』 建陽 元年 1月 30日 〈號外; 『윤치호일기』의 1895년 11월-1896년 1월 사이의 기록을 참조(『윤치호일기』 4, 84~135쪽). 조희연의 인물에 대해서는 유영익, 『甲午更張研究』, 일조각, 1990, 111~113쪽을 참조.

조선 측의 호응과 러시아 당국의 내락이 있어야 했다. 그런데 이 두 가지 조건이 1월 초에 갖추어지고 있었다.

첫째, 조선 국왕 고종은 이범진을 통해 현재의 불안한 처지와 러시아의 지원을 호소하는 메모를 은밀히 전하였다. 1월 중순에는 두 러시아공사가 고종을 방문하였다. 이들이 알현을 마치고 돌아가는 순간, 고종이 직접 스페이에르에게 쪽지를 주머니에 넣어 주었다.(1.12).[39] 현 상황 타개를 위해 러시아의 개입을 바라는 고종의 요청이었다.

둘째, 러시아 당국의 반응이다. 고종의 구원 요청을 받은 스페이에르는 러시아 본국에 타전하였다(1.22).[40] 그러자 러시아 당국은 '조선의 현 정부를 전복하는 것이 갖는 의미와 이 목적의 수행을 위한 수단이 무엇인가를 유념하라'고 회답하였다.(1.23).

당시 일본은 왕후 시해 관련 범죄자들을 무죄방면한 직후였다(1.20).[41] 일본 언론의 보도도 히로시마 재판소의 논리를 홍보하고 있었다. 일본의 무장 폭도들이 조선에 돌아올 것이라는 소문이 돌았고, 전국을 떠돌아다니는 일본인 부랑배는 지방민에게 기고만장하게 비쳤다. 조만간 일본인이 고종과 왕태자를 살해하고, 대원군의 손자 이준용을 옹립하려 한다는 뜬소문도 돌았다. 다른 한편 이준용과 의화군을 일본에 '유학'시키려 한다는 소문도 있었다.

---

39 이범진은 왕후 시해 사건 직후 러시아군함을 타고 망명한 것으로 알려지나, 힐리어는 10월 8일 이래 러시아 공사관에 은신해 있었다고 주장한다.(Hillier to Beauclerk, Inclosure 3 in No.2, Seoul, Feb. 12, 1896, *F. O. 405-VIII*).

40 Lensen, *ibid.*, p.580.

41 일본 언론의 선동적 보도로는 "Aquittal of the Officers Arreested in Connection with the Korean Trouble of October 8th", *The Japan Daily Mail*, Jan. 20, 1896, Yokohama;『時事新報』1896年 1月 23日,〈閔妃謀殺事件の豫審終結す：三浦以下四十八名無罪放免〉등을 참조.

이들 내용은 고종의 불안감을 고조시키는 동시에 흥선대원군을 겨냥한 압박이었다. 이준용의 '일본유학'은 의화군의 '일본유학'이나 마찬가지로 일본의 인질로 전락하는 것을 뜻했다.[42] 장손 이준용을 아끼던 흥선대원군의 입에 재갈을 물리려는 것이었다. 의화군의 일본 유학도 고종에게 똑같이 해당하는 조치였다. 이에 흥선대원군은 물론, 고종도 이들의 '유학'을 극력 반대하였다.

이 시점에 '폭도'가 서울을 공격하리라는 소문도 나돌았다.[43] 고종과 주변 인사들의 불안감은 더욱 고조되고 있었다. 이때 고종의 처소를 러시아공사관으로 옮기자는 아이디어를 낸 것은 이범진이었다. 이범진은 고종의 신변이 극히 위험하다고 러시아공사관 측에 전하였고, 두 공사는 대책을 숙의하였다. 이들은 그런 조치가 러시아 당국에 불리하지 않으리라 판단하고, 스페이에르는 본국의 승인을 요청하였다. 니콜라이 2세는 즉각 러시아군함의 인천 입항을 명하여 만일의 사태에 대비하게 하였다.(2.2).[44]

러시아의 지원 의향을 확인한 고종은 스페이에르에게 감사한다는 뜻을 전하였고,(2.3) 이후 고종의 탈출을 위한 구체적 작업이 진행되었다. 마침내 2월 7일 스페이에르는 고종에게 준비가 완료되었음을 알리면서, 인천의 러시아 제독에게 수병을 입경시키도록 조치하였다.

2월 10일 러시아장교 4명과 수병 100명이 인천을 떠나 러시아공사관 보호를 명목으로 야포 한대를 이끌고 서울에 들어왔다.[45] 그 다음날 새벽

---

42 Satow to Salisbury, No.3, Tokio, Feb.20, 1896, *F.O.405-VIII*.
43 Hillier to Beauclerk, Inclosure 1, 3 in No.33, Seoul, Feb.9, 12, 1896, *F.O.405-VIII*.
44 *Ibid.*, p.583; Hillier to Beauclerk, Inclosure 3 in No.2, Seoul, Feb. 12, 1896, *F.O.405-VIII*.
45 영국영사는 윌킨슨(Wilkinson, 인천 주재 副領事)의 보고를 근거로 장교 4명

고종과 왕태자는 궁녀의 가마를 타고 경복궁을 탈출하는데 성공, 7시경 러시아공사관 후문에 도착하였다.[46] 고종이 러시아공사관에 도착한 순간, 러시아공사관 주변에 운집해 있던 조선의 보부상들이 환호하였다.[47]

아관파천은 조·러 양측의 합작이었다. 고종의 구원 요청, 조선 상황에 대한 신구임 러시아공사의 보고, 러시아당국의 재량권 부여가 있었다. 조선에서는 충군애국을 주창하던 의병과 보부상 집단이 궁중의 인사들과 함께 직·간접으로 도운 일이었다.

그러나 일본의 첩자가 궁중을 넘나들던 이 시기에 서울의 현지에서 양측을 연결한 기민한 연출자가 없었다면, 이 또한 어려운 일이었다.[48] 그런 역할을 한 인물은 다름 아닌 이범진이었다. 윤치호는 이렇게 밝히고 있다.

> 이범진으로부터 편지를 전해 받았다. 자신은 내일 오전 서울을 떠나 외국의 항구-어느 항구인지는 말하지 않았다-로 갈 예정이라고 하였다. 나의 동정을 감시하는 정탐꾼 때문에 이범진을 보러 갈 수도 없다.[49] 낮 12시 반 언더우드 부인을 방문했다. 폐하가 나인의 가마를 타고 오늘 아침 7시경에 러시아 공사관으로 갔다는 사실을 확인했다. 왕태자도 함께 갔다. (중략) 이 모든 계획은 이범진의 작품이다. 러시아인은 아무도 궁 가까이 가지 않았다.[50]"

과 수병 100명이 야포 1문을 가지고 입경하였다고 보고하고 있다(Hillier to Beauclerk, Inclosure 3 in No.2, Seoul, Feb.12, 1896, F. O. 405-VIII).

46 ibid., pp.583~584. 고종의 러시아공사관 도착은 7시 30분(Hillier to Beauclerk, Inclosure 3 in No.2, Seoul, Feb.12, 1896, F. O. 405-VIII).

47 李範晋 등은 만일의 경우를 대비하여 褓負商 등을 서울로 동원한 것으로 파악된다(이현종, 앞의 논문, 159~163쪽).

48 이민원, 『명성황후시해와 아관파천』, 국학자료원, 2002, 111~128쪽.

49 국사편찬위원회 편, 『윤치호일기』 4, 1896년 2월 9일.

50 『윤치호일기』 1896년 2월 11일.

윤치호는 아관파천을 이범진의 작품으로 보았다. 더불어 "폐하가 적지를 벗어난 것은 기쁜 일이다. 11월 28일 사건(즉, 춘생문사건)[51]에 관계된 사람들이 반역자라는 누명을 벗어나게 된 것도 다행"이라고 평하였다.[52]

고종의 아관파천을 두고 '한 나라의 군주가 그럴 수 있느냐'는 비판도 있고, 국난을 극복하고자 '건곤일척'의 선택을 한 것이라는 주장도 있다. 어느 경우든 당시의 실제 상황에 대한 이해와 원인 분석보다는 당위적 명분 혹은 '주체성'을 강조하는 모습이다.

청일전쟁 이래 지속된 일본의 조선 내정 장악, 시모노세키조약, 삼국간섭, 왕후 시해로 이어진 일련의 상황은 고종은 물론 조선의 조야에 일대의 충격이자 위기였다. 고종의 러시아공사관 탈출은 일본에 의한 조선 보호국화의 위기와 함께 자신의 생명과 왕실과 조정의 위기로 인해 부득불 고종이 판단하여 선택한 비상수단이었다.

역사 속에는 국가 멸망의 위기에 자결, 망명, 항복 등 다양한 선택을 한 군주의 사례가 있다. 이때의 고종은 비상 탈출로 위기에 대응하였다. 일종의 망명인 셈이다. 고종 자신의 명예 손상, 국격의 추락은 면할 길이 없었지만, 나라가 멸망하는 것은 그보다 더한 문제였다고 보았을 것이다. 나라의 군주로서 고종에게는 견디기 어려운 치욕이었지만, 그러나 그것은 새로운 모색의 기회이기도 하였다.

---

51 고종을 경복궁에서 탈출시키려다가 실패한 전년도 연말의 '춘생문사건'을 말함.
52 『윤치호일기』 1896년 2월 11일.

제5장

고종의 대한제국 선포와
내외정책

민영환특사의 러시아 파견과
고종의 환궁

정동의 러시아공사관으로 비상 탈출한 고종은 이후 1년을 그곳에서 머물렀다. 당시 러시아공사관 주위에는 미국과 영국, 프랑스, 독일 등 각국 공사관과 영사관도 이웃해 있었다. 그 외 감리교회(현재의 정동제일감리교회), 영국성공회, 러시아정교회, 새문안교회 등 서양의 종교기관은 물론, 스크랜턴 여사의 이화학당, 아펜젤러의 배재학당 등 미국의 선교사가 세운 신식학교, 그리고 선교사, 교관, 고문 등 여러 서양인의 집이 이웃해 있었다.

이처럼 정동은 인천과 부산의 개항장 등을 제외하면 전국에서 서양인과 서양의 신문물을 가장 잘 느껴볼 수 있는 곳이었다. 말하자면 서울의 '외국인 타운' 같은 곳이었다.

러시아공사관은 이 중에서도 가장 높은 곳에 위치하여 경복궁, 경희궁은 물론, 각국 공사관과 영사관, 교회, 신식학교, 외국인과 조선인들의 가옥, 시가지 등을 굽어볼 수 있었다.

그러나 고종의 동선(動線)은 극히 제한되어 있었다. 산책이라도 할 수 있는 곳은 미국공사관과 러시아공사관 사이를 연결하는 언덕길 정도였다. 이곳에서 경계를 서던 러시아와 미국의 경비병들은 이따금 이 언덕길을 거닐며 생각에 잠긴 고종을 목도하곤 했다.

이곳에 머무는 1년 동안 고종은 무슨 생각을 하고, 어떻게 당면한 난국을 해결하고자 했을까.

아관파천 직후 새로 들어선 내각의 조치는 군주권에 제한을 가한 부분을 제거한 것 외에는 대체로 갑오개혁 당시의 흐름을 이어간 것이었다. 이때 특별히 주목되는 고종의 조치 하나는 러시아황제 니콜라이 2세의 대관식을 기회로 러시아에 사절을 파견한 일, 다른 하나는『독립신문』발간, 독립협회 창립 후원, 독립문 건립 지원 등이었다.

고종은 1896년 봄 민영환 특사를 러시아에 파견하였다. 그해 6월 모스크바에서는 니콜라이 2세의 대관식이 예정되어 있었다. 이때 청국에서는 이홍장을, 일본에서는 군부의 원로 야마가타 아리토모(山縣有朋)를 파견하여 각기 러시아와 비밀 협상을 진행하였다.

고종 역시 조선의 현안을 두고 러시아와 협상을 진행하고자 하였다. 1880년대에 몇 차례 시도하다 좌절된 조러밀약 시도의 연장이라고도 볼 수 있다.

민영환 특사 일행은 수행원 겸 통역 3명이었다. 영어는 윤치호, 러시아어는 김도일, 중국어는 한어역관 김득련이 담당하였다. 그 외 외국인 안내자로서 러시아인 쉬타인, 민영환의 개인 비서로서 손희영이 포함되어, 일행은 총 6명이었다.

당시 러시아정부의 초청을 받은 것은 근 30개 나라였다. 그중 청국에서 파견한 이홍장은 여러 명의 요리사를 포함, 수십 명의 일행을 대동하였고, 자신의 관(棺)까지 끌고 가는 진풍경을 연출하였다. 이홍장 자신은 청국을 위한 마지막 봉사라고 여겼을 법하다. 실제로 그는 로바노프(Lobanov Rostovsky) 러시아외상과 협정을 맺은 뒤 프랑스·독일·영국 등 유럽 각국을 돌아보며 귀국했다. 유럽 각국은 그를 극진히 대접하며 청국의 시장에 대한 관심을 표하였다.

조선의 사절이 서울을 출발한 것은 1896년 4월 1일(양), 이들은 인천을 떠나 모스크바로 향했다. 그런데 이들이 가는 도중에는 진풍경이 속출하였다.

윤치호는 일찍이 일본·중국·미국에 유학하였으니 서구의 '에티켓'에 익숙하여 서투를 일이 없었다. 민영환도 관직 생활을 통해 서양인들과 교유가 많았으므로 어색한 정도는 아니었다. 그러나 유가이념으로 단단히 무장하고 서양을 오랑캐 나라로 여기던 김득련에게 여행 중의 각종 일상은 매우 낯설고 불편하였다.

꾸준히 이어지는 '동방예의지국 신사'의 거동에 윤치호는 어쩔 줄 몰라했고, 김득련은 윤치호가 오랑캐 문화에 중독되어 쓸데없는 잔소리를 한다고 도끼눈을 부릅떴다.

그 외에도 긴장되는 일이 빈발하였다. 일행이 일본을 거쳐 가면서 유학 명목으로 가 있던 의화군을 방문하기도 하였다. 그러나 '묘한 상황'의 전개로 여객선 승선 시각에 겨우 귀환하는 등 우여곡절이 많았다. 나중에 모스크바에서는 조선 왕후 시해 현장의 총지휘자였던 오카모도의 동생이란 자가 자신의 신분을 밝히며 접근하여 일행을 놀라게 하였다.

일행이 이후 태평양을 건너 밴쿠버, 뉴욕을 거치고, 다시 대서양을 건너 리버풀, 런던, 플러싱, 베를린, 바르샤바 등을 거쳐 모스크바에 도착한 것은 대관식 6일 전인 5월 20일이었다. 서울을 출발한 지 근 50일 만이었다.

다음날 숙소 밖에는 태극기가 게양되었다. 역사상 처음으로 모스크바에 조선의 태극기가 휘날리게 된 날이다. 일행은 감격에 겨웠고 희망도 넘쳤다.

그러나 이후 수일 동안 일행을 몹시 고민하게 하는 일이 다가왔다.

황제 대관식은 크레믈린 궁의 우스펜스키 성당에서 거행될 예정이었다. 주최 측은 입장하는 귀족과 사절들에게 관례상 모자를 벗고 입장할 것을 요청하였다. 페르시아, 터키, 이집트, 중국 사절도 모두 식장에 입장하려면, 자국의 관습인 모자와 두건을 벗어야 했다.

민영환 등은 예행연습 중 갓을 벗으라는 요청에 난감해 하였다. 공식석상에서 갓을 벗는 것은 조선의 관습과 정반대였기 때문이다.

러시아황제 대관식이 거행되는 그날(5.26), 민영환 일행은 결국 대관식이 거행되는 성당으로 들어가지 않고, 밖에 설치된 연단 위에서 많은 러시아 군중들과 함께 대관식을 지켜보았다. 이를 지켜보던 러시아 주재 영국공사는 '조선의 사절은 러시아정부의 냉대를 받아 성당 안으로도 들어가지 못하고 초라한 모습으로 밖에서 서성였다!'고 보고하였다.

민영환이 성당 밖에서 초조하게 서성일 때 그의 고민은 대관식 참석 여부가 아니었다. 조선이 처한 현재의 난경을 어떻게 벗어날 수 있을까, 속히 환궁해서 새로운 방안을 모색해야 한다는 것은 고종이나 민영환이나 마찬가지였다.

그러나 환궁을 하려면 최소한 궁궐은 방어할 수 있어야 했다. 왕궁 앞에 포진한 5백여 명의 일본군이 언제 다시 쳐들어올지 알 수 없었다. 고종도 민영환도 당장 간절했던 것은 왕궁의 경비를 위한 정예 병력의 확보와 무장이었다.

그 다음으로 고종이 시급히 여긴 것은 국방력 강화였다. 아관파천으로 일시의 위기는 면했지만, 조선의 국방력은 너무나 취약했다. 1894년 일본군의 경복궁 습격(청일전쟁 직전)과 1895년 재차의 경복궁 습격(을미사변 당시)에서 드러나듯 조선군의 충성심은 높았지만, 이들의 전투력은 서울에 주둔한 일본군만을 상대하기에도 부족했다.

영국인 정보장교의 관찰에 따르면 조선군은 서류상 7,500명 정도였다. 그중 4,000명 정도가 실제로 기능하는 정도였고, 일부가 서울의 치안과 궁성 수비를 담당하고 있었다. 별기군 창설과 신식군대 양성의 목표가 임오군란으로 좌절된 뒤, 조선은 신식군대를 크게 증강하지 못하였다. 시도는 거듭되었지만, 가장 큰 장애는 청일의 내정 간섭이었다. 더구나 청일전쟁 이래 더 크게 타격을 입은 것은 동학농민군만이 아니라 조선의 중앙 군대였다. 따라서 조선군의 증강 등은 고종이 만사 제치고 우선해야 할 급무였다.

그러나 고종에게 더 급한 것은 이 모두에 필요한 재정이었다. 청일전쟁으로 재정이 파산에 직면한 것은 청국만이 아니었다. 땅이 작고 물산이 빈약한 조선은 더 심했다. 그나마 재정난에 처한 조선의 재정을 와해시켜 놓고, 내정개혁을 명분으로 부채를 안겨준 것은 일본이었다. 그때 일본에게 진 채무가 300만 엔, 조선의 대신들이 기갈을 면치 못하더라도 차관을 안 쓰겠다고 버텼으나, 일본의 압력으로 떠안게 되었다. 이자와 상환, 담보 조건이 가혹하였다. 토지세를 요구하다가 조선 대신들의 반발로 관세를 담보로 잡았다.

아관파천 직후 고종은 내밀히 재정 상태를 조사하도록 영국인 재정고문 브라운(John McLeavy Brown)에게 명하였다. 조사해보니 파산 직전이었다. 갑오개혁을 추진하면서 주한공사 이노우에가 조선에 떠안긴 차관 300만 엔은 6개월이 안되어 증발하고, 남은 것은 대일부채 뿐이었다. 그 사이 내정개혁을 명분으로 재정을 운영한 것은 일본인 고문들이었다.[1]

---

1 1897년 봄 브라운은 조선의 대일차관 300만 엔 중 1백만 엔을, 연말에는 1백만 엔을 갚았다. 40명의 일인 고문이 6개월 만에 300만 엔을 탕진한 것에 비해, 재정고문 브라운은 1년 만에 200만 엔의 빚을 갚았다. 조선 재정의 파탄 요인 중 하나는 분명 일본의 정략이었다.

고종은 조선의 급무를 궁궐경비병 확보, 조선군 양성, 이를 위한 재원의 확보라고 보았다. 이에 고종은 러시아 군사교관 2백 명의 파견, 3백만 엔 차관 제공 등 5개항의 요청을 담은 친서를 러시아 황제에게 전하였다. 그러나 러시아 측의 반응은 소극적이었다. 러시아는 영국과 일본을 의식해야 했고, 시베리아횡단 철도 건설을 위해 프랑스 차관을 빌려 쓰는 처지에서 재정도 여의치 않았다.[2]

그런 사정으로 인해 러시아는 아관파천 이후로는 조선의 현상유지에 만족하고 있었다. 낙담한 민영환은 '조선은 이제 망했다'고 탄식하며, 서울 주재 러시아공사 베베르를 원망하였다. 러시아 당국은 당국대로 고종에게 기대를 부풀게 한 베베르를 비난하였다. 민영환의 집요한 요청에 골머리를 앓던 러시아 측은 결국 뿌챠타 외 13명 군사교관단 파견으로 타협하였다.

13명의 러시아 교관단이 민영환특사 일행과 함께 서울에 도착한 것은 1896년 10월 21일이다. 이들은 뿌챠타 대령 외 위관 2명, 하사관 10명, 군의관 1명이었다. 교관단은 조선군 1개 대대 병력 800명을 선발하여 정예화를 꾀하였다. 아관파천 이전에 조선군 훈련대가 일본교관의 지휘 아래 군사교육을 받던 것과 달리 이제는 러시아식이었다.

이처럼 러시아교관이 조선군 시위대를 양성하는 동안 고종은 환궁을 위한 또 다른 준비를 서둘렀다. 고종이 이전에 머물렀던 경복궁은 공간이 넓고 후면에 산을 끼고 있어 방어에 어려움이 따랐다. 게다가 1894~5년 사이에 일본군은 두 차례나 경복궁을 습격한 일이 있고, 고

---

2 황제대관식 기념으로 빵과 접시를 선물로 준다던 그날, 모스크바 광장에서 대형 참사가 발생했다. 수많은 군중이 선물을 실은 마차에 다투어 밀려들다가 수천의 군중이 깔려 죽고 다쳤다. 낙후한 제정러시아와 마지막 황제 니콜라이 2세의 불행한 최후를 예고하는 것 같았다.

종의 신변이 일본군에게 장악되고 왕후가 일본군에게 처참한 최후를 맞은 것도 불과 1년여 전이었다. 경호를 위해서나 심리적 안정을 위해서나 경복궁은 피해야 했다.

이에 고종이 물색한 곳은 정동의 경운궁(현재의 덕수궁)이었다. 경운궁은 영국·미국·러시아의 공사관과 이웃해 있어 일본군 침입에 대처하기에 용이하다고 보았다. 고종은 러시아공사관에 머물 당시 옛 경운궁 자리를 보수하고 그 주변을 정비하였다. 환궁과 이후의 경비를 위한 사전 조치였다. 이를 두고 '워싱턴의 방사형 도로'를 모방한 근대적 도시계획이라고는 보는 견해도 있다. 그러나 당시는 그럴 정도의 심리적 여유를 갖고 도시계획을 논하기에는 너무도 절박했던 것이 고종의 처지였다. 요컨대 당초의 절실한 목표는 왕궁의 안전과 경비를 위한 경운궁 주변의 도로 정비와 방어시설 구축이었던 것이다.

마침내 경비병이 양성되고, 외부 침입에 대비한 방어시설이 구축되자, 고종은 1897년 2월 20일 경운궁으로 돌아왔다. 러시아공사관 정문에서 경운궁의 인화문까지 조선군 경비병들이 열을 지어 경호하는 가운데 고종은 왕태자 일행과 함께 환궁을 하였다.

경운궁의 이름은 임진왜란 직후 선조가 머물렀던 행궁에서 유래한다. 임란 당시는 성종의 형인 월산대군의 후손이 살고 있었다. 피난에서 돌아온 선조는 궁궐이 모두 불타버려 당장 머물 곳이 없었다. 이에 그곳을 임시 행궁 삼아 머물렀다. 선조는 거기서 승하했고, 광해군, 인조 모두 그곳에서 즉위하였다. 광해군이 창덕궁으로 옮겨간 이후로는 인목대비가 그곳에 유폐되면서 서궁(西宮)으로 불렸고, 한때는 명례궁으로도 불렸다. 경운궁으로 돌아온 고종은 자신의 처지와 임진왜란 당시의 선조를 회상하며 만감이 교차했을 것이다.

고종의 칭제건원을
요청하는 상소

　고종이 러시아공사관에서 경운궁으로 돌아오자 조야에서는 고종의
황제 즉위와 연호의 변경을 요청하는 상소가 연이어 올라왔다. 즉 칭
제건원(稱帝建元)을 요청하는 상소였다. 대군주폐하가 황제로 즉위하여
나라의 위엄을 높이고, 자주독립의 기틀을 마련하자는 것이었다.

　그해 5월(음력 3월) 전 군수 정교와 전 승지 이최영을 비롯하여 유학
심의승, 권달섭, 강무형, 의관 임상준 등이 황제 즉위를 요청하는 상
소를 준비하였다. 요지는 다음과 같았다.

> '구주 각국에서 황제와 군주의 위치가 평행하고 그 높음도 대략 같으니
> 개호(改號)할 필요가 없다는 주장은 동서양 국가의 위호(位號)와 관습의
> 차이를 알지 못하고 하는 말이다. 하필 동아의 좋은 칭호를 두고 서구
> 의 관습을 따르겠는가. 토지가 넓지 않고 번속(藩屬)을 두지 않으면 거론
> 할 수 없다고 하는데 이것은 어리석은 자의 망령된 주장으로 족히 변론
> 할 것도 없다.…제국은 구역의 넓고 좁음이나 부속(附屬)의 유무에 무관
> 한 것으로 혹자가 지나(支那)를 통일한 연후에나 의논할 수 있겠다 하는
> 것은 어리석은 유생들의 주장이다. 외국의 인정여부에 관한 의문은 만
> 국통행의 공법을 알지 못하는 자의 말이다. 만국공법을 보건대 존호는
> 각국이 자주로 하는 것이며, 타국은 이를 좇아 인정할 뿐이니 타국이 인
> 정하고 아니함은 논할 것이 못 된다. 동아의 대국인 청국과 일본은 모두
> 이런 존호를 쓰는데 오직 우리나라는 아직까지 거행하지 않고 있어 동
> 양국면에 크게 관계가 있다.[3]

3　정교, 『大韓季年史』上, 국사편찬위원회, 1957, 161~162쪽.

이 같은 맥락의 상소는 그해 10월 초까지 이어졌다. 대체로 '황제의 존호를 씀으로써 문약(文弱)하고 남에게 의지하는 습관을 깨뜨려야 한다', '갑오경장 당시 밝힌 자주독립의 이름을 황제 즉위를 통해 보다 구체화하자', '우리나라가 한, 당, 송의 계통을 이은 명나라의 문물을 좇았으니 그 정통을 이은 나라로서 황제의 존호 사용이 타당하다'는 것 등이었다.[4]

그러나 반대도 없지 않았다. 보수유생과 서구지향적인 신지식인들의 논리가 그러하였다. 먼저 최익현, 유인석 등의 보수유생들은 존화양이(尊華攘夷)의 관념에 근거하여 칭제건원에 대해 비판하였다. '중화의 문명을 이은 우리의 의관문물제도를 바꾸는 것은 불가하며, 서구의 예에 따라 존호를 바꾸는 것은 짐승의 제도를 취하는 것이며, 소중화의 나라에서 그렇게 하는 것은 망령되이 스스로를 높이는 행위'라 하였다.[5]

한편 윤치호와 같은 서구지향의 신지식인도 비판적이었다. 다만 논리가 달랐다. 그는 황제 즉위란 서구의 열강에게 아무런 의미가 없는 유명무실한 조치며, 외국 군대가 왕궁을 침입하여 국모를 시해하는 마당에 서구 열강 아무도 알아주지 않을 그 같은 행사에 재정을 낭비하기보다는 국정의 개선과 효율적 운영을 통해 자주독립의 기초를 다지는 것이 시급하다는 주장이었다. 요컨대 화려한 의식용 행사보다는 내실을 다지자는 것이었다.[6]

『독립신문』에서도 윤치호의 논리와 비슷한 논조가 펼쳐지고 있었

---

4 『고종실록』 35권, 건양 2년 5월 1·9·16·26일.
5 최익현, 『勉菴集』, 여강출판사, 1990, 89~91쪽; 유인석, 『昭義新編』, 국사편찬위원회, 1975, 62~65·83~84·278쪽.
6 『윤치호일기』 4, 72~75쪽·5, 88~120쪽.

다. 즉 '나라가 자주독립되는 데는 꼭 대황제가 계셔야 자주독립되는 것은 아니다. 왕국이라도 황국과 같이 대접을 받으며 권리가 있는 것이다. 지금 조선에 제일 긴요한 것은 자주독립의 권리를 잃지 아니하여야 할 터인즉, 관민이 대군주폐하가 황제 되시는 것을 힘쓰는 것도 옳거니와 제일 자주독립 권리를 찾으며 지탱할 도리를 하여야 할 것'이라 하였다.[7]

이 역시 황제 즉위식과 같은 겉치레 행사보다는 자주독립의 기초를 닦을 실질적인 대책이 필요하다는 뜻이었다.

이에 대해 반론을 제기한 것은 장지연, 정교 등 이른바 '개신유학자(改新儒學者)'층이었다. 이들은 보수유생의 논리는 고루하고, 윤치호 등의 논리는 시대를 앞질러 간다고 보았다. 전자의 주장에는 '어리석은 자들의 망령된 주장으로 일고의 가치도 없다'고 반박하였고, 후자의 주장에는 '청·일 모두 황제와 천황을 칭하는데 우리만이 왕(당시 대군주폐하)을 칭하여 스스로 비하할 이유가 없다. 황제가 없으면 독립도 없다는 일반인의 인식을 고려할 때, 우리 군주의 존호도 황제로 높여 쓰는 것이 반드시 필요하다.'는 논리를 폈다.[8]

이 무렵 고종은 외부 대신 등을 통해 열국의 반응을 탐문하였다. 대체로 각국 대표들은 '이 일은 조선의 자주에 속한 일이기 때문에 굳이 저지하거나 방해하지는 않을 것'이라는 반응을 보였다.[9] 이후 조정에서는 이 일을 본격적으로 추진하였다.

결론적으로 고종의 생각은 장지연, 정교 등의 논리와 같았다. 아관

---

7 『독립신문』, 광무 원년 10월 2일, 논설.
8 장지연, 「辨贊正崔益鉉論皇禮疏」, 『韋庵文稿』3, 국사편찬위원회, 1971, 90~91; 정교, 『大韓季年史』上, 160~162쪽.
9 『淸季中日韓關係史料』8, No. 3439, 5050쪽.

파천 당시 홍종우 등이 주장한 이래 고종은 한동안 이 사안을 보류해 두는 듯하였지만, 사실은 조야에 여론이 무르익기를 기다렸던 것으로 파악된다.

이상을 놓고 볼 때 고종의 황제 즉위건은 고종과 조정 대신들이 조야의 여론을 수렴하는 형식으로 일정한 절차를 진행하면서 추진해 갔음을 알 수 있다.[10]

고종의 황제 즉위와
대한제국 선포

고종의 황제 즉위와 관련해 주목되는 것은 연호의 제정과 환구단(圜丘壇)[11]의 조성 그리고 환구단에서의 황제 즉위식 행사 등이다.

삼국 시대 이래 조선에 이르기까지 한국의 역대 왕조는 고구려, 발해 등을 제외하면 대체로 중국의 연호를 함께 썼다. 중국의 천하였기 때문이다. 그러나 아편전쟁 이래 중국은 동양의 중심적 역할을 상실해 가기 시작하였고, 청일전쟁에 이르러서는 더욱 그러하였다. 그 결과 조선도 1896년에는 건양(建陽)이라는 새 연호를 쓰게 되었다. 그 점에

---

10 위와 같음.『윤치호일기』5, 98~99쪽; Allen to Sherman, No. 18, Seoul, Oct. 14, 1897, *DUSMK*.

11 환구단은 원구단이라고도 읽는다. 그러나 1897년 당시의 『독립신문』에서는 환구단으로 거듭 쓰고 있으므로 여기서도 당시의 표현을 따라 환구단으로 표기하였다(『독립신문』, 광무 원년 10월 12일, 논설).

서 조선은 청국으로부터 독립했다고 할 수 있었다.

그러나 내면을 살펴보면, '조선의 독립'이란 유명무실한 것이었다. 청국의 간섭은 벗어났다 하여도 일본의 간섭으로부터는 자유롭지 못했기 때문이다. 건양이란 연호의 채택은 갑오개혁 당시 진행되었고, 주상전하(主上殿下)를 대군주폐하(大君主陛下), 왕비전하(王妃殿下)를 왕후폐하(王后陛下), 왕세자저하(王世子邸下)를 왕태자전하(王太子殿下)로 개칭한 것도 바로 그 당시의 조치였다.[12]

이를 두고 유림에서는 우리 역사상에 등장한 적이 없는 기이한 명칭이라고 비판하기도 하였다.[13] 실제로 이들 용어는 왕국에서 사용하는 명칭(대 군주, 왕후, 왕태자)과 황국에서 사용하는 명칭(폐하)이 뒤섞여 있었다. 일본의 압박이 가해지는 상황에서 나타난 비정상적 용어 선택이었다.

결국 애매한 이런 명칭은 아관파천과 환궁 등을 거쳐, 조선 조정이 일본의 구속을 잠시 벗어나면서 공식적으로 논의되기 시작하였다.

고종은 심순택을 의정(議政)에 임명하여 황제 즉위식 의례와 함께 그때까지 미루어 두었던 왕후의 장례식 준비를 명하였다. 이때 심순택은 광무(光武)와 경덕(慶德) 두 개 안을 놓고 건원(建元)건을 상주하였고, 새 연호는 광무로 확정되었다.[14] 광무라는 연호에는 모든 외세의 간섭으로부터 벗어나 힘을 기르고 나라를 빛내자는 의미가 있었다.

연호를 제정한 뒤 9월에 들어서면서 정부 관료들이 고종의 황제 즉위를 요청하는 상소를 다시 올렸다. 관료·유생들의 상소를 바탕으로

---

12 『官報』, 개국 503년 12월 12일.
13 『淸季中日韓關係史料』 8, No. 3430, 5040쪽.
14 『官報』, 건양 2년 8월 14·17일.

조정의 전·현직 중신들인 심순택, 조병세, 박정양, 남정철 등이 고종을 알현하여 거듭 황제로 즉위할 것을 진언하였고, 이수병 등 성균관 유생들의 상소도 이어졌다. 고종은 의례에 따라 아홉 번의 사양을 거쳐 마침내 이를 재가하였다.[15]

즉위식 행사는 11일에서 12일에 걸쳐 행해졌다. 황제 즉위를 경축하는 태극기가 장안에 물결치는 가운데 치러졌다. 장소는 '환구단', 서울의 남서(南署) 회현방 소공동계였다.[16]

원래 환구단은 천하를 다스리는 지상의 황제가 하늘의 신에게 제사를 지내는 단이니 원칙적으로는 황제의 나라에만 존재한다.[17] 그럼에도 우리 나라에서 환구제(圜丘祭)가 제도화된 것은 고려 성종대부터라고 전해진다. 그러나 고려 전기에 행해졌던 환구단에서의 제천행사는 고려 말기에 와서 배원친명책(背元親明策)을 취한 이후 명나라 사신의 혁파종용과 신진사류층의 성리학적 명분론에 의해 폐지되고 말았다. 조선의 건국 이후로도 태종 및 세조 때 기우제 등의 경우에 방편적으로 거행된 것 외에는 환구제를 국가적 행사로 거행할 수 없었다.[18]

이처럼 중국을 의식하여, 혹은 주자학적 명분론에 입각한 중화사상에 의해 조선 5백 년 동안 실행하지 못했던 환구단 제천행사를, 이

---

15 『고종실록』 35권, 광무 원년 9월 25~30일 ; 『大韓季年史』上, 162쪽.

16 현재 소공동에 위치한 웨스틴조선호텔(Westin Chosun Hotel) 자리이다. 환구단의 조성 경위에 대해서는 『고종실록』 36권, 광무 원년 9월 21일·29일, 10월 1일·12일조 및 『官報』, 광무 원년 9월 21일·10월 4일 「宮廷錄事」 등을 참조.

17 그의 원형은 현재 북경성의 동남부에 위치한 방대하고도 웅장한 규모의 天壇에서 잘 느껴볼 수 있다(望天星·曲維波編, 『天壇』, 北京 : 中國世界語出版社, 1996).

18 한우근, 「朝鮮王朝時代에 있어서의 儒敎理念의 實踐과 信仰·宗敎」, 『韓國史論』 3, 1976 ; 김태영, 「圜丘壇」, 『서울市六百年史─文化史蹟篇』, 서울시사편찬위원회, 1987, 201~204쪽 ; 平木實, 「朝鮮半島における王權─朝鮮王朝時代を中心に」, 松原正毅編, 『王權의 位相』, 弘文堂, 1991.

제 황제 즉위식과 함께할 수 있게 되었다.

환구단의 규모는 작았지만, 대체로 명대와 청대에 걸쳐 중국 천자의 제천행사에 쓰였던 북경의 천단(天壇) 형태를 따른 것이었다. 다만 북경의 천단에는 황건전(皇乾殿), 기년전(祈年殿), 황궁우(皇穹宇), 환구단 등이 배치되어 있는 반면, 서울 환구단의 경우는 황궁우, 환구단 등 두 개의 건축물을 갖추었다.

황제 즉위식 광경은 서울의 내외국인들에게 좋은 구경거리였다. 10월 11일 밤 고종은 환구단에 1차 행차하여 제물 등을 둘러보았고, 다음날인 12일 새벽 두 시에 다시 환구단에 나아가 황제위에 나아감을 천신에게 고하였다. 황제는 오전 네 시 반에 환어(還御)했다. 그날 정오에는 만조백관이 예복을 갖추고 경운궁에 나아가 대황제폐하, 황태후폐하, 황태자전하, 황태자비전하에게 하례를 올렸다.[19]

환구단에서 경운궁으로 이어진 황제 즉위식 행사는 동양의 전통적인 양식에 서양의 양식이 일부 혼합된 모습이었다. 이러한 행사는 한·당·송·명으로 이어지는 계통을 우리나라가 직접 계승하여 의관문물(衣冠文物)과 전장제도(典章制度) 모두 황명(皇明)의 유제(遺制)를 따랐다고 주장하던 관료와 일부 유생들의 주장과도 부합하는 내용이었다.[20]

한편으로는 만국공법 질서하의 자주독립한 나라라는 근대적 의식, 다른 한편으로는 명나라의 정통을 우리 스스로가 이었다는 '주체적 중화의식'이 뒤섞여 있었다. 이로써 한국사상 초유로 황제국이 탄생하였다. 『독립신문』에서는 이렇게 보도하였다.

---

19 『독립신문』 광무 원년 10월 14일, 논설.
20 『고종실록』 35권, 광무 원년 10월 10일.

광무 원년 시월 십이일은 조선사기에서 몇만 년을 지내더라도 제일 빛나고 영화로운 날이 될지라. 조선이 몇천 년을 왕국으로 지내어 가끔 청국에 속하여 속국 대접을 받고 청국에 종이 되어 지낼 때가 많더니…이달 십이일에 대 군주 폐하께서 조선사기 이후 처음으로 대황제 위에 나아가시고 그날부터는 조선이 다만 자주독립국뿐이 아니라 자주독립한 대황제국이 되었으니…어찌 조선 인민이 되어…감격한 생각이 아니 나리오.[21]

황제 즉위식이 거행된 다음날 조정에서는 조선이란 국호를 대한(大韓)으로 변경하여 마침내 대한제국을 선포하였다. 국호를 결정한 것은 고종과 대신들이다. 국호를 대한으로 변경한 이유를 고종은 이렇게 밝혔다.

나라는 옛 나라이나 천명을 새로 받았으니 이제 이름을 새로 정하는 것이 합당하다. 삼대 이래로 황제의 나라에서 이전의 나라 이름을 그대로 쓴 적이 없다. 조선은 기자(箕子)가 봉해졌을 때의 이름이니 당당한 제국의 이름으로는 합당하지 않다. 대한(大韓)이란 이름을 살펴보면 황제의 정통을 이은 나라에서 이런 이름을 쓴 적이 없다. 한이란 이름은 우리의 고유한 나라이름이며, 우리나라는 마한·진한·변한 등 원래의 삼한을 아우른 것이니 큰 한(韓)이라는 이름이 적합하다.[22]

즉, 우리나라는 원래의 삼한을 통합한 것이니 큰 한, 곧 대한이라는 이름이 적합하며, 조선왕조의 조선이란 이름은 중국에 의해 기자가 봉해졌던 땅의 이름에서 유래한 것이니, 당당한 제국의 이름으로는 합당하지 않다는 주장이었다.

---

21 『독립신문』, 광무 원년 10월 14일, 논설.
22 『고종실록』 35권, 광무 원년 10월 11일.

대한제국을 선포한 직후 정부에서는 이를 곧 일반에게 알렸다. 『독립신문』의 영문판과 『한국휘보』 등에서 이 내용을 내외국인에게 상세하게 보도했다.

> 금월 십삼일에 내리신 조칙으로 인연하여 조선국명이 대한(大韓)이 되었으니 지금부터는 조선 인민이 대한국 인민이 된 줄로들 아시오.[23]

이로써 과거 5백 년 동안 중국에 사대조공을 해온 조선왕국은 1897년 10월 12일 조용히 막을 내렸고, 한국사상 최초로 황제의 나라 대한제국이 탄생하였다. 당시 『한국휘보』에서는 이를 두고 조용히 일어난 의미심장하고도 기대에 부푼 변화라고 하였다.[24]

대한제국 선포 직후 정부에서는 서울 주재 각국 외교관을 통해 이 사실을 각국 정부에 알렸다. 이후 각국은 대한제국의 성립을 직접적 혹은 간접적으로 승인 혹은 축하하였다.

그러나 청국의 반응이 크게 달랐다. 청국은 고종의 황제 즉위를 '망자존대(妄自尊大)'라고 비난하면서 청일전쟁의 패배보다 더욱 모욕적인 일로 여겼다.[25] 청국정부는 청일전쟁 당시 원세개가 서둘러 귀국하면서 실질적인 영사업무는 주한영국영사 힐리어(Walter C. Hillier)와 조단(J. N. Jordan) 등에게 맡겨져 있었다. 이후 1897년 2월 초 당소의(唐紹儀)가 총상동(總商董, 총영사격)으로 비공식적으로 서울에 와서 근무하고 있었다.

---

23 『독립신문』, 광무 원년 10월 16일, 논설.
24 *The Korean Repository*, Vol. 4, 1897, pp.385~400.
25 『清季中日韓關係史料』 8, No. 3412, 5009쪽 및 No. 3439, 5050쪽.

한국과 청국의 양 국민 사이에는 현실적으로 홍삼이나 비단 등 각종 물품의 무역거래가 이루어지고 있었다. 그러므로 청일전쟁 이래 방기된 무역 업무에 대해 양국은 별도의 상무조약을 체결할 필요가 있었다.[26]

그러나 청국이 한국과 새로 조약을 맺으려면 대한제국과 황제 고종의 존재를 인정해야 했다. 청국 조정 내부에서는 의론이 분분하였다. 자존심은 상하지만 한국 내 청국상인의 보호를 위해 관계를 재조정하자는 이홍장 등 대신 측과 감히 황제 즉위를 하다니 '괘씸하고 불쾌하다'는 공친왕 등 황실 측 주장이 교차되고 있었다.

한동안 황실 측의 주장이 우세하여 진전이 없었으나, 공친왕이 사망하자 마침내 청국은 대한제국을 승인하기로 결론을 내렸다. 그 결과 1899년 대한제국 황제와 대청제국 황제의 명의로 '한청통상조약(韓淸通商條約, 공식 명칭은 大韓國大淸國通商條約)'이 체결되었다.[27] 한국과 중국 역사에서 처음으로 맺은 근대적 평등 조약이자, 한국과 청국 사이에 존재했던 과거의 종속관계가 공식적으로 청산되고 대등한 관계의 새 시대를 연 역사적 조약이었다.

26 이구용, 「朝鮮에서의 唐紹儀의 活動과 그 役割」, 『藍史鄭在覺博士古稀記念 東洋史學論叢』, 고려원, 1984.
27 권석봉, 「淸日戰爭 以後의 韓淸關係의 硏究(1894~1899)」, 『淸日戰爭을 前後한 韓國과 列强』, 한국정신문화연구원, 1984; 李求鎔, 앞의 글; 은정태, 「1899년 한·청통상조약 체결과 대한제국」, 『역사학보』 186, 2005.

대한국국제 제정과
황제체제 정비

대한제국이 선포되면서 환구단 등 각종의 의례는 천자국의 그것에 준하여 변경되었다. 즉 종래 남단에서 제사를 지내온 풍, 운, 뢰, 우의 신을 환구단으로 옮겨오고, 사직단에 모시던 국사와 국직의 신위를 태사와 태직으로 높여 받들게 되었다.

이어 황제 즉위 당시 행차한 경운궁 즉조당의 편액은 태극전으로 이름이 바뀌었다. 국왕이 입던 자주색 곤룡포도 황색으로 바뀌었고, 왕태자를 황태자로, 왕태자빈은 황태자비로 책봉하고, 역대의 고사에 따라 전국의 죄인들에 대해 대사령을 내렸다.[28] 아울러 타계한 명성왕후 민씨는 명성황후로 추존되어 그다음 달 황후의 예로 장례를 치렀다.

이후 정부에서는 국가(國歌)와 황제의 어기, 친왕기, 군기 등을 제정했으며, 황제를 대원수로 한 프러시아식 복장과 관복을 제정하여 황제의 권위를 높이는 각종 상징물도 제작하였다.[29] 전주의 조경단이나 전국 향교의 각종 의례 장신구 등도 황제국의 양식에 맞추어 교체되었다.

고종의 황제 즉위를 지지한 정부대신, 전직 관료, 관학 유생 등이

---

28 『舊韓國官報』, 광무 원년 10월 11일 「宮廷錄事」; 이민원, 앞의 글(1988). 황제 즉위의 의례에 대해서는 奧村周司과 月脚達彦의 앞의 글 참조. 이들의 글에서는 청국과의 종속관계를 파기한 것에 의미를 부여하고 있다.
29 송병기, 앞의 글.

'칭제건원(稱帝建元)'을 주장하고 추진한 배경에는 실추된 나라와 군주의 권위를 회복하자는 것이 일차적 목표였다. 그러나 한걸음 나아가 황제에게 권력을 집중시켜 국가정책을 강력히 추진하자는 뜻도 담겨 있었다. 그것은 고종의 뜻과도 부합하는 것이었다. 즉 대외적으로는 자주독립을 지향하면서, 대내적으로는 황제를 구심점으로 난국을 수습하고 각 방면의 개혁을 추진하여 부국자강을 도모하자는 것이었다.

이런 맥락에서 제정한 것이 대한국국제다. 1899년 8월 17일 대한제국 정부에서는 총 9개 조의 「대한국국제」(大韓國國制)를 반포하였다.[30]

대한국국제의 골자는 대한은 자주독립한 제국이며, 황제는 무한불가침의 군권을 향유한다는 것, 요컨대 입법·사법·행정·선전과 강화 등에 관한 전권을 갖는다는 내용이다.

갑오경장 당시 위축된 군권을 복구하여, 이제는 황제가 모든 권한을 장악함으로써 황권의 전제화를 꾀한 것이었다. 액면대로 보자면 복고적이었지만, 청국과 일본 사이에서 군주의 권위가 참담하게 침해된 것을 감안하면, 그에 대한 반작용이라고도 할 수 있다.

> 제1조 대한국은 세계만국에 공인되온 바 자주독립하온 제국이니라.
> 제2조 대한국의 정치는 오백 년 전래하시고 만세불변하오실 전제정치이니라.
> 제3조 대한국대황제께옵서는 무한하온 군권을 향유하옵시나니 공법에
>   이른바 자립정체이니라.

---

30 대한국국제는 법규교정소(法規校正所)에서 제정하여 황제가 선포한 것이다. 법규교정소는 법률사항을 심의하기 위해 1897년 설치된 교전소를 1899년에 개편한 것이었다. 김병시 조병세 등 원로대신들과 김영수, 박정양, 윤용선, 이완용, 민영준 등의 고위 관료들이 참여하였고, 실제의 법규제정 작업은 미국인 고문 르젠드르, 그레이트하우스, 영국인 재정고문 브라운 등 외국인 고문들과 서재필, 김가진, 권재형, 이채연, 윤치호, 이상재 등이 실무진으로 참여하였다.

제4조 대한국신민이 대황제의 향유하옵시는 군권을 침손하는 행위가 있으면, 이미 행했거나 안했거나를 물론하고 신민의 도리를 잃은 자로 인정할지니라.

제5조 대한국대황제께옵서는 국내 육해군을 통솔하옵서 편제를 정하옵시고 계엄해엄을 명하시나니라.

제6조 대한국대황제께옵서는 법률을 제정하옵서 그 반포와 집행을 명하옵시고 만국의 공공한 법률을 효방하사 국내법률도 개정하옵시고 대사 특사 감형 복권을 명하옵시나니 공법에 이른 바 자정율례이니라.

제7조 대한국대황제께옵서는 행정 각 부처의 관제와 문무관의 봉급을 제정 혹 개정하옵시고 행정상 필요한 각항 칙령을 발하옵시나니 공법에 이른 바 자행치리(自行治理)이니라.

제8조 대한국대황제께옵서는 문무관의 출척임면(黜陟任免)을 행하옵시고 작위 훈장 급 기타 영전을 수여 혹 체탈(遞奪)하옵시나니 공법에 이른바 자선신공(自選臣工)이니라.

제9조 대한국대황제께옵서는 각 조약국에 사신을 파송주찰케 하옵시고 선전강화 급 제반약조를 체결하옵시나니 공법에 이른바 자견사신(自遺使臣)이니라.

이상의 대한국국제는 현대로 비유하자면, 헌법에 해당하는 대한제국의 기본법이다. 다만, 황제가 친히 정한 법으로서 황제의 대권만 규정되어 있고, 국민의 권리에 대한 규정이 없었다. 이점에서 근대적 의미의 헌법과는 많은 괴리가 있다.

다만, 조선 시대에는 군주권을 규정하지 않고 제왕의 전제권을 행사한 것에 비해, 이 때에 군주의 대권을 명문화한 점 자체는 과거에 비해 진일보한 점은 있었다. 여기서 지니는 의미는 그동안 추락한 군주의 권력과 권한을 대한국국제를 통해 '성문법' 형식으로 밝혔다는 점이다.

이후 고종은 국가체제 정비의 일환으로 『대한예전』과 『증보문헌비고』 등을 편찬하였다. 『대한예전』은 대한제국의 각종 의례를 황제체제에 맞게 정비하려 한 것이었다.

조선의 국가 예제는 『국조오례의』, 『속오례의』, 『속오례의보서례』 등에서 규정했고, 문물, 제도의 연혁에 대해서는 『춘관통고(春官通考)』에서 밝혀놓았다. 그런데 이들은 제후국의 형식에 따른 의례 절차였다.

고종은 독립된 황제국가의 형식에 맞추어 국가 예제를 정비할 필요가 있다고 본 것이다. 그런 입장을 전제로 종래의 규례를 버리거나 수정, 보충하여 정리한 것이 『대한예전』이다.[31]

『대한예전』에서는 이전의 오례와 몇 가지 중요한 차이가 있었다. 우선 호칭의 변경이다. 『국조오례의』에서는 왕·왕비·왕대비·왕세자 등으로 쓰인 것을 이 책에서는 황제·황후·황태후·황태자 등으로 고쳤다.[32] 근정전(勤政殿)을 태극전으로, 전(箋)을 표(表)로, 교서(敎書)를 조서(詔書)로, 재계(齋戒)를 서계(誓戒)로, 오사(五祀)를 칠사(七祀)로 변경시켰다.

다음으로 제도 신설이다. 평상시에 근정전이나 일반 궁전에서 거행하던 즉위식을 천제를 지내는 환구(圜丘)에 나가서 즉위하도록 신설했고, 매년 동짓날에 제사를 지내도록 천제의 제도를 신설했다.[33] 아

---

31 황제 즉위에 관계되는 의식 관련 연구로는 박례경, 「조선시대 國家典禮에서 社稷祭 儀禮의 분류별 변화와 儀註의 특징」, 『奎章閣』 29, 2006; 홍종진, 「社稷祭의 變遷에 대한 研究 : 樂·歌·舞를 中心으로」, 성균관대학교 동양철학과 박사학위 논문, 2011 등을 참조.
32 임민혁, 「高·純宗의 號稱에 관한 異論과 왕권의 정통성─廟號·尊號·諡號를 중심으로」, 『史學研究』 78, 2005.
33 이정희, 「대한제국기 고종황제의 행차와 악대」, 『韓國音樂史學報』 53, 2014 등을 참조.

울러 면복(冕服)과 관복의 제도를 증설하고, 황자와 황녀의 혼서식을 새로 정했다. 그 외 외국 사신을 접견하던 과거의 빈례 양식을 폐지하고, 사신의 등급과 접대원 수와 향연에 관한 절차 등도 황제국에 부응하여 새로 정하였다. 청국과의 국서 양식도 과거에 상국(上國)을 대하던 형식에서 대등한 위치에서 주고받는 형식으로 제정하였다.

그 다음으로 사대의 예에 관한 것이 폐기되었다. 정월과 동지, 중국 황제의 탄일 등에 중국 쪽을 향해 행하던 망궐행례(望闕行禮), 조서와 칙서를 받던 영조(迎詔)·영칙(迎勅)의 절차, 표문을 올릴 때 행하던 배표(拜表)의 절차, 중국 사신을 접대하기 위해 행하던 여러 절차, 중국 황제 사후 행하던 위황제거애(爲皇帝擧哀) 등의 절차도 모두 폐지하였다.[34]

한편 『증보문헌비고』 편찬은 황제국이 등장하면서 5천년 전래의 제도와 의례 등 각종 역사문화 자산을 새로이 총 집대성하는 차원에서 수행된 작업이었다. 『증보문헌비고』 편찬에 참여한 실무급 인사들은 장지연, 김택영, 김교헌 등 국가의 전례와 역사, 문화에 깊은 소양이 있던 인사들이었다. 이들 중 일부는 단군을 민족의 시조로 받들며, 독립운동과 한국의 언어 역사 편찬에 매진하여 일제하에 오히려 국학 붐이 일어나는 계기가 되었다.[35]

---

34 김문식, 「조선시대 國家典禮書의 편찬 양상」, 『藏書閣』21, 한국학중앙연구원, 2009, 79~104쪽.
35 이민원, 『조완구−대종교와 대한민국임시정부』, 역사공간, 2012 및 「근대 학설사 속의 단군민족주의」, 『한국사상과 문화』72, 2014, 237~262쪽.

황제시대
고종의 정책과 그 방향

　이상과 같은 국가의례 정비 외에 고종은 1880년대 이래 추진해 오던 각종 산업화와 국제화 정책을 추구하였다. 즉 서구문물의 지속적인 수용과 각 방면의 근대화와 산업화 시책, 서구와의 수호관계 확대(벨기에, 1901; 덴마크,1902), 만국우편연합 가입(1900), 파리만국박람회 참가(1899–1900), 만국적십자조약 가입(1906) 등이 그것이다. 안으로 산업 발전을 도모하고, 밖으로 국위를 높이려는 것이었다.

　황제 고종이 추진한 정책의 사상적 바탕은 '구본신참(舊本新參)'이었다. 옛 법을 본으로 삼고 신식을 참고한다고 하였다. 1880년대에 '동도서기(東道西器)'의 논리로 추진한 고종의 근대화 정책의 목표는 서양의 기술 수용에 무게를 둔 것이었다. 그런데 이때 와서 조정된 목표는 서양의 제도와 사상 수용까지 나아가자는 입장이 담겨 있었다.

　고종의 근대화와 산업화 시책은 갑오개혁 당시의 각종 근대화 시책을 이어가면서 아관파천 당시에 보인 것처럼 개혁적인 면과 복고적인 면이 뒤섞여 있었다. 고종이 러시아공사관에 머물 당시 정부가 각종 제사와 음력의 사용 등을 부분적으로 복구하거나 중앙과 지방의 제도를 개편하여 내각을 다시 의정부로 개편하고, 23부를 13도로 한 것 등이 그러했다.

　나아가 유교와 도교의 양식이 가미된 국가 의례와 황실의 조상에 대한 제례 등이 그러했다. 황제의 정통에 관한 일이었으므로, 황제체제를 포기하지 않는 이상, 아무리 근대화와 서구화를 지향한다 해도 피할 수 없는 부분이었다. 조선이나 마찬가지로 유교 국가인 대한제국 그리고 유교적 소양이 바탕인 황제와 관료들이 국가체제와 의례제도를 혁명적으로 바꾸지 못하는 이상 처할 수밖에 없는 딜레마이기도 했다.

한 가지 주목할 것은 이 시기 정부의 구조에서 고종은 내각체제 대신 의정부체제를 선호한 점이다.[36] 몇 가지 사정이 있었다. 청일전쟁 이래 일본이 한국의 내정에 개입할 때는 내각제를 선호하였고, 러시아의 영향력이 우세할 때는 의정부체제가 선호되었다. 청일전쟁 이후 대한제국 당시까지 정부의 국가운영 시스템은 내각제와 의정부체제가 반복되었으나, 고종은 의정부체제를 취하여 황제의 권력을 강화하고자 하였다.

요컨대 내각제도에서는 고종의 군주권을 제한하는 방향으로 정책이 추구되었고, 의정부 체제에서는 내각 관료의 위에 의정부가 존재하는 형식이었다. 이 중 의정부체제가 군주권의 강화에 부합한 이유는 내각에서 올린 안건을 의정부에서 논의는 하지만, 최종 정책 결정은 고종에게 권한이 있었기 때문이다.[37] 결국 의정부체제 아래 유지된 대한제국은 입헌군주제가 아닌 절대군주제 형식의 국가 형태였고, 황제의 권력을 기반으로 한 전제군주제였음을 잘 보여준다.

한편, 고종은 궁내부의 강화와 함께 황실의 재정을 확대하기 위한

---

36 오연숙, 「공동연구: 대한제국기 권력기구의 성격과 운영 대한제국기 의정부의 운영과 위상」, 『역사와 현실』 19, 1996.3.

37 황현종, 「대한제국기 입헌논의와 근대국가론」, 『한국문화』 29, 2002; 왕현종, 「고종의 근대국가 구상과 대한제국의 위상」, 『근대 이행기의 군주제』, 역사학회, 2010,107~129쪽; 현광호, 「의정부대신의 정치활동」, 『대한제국의 재조명』, 선인, 65~103쪽을 참조.

몇 가지 조치를 취하였다. 탁지부, 또는 농상공부에서 관할하던 전국의 광산·철도·홍삼제조·수리관개사업 등을 궁내부 내장원에서 관할토록 이관시켰다. 수입은 정부의 예산과 관계없이 황제가 내탕금으로 전용하게 하였다. 황실에서는 직접 광산 등을 관리하고 직영도 하였다.[38] 황제가 전면에 나서서 국가의 산업을 황실의 산업과 동일한 가치를 두고 이끌어 가는 형식이었다.

군사력 강화는 황제의 신변안전과 국방력 강화와 관련되어 꾸준히 개선이 시도되었다. 황제가 육해군을 직접 통수하는 체제에 의거하여 군부 외에 별도로 원수부를 설치하였다. 황제가 직접 서울과 지방의 모든 군대를 지휘하게 하였다. 1900년 6월에는 원수부 내에 육군헌병대를 설치하여 전국 군대의 헌병업무를 관할토록 하였다. 그외 시위기병대가 설치되고 병력이 일부 증강되기도 하였다. 서울의 진위대가 개편, 증강되고, 2개 연대의 시위대가 창설되었다. 호위군도 호위대로 개편, 증강되었다.

지방군도 증강되어 1895년에는 평양·전주의 진위대가 있었을 뿐인데 반해 2개 진위대와 14개 지방대대로 늘어났고, 다시 6개 대대의 진위대로 통합 개편되었다.

그러나 중앙군이든 지방군이든 이들 모두 국방의 기능을 수행하기에는 미흡하였다. 무엇보다 재정의 부족으로 조직적, 효율적인 군사 양성을 기대하기 어려웠다. 그렇다고 러시아와 일본의 상호 견제 속에 재정과 군사에 관한 대외적 지원을 구할 수도 없는 상황이었다. 결국 전체적으로는 국방력 증강보다 황실의 호위병력 증가를 시도하는 수

---

38 송병기, 「光武改革研究─그 性格을 中心으로」, 『史學志』 10, 1976.

준에서 머무는 모습이었다.[39]

1900년대에 접어들면서 대한제국 정부에서는 장충단(獎忠壇)을 설치하고, 전란에 목숨을 바친 장교와 무명 병사들을 추모하는 비를 세웠다.[40] 아울러 수(유)민원(綏民院)을 설치하여 하와이 등지의 해외 이민사업을 추진하였다. 이들 한인 이민이 후일 이승만, 안창호, 박용만 등이 미국 본토와 하와이에서 한민족의 독립운동을 이끌어 가는 데 중요한 바탕이 되었음은 물론 오늘 날 재미교포의 원류였음은 잘 아는 바이다.

아울러 정부는 블라디보스토크와 간도지방으로 이주한 교민들을 보호하기 위해 해삼위통상사무(海蔘威通商事務)와 간도관리사를 설치하였고, 북간도의 영토 편입도 시도하였다.[41]

이와 함께 해상 영토에 대한 관심의 일환으로서 황제의 칙령(대한제국 칙령 41호)[42]으로 울릉도와 독도에 관한 행정적 조치를 취한 점이 주목된다. 즉 울릉도를 울도군으로, 도감(島監)을 군수로 개칭, 승격하고 그의 관할 구역을 울릉도 전체와 죽도(竹島), 석도(石島)를 포함하게 하였다. 여기서 언급한 석도는 울릉도 바로 옆에 있는 대섬, 즉 대나무섬을, 석도는 독도를 지칭하는 것으로 해석되고 있다.

상공업 진흥책은 대체로 여론을 반영하는 가운데 적극적으로 추진

---

39 송병기, 「光武改革研究-그 性格을 中心으로」, 『史學志』 10, 1976 및 『한국사 42-대한제국』, 국사편찬위원회. 1999에 실린 변승웅, 오두환, 왕현종, 이윤상, 조재곤 등의 글을 참조.

40 이상배, 「고종의 장충단 설립과 역사적 의미」, 『도시역사문화』 4, 서울역사박물관, 2006; 이민원, 「대한제국의 장충사업과 그 이념」, 『동북아 문화연구』 33, 2012.

41 은정태, 「대한제국기 "간도문제"의 추이와 "식민화"」, 『역사문제연구』 17, 2007.4.

42 『관보』 1716호(1900.10.27.)에 게재한 〈칙령 41호〉

된 것으로 파악된다. 가령 정부 스스로가 제조공장을 설립하거나 민간 제조회사의 설립을 지원하는 것, 유학생을 해외에 파견하거나 기술교육 기관을 설립하여 근대적 기술을 습득하는 것, 민간제조회사의 근대적 기술 습득을 장려하거나 기술자 장려책을 강구하는 것 등이 그것이다.

실제로 당시 황실에서는 방직공장·유리공장·제지공장의 설립을 시도하였고, 일반 민간인의 공장설립은 정부의 허가를 받도록 하여, 황실이 직영하는 업종 이외의 부분에 대해서는 민간에서도 제한하지 않고 공장 등을 허가해 주고자 하였다. 이러한 정책에 따라 각 방면에서 특권적 성격을 벗어난 근대적 회사와 실업학교들이 설립되었고, 상공학교(1899)와 광무학교(1901) 등 공립실업학교가 등장하였다.[43]

아울러 과학기술을 응용한 각종 기계나 윤선(輪船) 등이 제조되기도 하였다. 그 외 도량형제도의 시행, 교통 통신시설 확충, 우편 정보망시설, 발전소, 전기시설, 전차시설, 수도시설, 순회재판소 설치, 종합병원(제중원 의학교와 혜민원) 설립, 호적제도 개혁 등이 있었다. 이때 서북철도국이 설립되고, 경의철도 부설 시도가 있었고, 한성전기회사, 대한철도회사 등 민간토건회사 설립, 면직물 공장 등이 등장했다.

이 시기 정부의 정책 중 학계에서 많이 주목한 것은 양전지계사업(量田地契事業)이다.[44] 전국의 토지를 측량하고(양전), 토지소유권 증명서(지계)를 발급해 주는 사업이다. 이것은 갑오경장 당시부터 중요한 과제였고, 대한제국 정부가 많은 공력을 들인 역점사업이었다.

주요 목적은 정부제도의 개편 및 증설에 따른 재정수요를 충당하

---

43 양상현, 「대한제국기 내장원의 광산 관리와 광산 경영」, 『역사와 현실』 27, 1998.
44 김건태, 『대한제국의 양전』, 경인문화사, 2018.

기 위해서였다. 전국 토지의 정확한 규모와 소재 파악, 합리적인 조세 부과를 통해 정부의 수입을 증대하고, 그에 따른 예산 편성을 통해 각 종 사업을 추진하자는 것이었다.[45] 2차에 걸친 양전지계사업이 시행되었는데, 전국 토지의 약 3분의 2가량이 진행되었다. 러일전쟁이 발발하면서 중단되었으나, 이때의 사업은 모호한 전래의 토지소유 양식을 개혁하여 근대적 토지소유권 증명을 제도화한 점에 의미가 있다.

이처럼 대한제국의 등장 이후 고종은 다방면의 정책을 추진하여 갔다. 이를 요약하면, 대한국국제의 제정과 군사제도 정비, 도로정비와 철도 · 전차 · 운선(運船) 등 각종 교통시설 도입, 상공업 등 산업의 육성책, 토지조사사업, 간도에 관한 정책, 울릉도와 독도에 관한 칙령, 해외이민사업, 표훈사업, 신교육정책의 실시 등이 그것이다. 1904년 일본의 러일전쟁 도발로 이들 사업은 좌절되었지만, 황권의 강화와 황실재정의 확대, 궁내부와 내장원의 기능을 강화한 것 등이 복고적이라는 비판도 있지만, 전체적으로는 근대화를 향한 정책이었다.

이상과 같은 고종의 시책 중 현재 입장에서 주목할 사업 중 2가지는 수(유)민원 설치를 통한 하와이 이민정책, 표훈원 설치와 장충사업 등이다. 거기에 고종과 대한제국 정부의 이전과 다른 의식 및 정책 구상 등이 잘 엿보이고 있다. 과연 고종의 생각은 무엇이었을까.

먼저 고종 시대의 주요 언론과 사회단체인『독립신문』, 독립협회를 살펴본 후 위의 두 가지 주제를 논해보기로 하겠다.

---

45 양상현,「동도서기론과 광무개혁의 성격」,『동양학』28, 1998; 양상현,「대한제국의 군제개편과 군사 예산 운영」,『역사와 경계』61, 2006.

서재필의 독립신문 발간과
고종의 지원

청일전쟁 전후 거듭된 일본의 경복궁 점령은 고종에게 더 없는 충격이었다. 고종과 조선 조정이 가까스로 안정을 되찾은 것은 고종이 러시아공사관으로 피난한 이후였다. 그러나 어디까지나 일시적 안정이었다. 속히 환궁하여 군주권과 나라의 기초를 든든히 해야 한다는 소망은 고종이나 조정의 대신, 일반 백성 모두가 마찬가지였다.

말하자면 고종과 대신, 신지식인, 도시민 모두 부국강병이 절실하며 이를 기필코 이루어야 하다는 공동의 목표가 형성되고 있었다. 앞서 언급했듯이 고종은 갑오개혁을 뒤엎기보다는 이를 보완해 가면서 필요한 개혁을 지속해 갔다. 군주권을 제약한 내용을 수정한 것 외에는 유생들의 반발에도 불구하고 단발령이나 복식개정도 폐기가 아니라 각자의 자유에 맡겼다. 태양력 사용도 그대로 유지하였다. 갑오개혁 당시의 김홍집 내각도 아관파천 이후의 박정양 내각도 이런 내용의 개혁을 희망한 것은 마찬가지였다. 고종의 생각도 그러했던 것이다.

이때의 변화 중 가장 주목되는 또 하나가 『독립신문』 발간이다. 그리고 3개월 뒤에 등장한 독립협회 창립이다. 민영환특사의 러시아 파견은 고종이 직접 추진한 외교적 대책이었고, 『독립신문』 발간과 독립협회 창립은 고종과 대신들이 민간과 협력하여 우회적으로 추진한 근대화 운동이자 자주국권 의식 향상 운동이었다.

『독립신문』은 한국 최초의 한글신문이다. 갑신정변 이후 미국에 망명해 있던 서재필이 귀국하여 정부 지원을 받아 창간한 것이다.

서재필이 '대역부도죄'를 사면받아 귀국하게 된 것은 김홍집 내각의 뜻과 고종의 윤허에 의한 것이었다. 김홍집 내각에서는 새로운 인물을 영입하여 내정을 혁신하고자 하였다. 이 무렵 윤치호도 내각인사들의 연락을 받고 귀국하였다. 그는 중국과 미국에서 유학하여 학업을 마쳤고, 부친 윤웅렬도 능주에서 8년간 귀양 생활을 마친 후 돌아와 10년 만에 부자가 상면하였다.

이들 모두 서울에 돌아와 10년 만에 고종과 왕후를 알현하였다. 이때 고종과 왕후가 윤치호에게 위로 겸 한 말은 '왜 이제서야 귀국하였느냐?'였다. 갑신정변 이전에 박영효, 서재필, 윤치호 등 청년 인재들을 아끼고 후원했던 고종으로서는 만감이 교차했을 것이다.

1895년 연말 서울에 도착한 서재필은 관직을 갖는 대신, 개인의 자격으로 조선인 일반을 계몽하고자 하였다. 내부대신 유길준 등이 이에 적극 호응하였다.

당시 서울에는 1895년 일본인들에 의해 창간된 『한성신보(漢城新報)』가 간행되고 있었다. 이 신문은 일본 당국의 정책과 일본인 거류민의 이익을 대변하는 대신, 조선에 대해 왜곡된 보도가 잦았다.[46] 왕후 시해 사건 당시 현장에 투입되었던 아다치 겐죠(安達謙藏)는 한성신보사의 사장, 고바야카와 히데오는 바로 그 신문사의 기자였다.

신문 사업은 그 같은 일본 언론에 맞대응하자는 뜻도 있었다. 반면 서재필이 조선으로 귀환한 배경에는 일본 공사 고무라의 정략적 목적

---

[46] 신용하, 『독립협회연구』, 일조각, 1981, 5~16쪽.

도 있었다. 그러나 서재필이 귀국하여 반일의 방향으로 대응을 하자 일본 측의 주의가 쏠렸고, 서재필은 협박을 받았다.

> 일본인들은 이것(신문발간사업: 필자주)을 묵과하지 않을 것 같다. 그들은 조선이 두개의 신문을 운영할 만큼 발전되지 못했고, 그들의 신문발간을 지속하려면 경쟁되는 어떠한 신문 발간 시도도 단연코 배격할 것이라고 하였다. 일본의 뜻에 반하는 행동을 하는 사람은 누구라도 살해해 버리겠다고 넌지시 협박하였다.[47]

조선의 왕후까지 제거한 일본이 자국의 이해에 방해가 된다면 누군들 온전할 수 있을까. 이런 공포가 엄습하였다. 서재필은 윤치호에게 이렇게 덧붙였다.

> 그들은 나를 독약처럼 미워한다. 내가 며칠 전 조선 상인들에게 일본의 중개를 거치지 않고 미국을 통해 직접 석유를 수입하는 것이 가격을 낮게 하여 소비자의 이익이 된다고 연설하였기 때문이다. 이곳에서 나는 혼자다. 미국정부는 나를 지원하지 않을 것이다. 조선의 관민은 일본의 암살로부터 나를 보호할 수도 없고, 하려고도 하지 않을 것이다. 나는 보호받지 못한 채 혼자다.[48]

심지어 일본 공사 고무라 주타로(小村壽太郎)는 서재필과 유길준을 위협하여 『독립신문』 발간사업을 포기하도록 종용하기까지 하였다.

---

47 이민원 역, 『국역 윤치호영문일기』 3, 국사편찬위원회, 127~128쪽.
48 위의 책, 127~128쪽.

조선은 민도(民度)가 뒤떨어진 나라이니 민권주의 사상을 전파해서는 안
되며, 한성신보와 경쟁되는 신문을 창간하는 것을 묵과하지 않겠다.[49]

이처럼 일본의 방해 공작이 엿보이는 가운데 새 신문은 발간 사업
을 중지하거나 아니면 『한성신보』에 흡수되어 좌초될 상황이었다. 그
러나 얼마 후의 한 사태가 신문 발간을 순조롭게 하였다. 아관파천이
그것이다.

새로 입각한 박정양 내각 인사들은 이전의 김홍집 내각에서 추진
하던 신문 발간 사업을 지속하였다. 이후 고종은 『독립신문』 발간 사
업에 재정적, 행정적 지원을 아끼지 않았다.

이런 우여곡절 끝에 『독립신문』은 1896년 4월 7일에 창간되었다.
주필은 서재필, 국문판 논설과 영문판 사설을 담당하였다. 서재필은
그의 우려와 달리 추방되기 전까지는 어느 정도 성조기의 보호를 받았
고, 한국의 관민은 그의 명논설을 열렬히 환영하였다. 주시경은 조필
로서 국문판의 편집과 제작을 담당하였다.

이후 서재필이 1898년 봄 서울을 떠난 이후로는 윤치호가, 독립협
회 해산 이후에는 아펜젤러, 킴벌리 등이 주필을 담당하였다. 대체로
주필·조필 모두가 쟁쟁한 인사들이었다.

『독립신문』의 체제는 국문판과 영문판으로 구성되었다. 창간 당시
는 국문판에 논설과 신문사고(광고), 관보, 외국통신, 잡보, 물가, 우체
시간표, 제물포 기선 출입항 시간표, 광고 등을 실었고, 영문판에는
사설, 국내잡보, 관보, 최신전보, 국내외 뉴스, 요약 통신, 의견교환

---

49 김도태, 『徐載弼 博士 自敍傳』, 을유문화사, 1972, 229쪽.

등을 나누어 실었다.

『독립신문』이 순 한글신문으로 발간된 것은 양반 계층보다는 일반 평민을 주요 대상으로 삼은 때문이고, 영문판은 해외의 독자들에게 조선의 역사, 문화, 정치, 경제, 사회, 민속, 예술 등 각 분야의 정보를 널리 알리는 것은 물론 국제사회에서 조선의 위상을 높이려는데 주목적이 있었다.

창간호에서 밝힌 취지는 이러하다. 공명정대하게 보도하며, 전국의 상하 모두가 쉽게 알도록 한글로 쓰며, 백성과 정부의 사정을 상호에게 알려주어 정부 관원의 잘잘못을 감시하고, 조선 사정을 외국에, 외국 사정을 조선에 알려 인민의 지식이 열리게 하고, 군주, 관료, 백성을 모두 유익하게 한다는 것이었다. 요컨대 『독립신문』은 남녀노소와 신분의 상하, 지역의 차별 없이 공평하게 보도한다는 태도를 보이고 있었다.

그로부터 1899년 12월 4일 폐간될 때까지 『독립신문』은 근 3년 8개월간 정치, 경제, 사회, 문화, 교육 등 각 방면에 걸쳐 수많은 명논설을 남겼다.

> 정부에 벼슬하는 사람은 임금의 신하요 백성의 종이라. 종이 상전의 경계와 사정을 자세히 알아야 그 상전을 잘 섬길 터인데 조선은 거꾸로 되어 백성이 정부 관인의 종이 되었으니 백성은 죽도록 일을 하여 돈을 벌어 관인들을 주면서 상전 노릇을 하여 달라 하니 어찌 우습지 아니 하리오 (1896.11.21.).
> 국민을 위하여 일하는 사람은 전국 인민이 사사로운 애증 간에 다만 말로만 그 사람을 붙들어 줄 뿐이 아니라 목숨까지 내버려가면서라도 그 사람을 붙잡아야 하고 국민을 해롭게 하는 자는 남녀노소가 다 말로만

죄인으로 돌릴 뿐이 아니라 목숨을 내버려가면서라도 그 놈을 법률로
다스리게 하는 것이 직무 (1898.3.3)

『독립신문』은 언론의 사명을 톡톡히 하였고 창간 당시의 원칙을 충
실히 지켰다. 시기에 따라 비판 대상이 변하면서 논조도 변하였지만,
정부와 백성의 매개체 역할을 공명정대하게 한다는 기본 방침은 대체
로 유지되었다. 『독립신문』은 언론의 정신과 원칙에 충실한 점에서 오
늘날의 어느 신문에도 손색이 없었다. 특히 『독립신문』에서 한글을 전
용하게 됨에 따라 세종의 훈민정음 창제 이후 더디기만 했던 우리말과
우리글은 급속히 발전하게 되었다. 『독립신문』이야말로 한글의 발전에
결정적 기여를 하고, 조상의 얼을 이어준 보배였다.

고종과 독립협회의
애증관계

한편, 1896년 7월 2일 서울에서 결성된 독립협회는 정동클럽이 모
태가 되었다. 정동클럽은 고종과 왕후가 후원하여 서울 주재 서양 외
교관, 선교사들, 조정의 관리들이 친목을 표방하여 설립된 단체였다.
말하자면, 일본의 조선 침략에 대응하여 고종과 왕후가 궁정외교 차원
에서 결성시킨 반일적인 사교 단체였다.

출범 당시의 독립협회는 인물의 구성이나 목적, 기능이 『독립신문』과

유사했다. 정부의 후원으로 등장한 것이나 똑같이 독립을 표방한 점 등이 그러하다. 독립협회는 1898년 12월까지 약 30개월간 한국의 대표적인 정치사회단체로 활약하였다. 독립협회의 활동은 세 가지로 요약된다. 즉 나라의 독립자주권을 지키자(자주독립), 인민의 자유와 평등권을 확립하자(자유민권), 내정을 혁신하여 부국 자강한 나라를 만들자(자강개혁)는 것이 그것이다.

다른 한편, 아관파천 직후 정부나 백성 모두가 절실히 바란 것은 국권을 굳건히 하는 일이었다. 그런 소망을 담은 상징물 하나가 독립문이다. 독립문 정초식은 1896년 11월 21일 서대문 밖 영은문 터에서 5천 명 내외의 관민과 학생이 운집한 가운데 성대히 행해졌다.

독립문에는 한양 도성 방향으로 '독립문'이, 중국 방향으로 '獨立門'이 새겨져 있다. 여기서 뜻하는 독립의 의미는 무엇인가. 한국인 누구나 잘 아는 바와 같이 조선조 5백 년 동안 중국에 바쳐온 사대와 조공을 폐하려고 노력했듯이 이제는 중국에 대한 사대 의식을 버리자는 뜻이 있었다. 즉 청국으로부터 자주독립 의식을 갖자는 의미가 있었다.

그러나 거기에는 또 다른 의미가 있었다. 당장 조선을 위협하는 일본, 나아가 잠재적 위협 세력인 러시아 등 세계 모든 국가로부터 자주독립하겠다는 것이 그것이다. 독립문 낙성식은 근 1년 만인 이듬해 11월에 이뤄졌다. 화강암 벽돌 1,850개를 쌓아올린 것으로 파리의 개선문을 연상케 한다. 내부에 옥상으로 통하는 돌층계가 있고, 윗부분은 난간 형태로 장식되었고 거기에 좌우의 태극기 문양과 함께 독립문 글자가 새겨져 있다.

설계는 러시아인 사바틴이, 공사는 심의석이 진행하였다. 왕실에서 1천 원(건립기금의 5분의 1)을 하사하였고, 관료와 상인 학생 등 각계각

층의 정성과 헌금이 모여졌다. 나라를 반석 위에 올리려는 관민의 소망이 앞면과 뒷면의 독립문 글자에 새겨져 있다.

앞서 언급한 『독립신문』 그리고 독립협회, 독립문 등에서 주목되는 것은 고종과의 관계다. 고종은 『독립신문』 창간과 보급에 지원을 한 바 있고, 독립협회의 주요 창립 멤버들도 사실은 정부의 관료들이었다. 그리고 독립문 건립자금 모금에는 고종과 왕태자 등이 솔선하였고, 관료들이 적극 협력하였으며, 일반 시민이 함께 참여하였다. 『독립신문』이나 독립협회의 주요 후원자는 고종이었고, 『독립신문』은 관변 언론, 독립협회는 관변단체의 성격도 있었다.

『독립신문』과 독립협회는 고종의 황제 즉위와 대한제국 선포 당시까지는 반청, 반일의 입장에서 국권의 자주를 강조하는 가운데 고종과 조정과도 협력적이었다.

그러나 러시아의 군사와 재정 고문 철수 이후로는 민권신장에 중점을 두면서 정부대신들을 비판하고, 만민공동회를 통해 의회설치운동을 펼치면서 점차 고종과 관계가 멀어졌다. 양측의 시각차는 만민공동회에서 제시한 「헌의 6조」(1898)와 대한제국 정부의 「대한국국제」(1899)에 잘 드러난다.

전자는 상하의원으로 구성된 중추원을 구성, 장기적으로는 입헌군주제를 지향하였다. 반면 고종과 정부는 황권 강화를 기반으로 절대군주제를 고수하려 하였다. 이때 '박정양 대통령, 윤치호 부통령'설 등 각종 유언비어가 난무하면서 고종은 마침내 독립협회를 무력으로 해산시켰다. 다음해에는 『독립신문』도 폐간되었다.

한국 역사상 최초로 등장했던 한글 전용 신문, 그리고 독립협회와 만민공동회의 '의회설립운동'은 이렇게 해서 폐간되고, 좌절되고 말았다.

돌이켜보면 고종 자신이 후원했던 독립협회를 탄압, 해산한 고종과 정부의 조치는 오늘날의 사가들로부터도 많은 비판을 받고 있고, 실망스러운 것도 사실이다.

다만 당초 고종과 정부가 『독립신문』의 발간과 독립협회의 창립, 그리고 독립문 건립 등에 물자, 인력, 행정 등의 지원을 한 점은 나라 사람들의 자주독립 의식 환기와 함께 나라의 근대화 정책에 부응한 것이라는 점에서 매우 주목할 부분이 있다.[50]

『독립신문』과 독립협회가 한국사에 남긴 기여는 의미심장하다. 세종의 훈민정음 창제 이래 한글이 오늘날처럼 유용하게 널리 쓰이게 된 과정에서 『독립신문』의 역할은 더할 수 없이 소중하다. 일제하에 한글이 더욱 정비되어 오늘날의 대한민국 언어로 자리할 수 있게 된 과정에는 『독립신문』의 한글 전용과 이를 계기로 한 주시경 등의 한글 연구가 중요한 징검다리가 되었다.

독립협회의 민권운동과 의회설립운동 역시 민권과 인권 신장에 중요한 토대가 되었다. 즉 삼일운동 당시의 독립선언문과 대한민국임시정부 탄생 당시의 임시헌장에 반영된 인권과 민권에 대한 인식은 이후 1948년 민주공화제의 대한민국 탄생과 오늘의 인권 신장으로 이어졌고, 그의 먼 바탕에는 『독립신문』과 독립협회가 매우 중요했다고 할 수 있다. 『독립신문』·독립협회의 등장·소멸 과정은 근대화 과정에 보인 고종의 당초 의욕과 그의 굴절이 잘 드러나 보이고 있다.

---

50 이상의 내용은 이민원, 「독립신문·독립협회의 민족주의적 성격」, 『한국민족운동사연구』, 나남출판, 81~105쪽을 참조. Chandra Vipan, Imperialism, Resistance, and Reform in the Late Nineteenth-Century Korea: Enlightenment and the Independence Club, Berkeley: Institute of East Asian Studies, University of California, Berkeley. 1988.

고종의 장충단 건립
- 근대적 의미의 현충사업

황제 재위 시절 고종이 추진한 사업 중 하나는 장충사업, 요컨대 근대적 의미의 현충사업으로 장충단(奬忠壇) 건립과 장충단제가 그것이다. 장충단은 서울 남산 기슭에 있었다. 영조 때 도성의 남쪽을 수비하던 군영, 즉 남소영(南小營)이 있던 곳이다. 고종은 대한제국 선포 3년 뒤인 1900년 장충단을 건립하게 하였다.[51] 이를 추진한 핵심 인물은 고종, 표훈원장 민영환 그리고 군부의 인물들이다.

고종은 1900년 5월 원수부(元帥府)로 하여금 헌병대를 편성하도록 지시하는 한편, 나라를 위해 목숨을 바친 병사들을 위로하고 제사지내는 방안을 마련할 것을 언급하였다.

> 난리에 뛰어들어 나라를 위한 일에서 죽은 자에 대하여 반드시 제사를
> 지내어 보답하는 것은 귀신을 위로하여 기쁘게 하기 위한 것이며 또한
> 군사들의 기세를 고무하기 위한 것이다. 갑오년(甲午年) 이후로 전사한
> 병졸들에 대하여 미처 제사를 지내주지 못하였으니 이것은 참으로 잘
> 못된 일이다. 생각하건대 울적하고 원망에 싸인 혼백들이 의지하여 돌

---

[51] 이 글의 전반부에 참고한 글들은 서울시사편찬위원회 편, 『서울육백년사-문화사적편』, 1987, 313~330; 백종기, 「장충단」, 『서울육백년사-문화·사적편』, 서울특별시사편찬위원회, 1987; 김영상, 『서울육백년』 2, 대학당, 1996; 박경룡, 『서울문화유적』 1, 수문출판사, 1997; 나각순, 『서울의 산』, 서울특별시사편찬위원회, 1997; 이상배, 「장충단의 설립과 장충단제」, 『충민공 이도철의 생애와 활동』, 제천문화원, 2005 등이다.

아갈 곳이 없어 통곡하는 소리가 저승에 흩어져 있지 않는지 어떻게 알 겠는가? 여기까지 말하고 보니 내 가슴이 아프다. 제사 지내는 절차에 대하여 원수부로 하여금 품처(稟處)토록 할 것이다.[52]

고종의 뜻은 갑오년 이후 나랏일로 희생된 장교와 병사들의 가족에 대한 위로, 구휼과 함께 그들의 충절을 기릴 방법을 마련하자는 것이었다. 고종은 "충성스러운 사람을 표창하고 절개를 지키는 것을 장려하며, 대대로 벼슬하는 사람은 죄를 용서하고 고독한 사람을 돌봐주는 것은 나라의 떳떳한 법이다. 그런데 어떤 사람은 나랏일을 위하여 죽었는데도 부모 처자는 추위와 굶주림을 면하지 못하고, 어떤 사람은 몸이 원수의 칼날에 찔려 그만 목숨을 잃었으나 돌보아주지 않는다면, 착한 일을 한 사람을 무엇으로 고무해 주겠는가."라고 하였다.

여기서 말하는 갑오년이란 전라도와 충청도 등지에서 동학농민들이 봉기하고, 이를 기회로 일본군이 광화문을 습격해 조선 조정을 장악한 뒤 청일전쟁을 일으켰던 1894년이다.

고종은 청일전쟁 와중에 자신의 하명으로 전투 현장에 파견되어 동학군을 효유하다가 목숨을 잃은 장교와 병사 70여 명과 명성황후시해 당시 목숨을 잃은 훈련대장 홍계훈과 궁내부대신 이경직 등에 대해 원통하고도 애절한 기억을 잊지 못하고 있었다. 임오군란과 갑신정변 당시 내부의 변란으로 운명한 인물들에 대해서도 그러했지만, 이들에 대해서는 특별히 더 연민을 느끼며 밤낮으로 번민하게 하였던 것으로 보인다.

이에 원수부는 과거의 사례 조사에 착수하여 결과를 보고하였다.

52 『고종실록』 37 1900년 5월 31일.

군무국총장(軍務局總長) 이종건(李鍾健)은 "왕조의 옛 규례를 상고하여 보니 사당(祠堂)을 지은 때도 있고 제단(祭壇)을 설치한 때도 있었으나 충성을 표창하고 보답하는 것은 마찬가지"라면서 사당을 짓거나 제단을 설치하여 기리는 방안을 아뢰었다. 고종은 제단 설치를 지시하여 원수부에서 집행하고, 봄과 가을 제사는 장례원(掌禮院)에서 진행하도록 명하였다.

이렇게 하여 1900년 11월 10일 옛 남소영 터에 장충단이 완공되었다.[53] 당시 고종은 나라를 위해 죽은 사람들을 등급별로 나누어 목록을 정리하고, 후손들에게 녹을 지급하도록 지시하였다. 이를 통해 국가에 헌신한 장졸들에 대해 합당한 예를 갖출 수 있었다.

당시 건립된 장충단과 장충단비 중 현재 서울에 남아 있는 것은 장충단비다. 비의 앞면 전서체 글씨(獎忠壇)는 순종이 황태자 시절 썼고, 아래 내용의 뒷면 글씨는 민영환이 썼다.

민영환은 1896년 러시아의 마지막 황제 니콜라이 2세 대관식에 참석하고 돌아와 군부대신을 지냈고, 1897년 유럽에 파견되면서 러시아, 영국, 미국을 거쳐 1년 여를 지나 돌아왔다. 이때 각국의 국가 의례와 산업, 군사, 과학, 교육 등 여러 방면의 제도를 살펴보고 돌아와 국가의례, 신식학교 설립, 공업진흥, 이민사업 등 대한제국의 각 분야 개혁에 주력하였다.

이어 표훈원(表勳院) 총재로서 대한제국의 훈위, 훈등, 훈장, 포장, 연금 등에 관한 일을 관장한 바 있고, 수(유)민원(綏民院) 총재로서 하와

---

53 이상배, 「장충단의 설립과 장충단제」, 『이도철과 춘생문의거』, 제천문화원, 2006), 166~168쪽.

이 이민사업을 착수하기도 했으며 흥화학교를 설립하기도 하였다.[54]

그렇다면 고종이 구체적으로 장충단에 배향하고자 한 이들은 누구인가.

> 개국 503년 이후부터 장령, 호위군사, 병졸, 액속 가운데 절개를 지켜 죽었거나 몸에 상처를 입은 사람이 없지 않았지만, 표창하고 돌보아주는 은전은 오늘에 이르도록 미처 베풀지 못하였다. 그러므로 매번 생각이 이에 미칠 때마다 가슴이 아파짐을 금할 수 없다. 원수부로 하여금 대대로 녹을 받을 사람들의 표를 만들어 등급을 나누어 시행하도록 할 것이다.[55]

고종이 은전을 베풀려 한 대상은 1894년 동학농민봉기 당시뿐만 아니라 명성황후시해사건 당시, 그리고 같은 해의 춘생문사건 당시 순국한 장령, 호위군사, 병졸. 액속 등을 모두 포함하고 있다.

> 첫째, 1895년 8월 20일(음력), 명성황후가 일본의 군사, 경찰, 낭인배들
> 에게 경복궁에서 피해를 입을 당시 함께 희생된 인물들이다.
> 둘째, 1895년 11월 춘생문사건에 연루되어 희생된 인물들이다.[56]
> 셋째, 1894년 갑오동학농민봉기 당시 희생된 군사들이다.

---

54 이민원, 「민영환특사의 모스크바 방문과 외교활동」(『死而不死 민영환』, 고려대박물관, 2005); *Michael Finch*, Min Yong-hwan: A Political Biography(University of Hawai'i Press, Honolulu and Center for Korean Studies, University of Hawai'i, 2002).
55 『고종실록』, 40권, 1900년 11월 11일.
56 춘생문사건에 대해서는 홍경만, 「춘생문사건」(『이재룡박사환력기념 한국사학논총』, 이재룡박사환력기념한국사학논총간행위원회 , 1990) 및 이창식 외, 『이도철과 춘생문의거』(제천문화원, 2006)를 참조.

이 중 갑오년 농민봉기 당시 지방 현지에서 전사하거나 자결한 이들은 염도희(진남영의 영관), 이경호(무남영의 영관), 김홍제(통위영의 대관), 이학승(장위영의 대관), 이종구(진남영의 대관) 등이다.[57]

이 중 염도희, 이종구 등은 청주에 건립된 모충단에 병사 70인과 함께 배향되었다. 이들은 동학농민군의 입장에서 보면, 봉건정부의 군대라고 할 수 있지만, 정부의 입장에서 보면 반란군을 진압하던 관군이었다.[58]

현재까지 이름이 확인된 장충단의 배향 대상자들은 홍계훈, 이경직, 임최수, 이도철, 염도희, 이경호, 김홍제, 이학승, 이종구 등 9인이다. 그리고 청주의 모충단에는 나용석을 포함한 병사 70인이 배향되었다.[59]

당초 1894년 이후로 못박았던 고종의 지시를 감안할 때 동학농민봉기, 명성황후시해사건, 춘생문사건으로 전사 혹은 순국한 장병, 관료 등이 장충(奬忠)의 중심이었다.[60]

고종의 뜻과 지시에 의해 추진된 대한제국기 장충사업은 고위 장성과 관리만이 아닌 일반 병사의 희생에 대해 위로와 장충을 시도한 첫 사례로 해석된다. 이 점에서 대한제국기의 장충사업은 현대 국가보훈의 전 단계이자 근대적 보훈 가치의 태동이라 할 수 있다.

---

57 이 중 염도희, 이종구는 동학농민봉기 당시 출동한 진남영의 장교들로, 1894년 10월 초순 동학농민군에 의해 수하의 병사 72명과 함께 희생되었다. (『고종실록』고종 31(1894)년 10월 9일 및 1903년 10월 17일 기사 등을 참조. 기타 『增補文獻備考』卷 63, 「備考」10, 832쪽) 이경호는 『고종실록』 31년 4월 13일, 이학승은 『고종실록』 31년 7월 18일 기록 참조.

58 그 외 임오군란 당시 피살된 인물과 갑신정변 당시 희생된 인물들도 배향하도록 고종이 추가로 지시한 기록이 있으나 이후 어떻게 조치하였는지는 자세하지 않다.

59 이민원, 「대한제국의 장충사업과 그 이념」, 『동북아 문화연구』 33, 2012.

60 『황성신문』에서는 문신가(文臣家), 세록가(世祿家), 권귀가(權貴家)들이 못한 일을 이름 없는 병졸들이 목숨을 바쳤다면서 장충단 건립의 마땅함을 밝히고 있다.(장지연, 『韋菴文稿』, 卷8 社說(上) 奬忠壇盛典, 368~369쪽).

근대 한인의 디아스포라
- 하와이 이민

　고종의 집권기에 추진한 중요한 사업 중 하나는 하와이와 쿠바에 대한 이민사업이다. 이 중 하와이 이민은 매우 성공적이었고, 하와이 농장주들이나 대한제국 정부 모두 지속되기를 희망했지만, 러일전쟁 이후 일본 측의 용의주도한 방해 공작으로 고종과 조정 관료들의 희망에도 불구하고 좌절되었다. 쿠바의 경우는 당초부터 일본 측의 공작으로 애로가 많았고, 가까스로 그곳으로 이민을 간 한인들은 많은 시련을 겪었다.

　그렇지만 하와이와 쿠바로 간 한인이민자들은 어려운 환경 속에서도 꾸준히 삶을 개척해 갔다. 특히 하와이 한인교민의 2세들은 미국 본토나 유럽 등지로 진출하여 성공적인 이민자들의 삶을 이어갔다. 이들 중에는 박용만, 이승만, 안창호 등의 역할과 주도로 독립운동에 참여하거나 수십 년간 상해임시정부 등에 성금을 보내 독립운동에 기여한 이들이 많았다.

　1902년 인천을 떠나간 102명의 한인 노동자들이 처음으로 하와이에 도착한 것은 1903년 1월 13일, 이들은 정부의 해외이민정책에 의해 이주한 사람들이었다.

　하와이 한인의 이민은 한국이 미국과 수교한 지 20여 년 만이고, 1852년 하와이에 중국인 노동자가 도착한 지 50년 뒤, 1885년 일본인 노동자들이 하와이에 도착한 지 근 20년 뒤였다. 하와이에 미국인 기업가들이 사탕수수를 재배하기 시작한 것은 19세기 중반부터다. 사업이 번창할 때는 설탕 수출이 하와이 총 수출액의 90% 이상을 점하였다. 이 농장에는 많은 일손이 필요하였다. 이후 중국인, 포르투갈인, 일본인 등이 하와이에 와서 일하게 되었다.

그런데 중국인들은 계약기간이 만료되면서 미국 본토까지 진출하게 되었다. 대우가 좋고 기회가 많은 미국의 대도시로 진출하게 된 것이다. 그러자 이들의 대량 유입을 우려한 연방정부는 '중국인이민금지법(Chinese Exclusion Act: 1882년)'을 제정하여 10년 동안 이민을 금지하였고, 이후로도 중국인 이민을 차단하자 하와이에 노동자가 부족하였다.

1890년을 전후하여 하와이의 부족한 노동력을 대신하게 된 동양인이 일본인들이다. 그러나 일본인들도 시간이 지나면서 점차 '문제'를 만들었다. 숫자가 늘어난 일본인은 집단적으로 파업을 하여 농장주를 곤혹스럽게 하였고, 계약을 마치면 임금이 높고 노동 환경이 나은 캘리포니아 등지로 떠나갔다. 그 결과 사탕수수 농장에는 여전히 노동력이 부족하였다. 이런 상황에서 새로이 고려하게 된 것이 한국인 노동자들이다.

하와이 이민사업에서 중개역할로 중요한 역할을 한 외국인은 주한 미국 공사 알렌이며 데쉴러, 존스 목사 등이 이를 도왔다. 하와이의 사탕수수 농장주협회 이사회는 휴가차 자기 고향인 오하이오를 방문한 알렌을 초청하여 그의 도움을 구하고자 하였다. 알렌은 황실과 교분이 깊었고, 서울에 온 최초의 장로교 의료 선교사로서 갑신정변 당시 중상을 입은 민영익을 치료해 준 것을 계기로 고종으로부터 깊은 신뢰를 받은 인물이다. 서울에 돌아온 알렌은 한국의 노동자들을 모집하여 하와이에 보내달라는 요청에 따라 고종을 알현하여 사탕수수 농장주들의 뜻을 전하고 마침내 고종의 허락을 받아 내었다.

알렌은 이민모집책을 담당할 사람을 찾는 중 오하이오 주 출신으로 한국에서 사업을 하고 있는 데쉴러(David W. Deshler)를 만나 이민 업무를 맡겼다. 데쉴러는 농장주 협회의 지원으로 데쉴러 은행을 설립하고 동서개발회사를 설립하여 사업을 시작하였다.

그러나 일은 쉽지 않았다. 황제 고종의 입장에서는 격동하는 내외 정국 속에 자국민을 해외에 이민자로 보내야 한다는 이 결정에 많은 모험을 감수해야 했다. 실제로도 보수적인 한국사회에서 당장은 이민에 응하는 사람이 적었다. 당시의 한국인들에게 뿌리깊이 박혀있던 유교적 가치와 윤리관에서 볼 때 조상의 묘를 등지고, 일가친척과 생이별하여 먼 나라로 떠나는 것은 조상과 부모에게 불효하는 자식이나 할 수 있는 일로 간주되었다.

이때 그런 어려움을 해결해 준 한 사람이 인천 내리감리교회의 존스(Geroge Heber Jones, 趙元時) 목사였다. 그는 한국인들이 경제적, 정치적으로 어려움을 겪고 있는 것을 볼 때, 이 기회가 그들을 조금이나마 도울 수 있는 일이라고 생각하였다. 그는 미국에 가면 학교는 무료이며, 영구적인 직업을 얻기가 쉽고, 법률의 보호를 받을 뿐 아니라 대한 돈으로 57원가량($15)을 매달 받으며, 농부들이 유숙하는 집과 땔감과 식수, 질병 치료비 등은 주인이 지급한다고 했다. 이런 과정을 거쳐 1902년 12월부터 약 2년 반 사이에 하와이에 이주한 한인은 7,843명이다.

그렇다면 하와이 이민사업에 대한 고종과 정부의 입장은 무엇이었나. 당시 한국에는 "수(유)민원"이라는 기구가 설치되어 민영환이 총재직을 수행하고 있었다. 그만한 이유와 배경이 있었다. 민영환은 두 차례나 유럽을 방문하였고, 미국과 하와이 등지도 순방한 적이 있다.

민영환이 귀국 이후 추진한 업무 하나는 한국 최초의 이민사업 부서, 즉 수(유)민원의 총재직이다. 수민원이 설립된 것은 1902년 11월 16일이다. 그 과정에서 민영환 등이 황제에게 진언하고 대신들의 회의를 거쳐 고종이 결정을 내린 것으로 볼 수 있다.

이처럼 하와인 한인이민 사업은 대한제국 정부와 미국 양측의 희망으로 추진되었다. 첫 이주민이 하와이에 도착한 것은 1903년 1월 13일 새벽, 하와이의 호놀룰루 항에 도착한 게일릭호에서 태평양을 건너온 102명의 한국인 일행이 낯선 땅에 첫발을 디뎠다. 사탕수수 농장일을 위해 정든 땅을 떠나 신천지를 찾아온 미주 한인이민의 시작이었다.

사탕수수 농장과 노동 계약을 맺고 하와이 땅에 내린 이들은 호놀룰루 항이 속한 오아후(Oahu)뿐 아니라 마우이(Maui), 카우아이(Kauai), 그리고 빅아일랜드라 불리는 하와이(Hawaii)에 산재해 있는 각 사탕수수 농장으로 흩어져 힘든 이민생활을 시작하게 된다.

때로는 못된 농장주와 감독으로부터 엄청난 혹사를 당하기도 하였지만, 대다수 하와이 한인이주민들은 현지에서 가장 성실한 노동자들로 평가되었다. 중국인들보다도 부지런하고 영리하며, 일본인들보다도 착실하고 성실하다고 인식되었다.

하와의 한인들은 생활력이 강하고, 교육열이 높아 1930년경에는 문맹률 0.3%로 소수민족 중 가장 성공한 사례로 꼽혔다. 초기의 하와이 이주 노동자들은 일당 75센트의 저임금에도 불구하고 월수입의 약 30%를 한인 2세의 교육과 독립운동 자금으로 기부하였다.

이후 고종과 조정 대신들 모두 해외이민의 가치를 더욱 인식하여 윤치호를 하와이에 파견하고 쿠바에도 현지 방문하여 조사를 하도록 하였다. 그러나 러일전쟁 진행중에 일본 측의 거듭된 공작과 방해가 지속되었다. 종래 하와이 이민사업의 좌절에 대해 고종과 조정대신들의 무관심과 무능, 재정곤란 등을 거론하는 경우가 많았다. 그러나 내막을 살펴보면 가장 결정적 장애는 일본의 공작과 방해였다.

당시 하와이 교민들은 고국에 대한 충성을 다짐하며 모국과의 유대관계를 지속하는 가운데 한인이민이 지속되기를 희망했고, 하와이 농장주들을 각국 이민자들 중에서도 가장 성실한 한인 이민이 지속되기를 간절히 희망했다.

고종도 하와이 현지에 윤치호를 파견하여 한인노동자들의 상황을 살펴보게 한 뒤, 헐버트를 통해서도 거듭 상황을 살펴보게 하였다. 이후 고종은 이들과 알렌 등을 통해 이민들의 종합적인 상황을 파악할 수 있었다. 이에 고종은 이민사업 지속을 희망했고, 외부대신 조병식과 후임자 박제순 등도 이를 희망하였다.

조정은 하와이 현지에 도착한 윤치호와 전문을 왕래하며 쿠바 이민 문제까지도 고려하고 있었다. 그러나 일본 측은 대한제국의 재정빈곤 등을 이유로 윤치호의 쿠바 방문에 필요한 비용을 차단하는 등, 하와이 이민사업의 추가 진행을 방해하여 좌절시켰다.[61]

그럼에도 불구하고 2년 남짓 추진된 민영환 등의 하와이 이민사업은 후일 해외 한인의 독립운동, 특히 이승만·박용만·안창호 등에게 각별한 의미를 지니게 된다. 이들은 하와이와 미국 본토의 한인을 기반으로 독립운동을 실현해 나갈 수 있었다. 하와이 이민사업은 단기적

---

61 웨인 패터슨 지음, 정대화 옮김, 『아메리카로 가는 길』, 들녘, 2002, 228~248쪽.

으로는 성과가 미미해 보였으나, 장기적으로는 중요한 의미를 지녔다. 일제하에 꾸준히 지속된 하와이 한인의 독립운동 그리고 현재로 이어지는 재미 한인의 존재가 그것이다.

제6장

러일전쟁과 불타는 황궁

-외교 주권 상실과 고종의 대응-

의화단봉기와
러·일의 만주 출병

대한제국 선포 뒤 고종이 다방면의 시책을 펼쳐갈 무렵 이웃 나라 청국에는 거대한 소용돌이가 몰아치고 있었다. 1898년 5월 하북과 산동성에서 시작되어 청국 전역으로 확산되어 간 의화단봉기(Boxer Rebellion)가 그것이다. 백련교(白蓮敎)의 한 갈래인 의화단은 청조를 부흥하고 서양과 기독교를 배척하자는 '부청멸양(扶淸滅洋)'의 구호 아래 배외운동을 시작하였다. 이때 수많은 서양인들과 선교사, 신앙인들이 의화단원들에 의해 잔인하게 살륙을 당하였다.

이듬해 4월 의화단 세력이 북경에 육박하자 북경의 열국공사관에서는 청조가 이들을 진압해 줄 것을 요청하였다. 그러나 청조의 보수파는 그들의 행동을 의롭게 여겨 이들을 의민(義民)이라고 추켜세웠다. 그들의 배외운동은 열강의 보복을 부를 사안이었지만, 청국의 실권자 서태후(西太后)와 보수파들은 오히려 이들의 폭력을 부채질하고 있었던 것이다.

마침내 영국의 동양함대 사령관 세이모어(Edward H. Seymour)의 지휘 아래 천진에 집결한 8개국 연합군이 북경으로 진격했다. 그러자 청조의 감군(甘軍)과 의화단이 북경의 외국공사관을 포위하였다. 말하자면 인질극 작전을 편 것이었다. 양측 사이에 밀고 밀리는 공방이 지속되었다. 그러나 청국의 감군과 의화단은 연합국의 군대에 비하면 오합지

졸에 불과했다. 감군은 참패하고 의화단은 손쉽게 진압되었다.

이후 열강의 강화조건 12개 조가 청조에 전달되자 청국은 모든 요구 조건을 수락해야 했다. 주요 내용은 각국이 자국 공사관 보호를 위해 북경에 경비대를 상주시킬 권리를 확보한다는 것, 청국이 배상금을 지불한다는 것이었다. 이 중 40년에 걸쳐 분할 상환한다는 4억 5천만 냥의 배상금은 이자까지 합하여 9억 8천만 냥에 달하는 거액이었다. 이에 대한 담보가 관세와 염세였다.

각국이 배상금을 분배하여 포식하는 가운데 청국의 재정은 바닥을 쳤다. 청일전쟁의 패배로 일본에 막대한 배상금에 보상금까지 물어야 했던 청국은 또다시 일격을 맞아 막대한 피해를 감수해야 했다. 의화단 봉기의 결과가 그랬다. 결국 청국의 앞길에 기다린 것은 황제 체제를 뒤엎고 공화주의로 가자는 신해혁명(1911)이었다.

의화단봉기를 계기로 동북아에서 크게 떠오른 나라는 일본이었다. 일본은 의화단 진압을 위해 출병한 8개국 연합국 병력의 근 40%에 달하는 군사를 파견하였다. 일본을 제외한 연합국의 병력은 러시아 4,500명, 영국 3,000명, 미국 2,500명, 프랑스 800명, 이탈리아와 오스트리아, 헝가리, 독일의 병력까지 7개국 병력이 14,000명이었다. 이에 비해 일본은 8,000명이었다. 일본의 목적은 의화단 진압에 공을 세워 자국의 위상을 높이고 만주에서도 입지를 강화하자는 것이었다. 구미열강도 일본의 이런 행동을 묵과하였다.

한편 러시아 측은 의화단봉기가 만주로 확산되면서 자국이 관리하는 동청철도까지 파괴하기에 이르자 비상이 걸렸다. 의화단 봉기에 대응하여 러시아가 만주에 배치한 병력은 12,000명이었다. 그러나 의화단의 난이 진압된 후에도 러시아는 철도보호를 명분으로 병력 철수를 늦추었다. 러시아 역시 만주에서 우월한 지위를 유지하고자 한 것이다.

이 무렵 영국과 일본은 영일동맹(1902.1)을 맺었다. 다분히 러시아를 겨냥한 동맹이었다. 이에 러시아는 러불동맹을 아시아로 확대하여 대응하려 하였지만, 프랑스가 소극적 자세를 보이자, 방향을 바꾸어 청국과 만주철병에 관한 협정을 맺었다.(1902.4.8) 매 6개월 단위로 3차에 걸쳐 만주에 주둔한 러시아 병력의 철수를 완료하기로 하였다.

그런데 러시아는 1차 철병(1902.10.8까지)을 이행한 뒤, 2차 철병(1903.4.8.까지)을 하는 대신 오히려 봉천성 남부와 길림성 전역을 점령하였다. 러시아가 영일동맹에 정면으로 도전한 모양새였다. 이런 변화는 베조브라조프(A. M. Bezobrazov)를 비롯한 강경파가 러시아 내에서 득세한 결과로 알려진다. 한걸음 나아가 러시아는 만주와 압록강 유역으로 군대를 이동시키고, 대한제국 정부와 맺은 압록강 삼림채벌권 행사를 명목으로 용암포에 진출한 뒤, 이 지역을 조차하여 군사기지화하려고 하였다.(1903.8)

러시아 내부에서는 점진론자인 위테가 해임되고 여순에 극동총독부가 신설되는 등 이른바 '신노선'에 따른 적극적 동북아정책이 취해졌다. 베조브라조프 등 러시아의 강경파는 일본은 물론, 영일동맹의 위력을 과소평가하고 있었다. 온건론자로 알려진 쿠로파트킨(Alexei N. Kuropatkin) 조차도 이렇게 호언할 정도였다.

우리들은 13일 이내에 40만의 군대를 일본 국경에 집결시킬 수 있다 (중략) 전쟁은 군사적인 산보에 불과할 뿐이며 독일 오스트리아 국경으로부터 우리의 군대를 움직일 필요조차 없는 것이다.

베조브라조프의 모험주의 노선이 일본의 팽창주의와 정면으로 맞부딪쳐 가는 상황이었다.

결국 의화단봉기를 계기로 러·일은 막다른 골목으로 치닫고 있었다. 양국은 수차 만주와 한반도에 관해 교섭을 하였다. 일본은 한국을 자국의 보호령으로 하는 대신 만주에서 러시아의 우월권을 인정하되 기회균등 원칙이 지켜져야 한다고 하였다. 반면 러시아는 자국의 만주 독점권과 한반도의 북위 39도 이북을 중립지대로 설정할 것과 한국령의 전략적 사용이 불가하다는 입장을 고수하였다. 러시아는 한국을, 일본은 만주를 물고 늘어지면서 한 치의 양보 없이 시간이 흘러갔다.

일본의 제1차 협상안은 청국과 한국 양국의 독립보전과 상업상의 기회균등, 한국과 만주에서 상호 이익을 보장한다는 것이 골자였다. 러시아는 만주를 일본의 세력범위에서 제외시키고 한국에서 일본의 군사활동을 제한하고 39도 이북에 중립지대를 설정할 것을 주장하였다.

고무라 일본외상은 1차 수정안에서 만한교환론을 더욱 분명히 하여 일본의 한국에 대한 파병권은 물론 한국과 만주 국경에 중립지대의 설치를 요구하였다. 러시아의 반대제안은 청나라에 관해서는 아무런 언급이 없고, 한국 북부의 중립지대 설정 및 한국 영토의 전략적 사용 불가 등 한국문제에 대해서만 다루고 있었다.

이렇게 양국은 자국의 국익을 앞세워 상반된 입장의 '만한불가분리론'만 되풀이하고 있었다. 결국 먼저 전쟁의 방침을 굳힌 것은 일본이었다.

일본에서는 중국의 보전과 한국의 보호를 내세우며 1900년에 국민동맹회란 단체가 결성되어 활동하더니, 얼마 후 도야마 미츠루(頭山滿) 등 현양사(玄洋社)의 호전적 인물들로 꽉 채워졌다. 이 무렵 도쿄대, 와

세다대 등의 교수들을 주축으로 '칠박사(七博士)'들이 개전을 주장하고
나섰다. 육군과 해군 그리고 외무성의 강경론자들도 개전을 주장하고
나섰다. 마침내 1904년 2월 개전이 결정되었다. 고종과 대한제국의
위기를 불러온 또 다른 전쟁이었다.

고종의 국가 생존 모색
– 영세중립안과 전시국외중립 선언

1896년 민영환이 러시아를 방문하던 당시 러·일 양국은 서울에서
〈고무라–베베르각서〉, 모스크바에서 〈로바노프–야마가타의정서〉를
체결한데 이어, 1898년 도쿄에서 〈로젠–니시협정〉을 체결한 바 있다.
한반도를 놓고 이해 절충을 지속하는 가운데, 양국 사이에 보인 잠정
적 타협이었던 것이다.

그러나 대한제국으로서는 군사, 외교, 재정에 관해 대안을 모색할
여지를 차단한 양국의 공동 규제와 다름없었다. 이 중 〈로젠–니시협정〉이
특히 그러했다. 군사든 재정이든 러·일 양국의 양해 없이는 한국이 대
외적 지원을 모색할 수 없게 하는 것이 골자였던 것이다.

대한제국 선포 이후 고종은 각종의 정책을 추진해 갔지만, 이처럼
러시아와 일본이 얽어 놓은 보이지 않는 규제가 작동하고 있었다. 게
다가 양국 사이에 한반도 내외의 사안을 두고 갈등이 고조되어 가면서
고종의 국정 운영은 도무지 정상궤도를 달릴 수가 없었다.

결국 러·일 사이에 전쟁이 다가올 것을 감지한 고종은 일찍이 양국의 분규에 휩쓸리지 않고자 대응책 마련에 부심하였다. 그중 하나가 영세중립의 모색이었다. 그러나 각국은 대한제국 스스로 방어할 힘을 갖지 못하면서 무슨 소용이 있느냐는 반응이었다. 대한제국이 스스로 방어할 국력이 있다면 구태여 영세중립을 모색할 이유도 없었지만, 약소국의 입장이 되어보지 않은 강대국들의 논리는 그랬다.

이런 시도가 모두 좌절되자, 고종이 최종적으로 취한 조치는 1904년 1월 20일에 선언한 전시국외중립이다. 이때는 이미 러·일 사이에 전운이 가득한 상황이었다.

국외중립선언은 고종이 재위 중 추구한 나라의 영세중립국화 시도가 무산되면서 취한 고육책이었다. 영세중립국에 대한 아이디어는 이미 1880년대로부터 국내외의 다양한 인사로부터 고종에게 간간이 제시된 바 있다.

1885년 서울 주재 독일영사관 부영사 부들러(Hermann Buddler)는 조선이 평화와 안정을 유지하기 위해 스위스와 같은 영세중립국이 되어야 한다는 방안을 고종에게 건의한 바 있다.

거의 같은 시기에 국내에서 영세중립을 주장한 이는 유길준(俞吉濬, 1856-1914)이다. 유길준은 1885년 12월 러시아의 남진을 저지하기 위해서는 조선이 벨기에와 같은 영세중립 정책이 필요하다는 것을 조정에 건의했다. 유길준은 갑신정변 이후 조정의 명으로 귀국하는 도중 유럽을 경유하여 벨기에의 영세중립에 관한 정보를 살펴본 뒤 건의한 것이었다.

그 외에 영국 왕립아시아협회 중국지부 회원인 체스니 던켄(Chesney Duncan)은 1889년 8월 그의 저서 *Corea and the Power*에서 강대국으로부터 조선을 보호하기 위해서는 엄정한 중립(strict neutrality) 정책이 유지되어야 한다고 주장했다. 1883년부터 조선의 관세업무 보좌역으로 근무한 바 있는 그는 조선의 국제 환경을 잘 이해하고 제안한 것이었다.

이어 대한제국의 궁내부(宮內府) 고문이었던 윌리엄 샌드(William F. Sands)는 1900년 1월 서울에 부임한 이후 스위스와 벨기에의 영세중립을 모델로 대한제국의 영세중립을 고종에게 건의했다. 그는 대한제국의 자주독립 유지에는 열강의 동의가 필수적이므로 대한제국이 스위스나 벨기에와 같이 영세중립을 선언하고 열강의 동의를 받을 것을 제안하였다.

고종은 1891년 6월 조선의 지정학이 스위스와 유사하다는 인식 아래 영세중립 정책을 적극 모색하였다. 이때 러시아, 미국, 영국 등이 조선의 영세중립에 관심을 보였지만, 조선에 종주권을 행사하려는 청국과 조선 침략을 목표로 하던 일본 모두가 반대하였다.

이후 고종은 1900년 8월과 10월, 1901년 1월 동경 주재 공사 조병식에게 일본정부와 동경 주재 미국 및 러시아의 공사를 만나 대한제국의 영세중립을 논의하도록 지시한 바 있다.

1903년 9월에는 현영운을 일본에 파견하여 일본정부와 대한제국의 영세중립을 논의하도록 했으나 이때에도 일본의 협력은 없었다.

이상의 과정에서 보듯이 고종은 국가의 생존 대책으로 꾸준히 영세중립을 모색하였으나, 청국, 일본 등에 의해 부정되었고, 미국, 영국 등 서구 열강은 청일 양국의 행태를 저지하거나 고종의 시도를 적극 지지하지도 않는 가운데 실효 없이 시간만 지체되었다.

이런 상황에서 러·일 사이에 전쟁 분위기가 고조되자 고종은 마침내 1904년 1월 20일 양국 간의 전투로 대한제국이 입을 피해를 방지하고자 '전시국외중립'을 먼저 선언했다. 그러나 고종의 국외중립선언은 일본에 의해 묵살되었다. 일본은 고종의 중립선언 다음 달 러시아에 전쟁을 일으킨 뒤 대한제국에 한일의정서를 강요하여, 고종의 중립선언을 무용지물로 만들었다.

러일전쟁과
포츠머스 강화조약

러일전쟁은 2월 8일 밤 여순과 인천에서 일본군의 기습으로 시작되었다. 다음날 일본은 인천 앞바다에서 러시아 군함을 기습하였다. 일본이 전쟁을 선포한 것은 그다음 날인 10일이다.

그로부터 두 달 뒤 도고 헤이하치로(東鄕平八郞)의 함대가 요동반도에 상륙하였고, 한국을 거쳐 북진한 제1부대는 압록강을 건너 만주로 진격하였다. 1904년 6월 20일 만주군총사령부가 설치되고, 총 병력 15만의 일본군 제1, 2, 4군이 9월 초 요양을 점령하였다.

노기 마레스케(乃木希典) 대장 휘하의 제3군이 여순을 함락한 것은 1905년 1월 2일. 이어 전개된 봉천 대회전도 3월 초순 일본의 승리로 끝났다. 만주를 방어하는데 중추나 다름없던 러시아의 보루가 무너진 것이다.

러일전쟁에 투입된 일본군은 전시병력 120만, 이 중 사상자가 68만 9천 명(전사자 13만 5천)이었다. 해군은 전함 7척, 무장 순양함 8척, 경순양함 17척, 구축함 19척, 어뢰정 28척, 포함 11척이었다. 이에 비해 개전 직전 러시아의 극동군은 정규군 9만 8천 명, 그중 극동해군은 주로 여순에 기항하고 있었다. 이들은 전함 7척, 무장순양함 4척, 어뢰정 37척, 포함 7척을 구비하고 있었다.

그러나 러시아의 철도수비대 2만 4천 명은 동청철도 연변에 분산되었고, 전쟁 초기 시베리아철도의 군 수송률은 하루 6량에 불과하였다. 만주로 이동한 120만 병력은 대부분 1905년에 이동한 것이다. 러시아 측 사상자는 40여만 명이었다.

전쟁이 장기화할수록 불리한 국면에 몰릴 쪽은 사실상 일본이었다. 일본은 재정면에서 1년간의 전비를 4억 5천만 원 정도로 예상하였지만, 실제로는 2년간에 19억 원을 지출하였다. 또 전선의 확대로 보급로가 길어져 전술상의 취약점이 노출되었다. 러시아의 주력부대가 하얼빈에 집결, 반격할 기회를 노릴 수 있었다. 일본은 종전을 서두르지 않으면 안 되었다. 봉천전투 이래 일본은 더 이상의 전쟁 수행 능력을 상실하고 있었다.

일본은 전쟁의 승기를 잡은 뒤 미국에 중재하기로 결정하였다. 최후의 전투는 발트 함대와의 대마도해전이었다. 1904년 9월 10일 발트해의 크론쉬타트(Kronstadt)항을 출발한 러시아의 발트 함대는 장장 8개월 반이 지난 1905년 5월에야 대한해협에 이를 수 있었다.

그 사이 엄정중립을 구실로 영국이 자국 소유의 항만에서 러시아 함대에 대한 석탄 공급을 거부하였다. 아프리카 대륙을 우회하던 발트 함대는 마다가스카르 등지에서 수개월간 발이 묶여 있어야 했다.

마침내 발트 함대가 인도양과 남중국해를 거쳐 대한해협을 통과하게 되자, 발트 함대를 기다린 것은 도고(東鄉平八郎) 중장이 지휘하던 일본의 연합 함대였다. 5월 27일 새벽 4시 45분, 일본 연합 함대의 선제공격으로 근 24시간 동안 지속된 동해해전에서 발트 함대는 치명적 타격을 입고 괴멸되었다. 러시아해군 사령관 로제스트벤스키 제독이 포로로 잡혔다.

이렇게 육전과 해전에서 일본은 일방적 승리를 거두고 있었지만, 전쟁이 장기화하면서 더 이상 전투를 계속하기 어려운 쪽은 일본이었다. 보급선이 길어진 일본군은 점차 작전 수행에 많은 지장을 받았다. 상대적으로 바이칼호를 우회하는 철도의 완공을 목전에 둔 러시아는 신규병력의 투입이 수월하게 되고, 지휘체계가 정비되면서 사기가 높아지고 있었다. 그러나 러시아도 1905년 전국을 휩쓴 혁명의 물결로 인해 일본과 강화를 모색하지 않을 수 없었다. 국내의 혁명이 러시아군의 발목을 잡은 것이다.

러일전쟁은 앞선 영국, 독일, 프랑스, 미국 등의 열강이 흥미진진하게 관전하는 가운데, 낙후한 제국주의 국가 러시아와 아시아의 떠오르는 태양 일본이 한판 승부를 겨룬 셈이었다. 제국주의 국가 그룹 내의 약자 간 싸움이었다. 그런데 러일 간의 전쟁에서 일본을 적극적으로 지원한 나라가 있었다. 영국과 미국이다. 양국은 재정, 전략, 외교 방면의 지원을 했다.

1904년과 1905년 사이에 1년 동안 영국과 미국이 일본에 제공한 차관은 4억 1천만 달러, 이 중 약 40%가 일본의 전비로 충당되었다. 엄정중립을 선언하였음에도 불구하고 영국은 제3국이 러시아에 석탄을 공급하고 원조를 제공하는 것을 저지하였다. 미국의 루스벨트 대통령도 독일과 프랑스가 삼국간섭 당시처럼 일본에 개입한다면, 미국은 당장 일본 편에 가담하겠다고 하였다. 한걸음 나아가 미국은 북중국을 포함하는 전 중국에 대해 중립을 지켜야 한다고 하여 러시아의 만주에 대한 기득권을 부정하였다.

한편 러시아의 동맹국이었던 프랑스는 전쟁으로 인해 영국과 충돌하는 것을 원치 않았다. 중립을 선언하고 영불협약을 체결하였다.(4.8) 그러나 발트 함대에 대한 석탄의 공급 등 동맹국으로서의 편의 제공은 하였다.

그런데 독일의 행동이 묘하였다. 독일은 러시아가 공격을 받을 경우 독일의 지원을 기대해도 좋다고 공언하였다. 그러나 개전 무렵 일본 측에 개입하지 않겠다고 통보하였다. 개전 이후도 중립을 표방하였다. 그러면서도 발트 함대에 대한 연료공급 문제와 도거 뱅크 사건 때 노골적으로 러시아를 지지했다. 이렇게 보면 독일은 러일전쟁을 부추긴 셈이었다.

대마도해전 후 일본은 미국에 중재를 의뢰하였다. 루스벨트의 중재하에 일본과 러시아 사이에는 약 4주간(8.9-9.5) 강화회담이 지속되었다. 역사적인 포츠머스 강화조약이 성립한 것은 9월 5일. 그에 따라 남만주는 물론, 한국이 일본의 영향력하에 들어갔다.

영국과 미국은 동북아에서 이 조약으로 한반도를 경계로 러시아의 남하를 차단하는 데 성공하였다. 그렇다고 일본의 배타적인 만주진출을 허용하려는 것은 아니었다. 그러자 후일 일본은 이에 대항하여 러시아와 러·일 협상을 맺었고(1907), 러시아는 새로이 중앙아시아와 발칸지역으로 진출 방향을 돌렸다. 이때가 고종이 헤이그특사를 파견할 무렵이었다.

황궁의 대화재와
수옥헌의 고종

일본군은 러시아를 상대로 전쟁을 개시함과 동시에 경인가로를 거쳐 서울에 진입하였다. 대한제국 정부의 항의에도 불구하고 일본군은 서울의 주요 거리를 장악하고 황궁을 포위하였다.

이후 일본 측은 대한제국 정부를 압박하여 러일전쟁 수행에 필요한 선제 조치를 취하였다. '한일의정서'가 그것이다. 요지는 '한국은 행정개선에 일본의 충고를 따르며, 일본은 한반도 내의 군략상 요지를 형편에 따라 수용하며, 일본의 허락 없이 한국은 어떤 협정도 제3국과 맺지 않는다.'는 것이었다. 군사 작전을 명분으로 전국 요지와 통신 시설을 장악하고, 대한제국의 행정·군사·외교권을 일본이 통제하는 조치였다.[1]

한일의정서의 내용이 관보에 보도되자, 이의 성토와 폐기를 주장하는 여론이 비등하였다. 이때 일본은 추밀원의장 이토 히로부미(伊藤博文)를 한국에 파견하였다. 일본은 한·일의 친선을 가장하여 군사적 위압으로 사태를 무마하고자 하였지만, 서울에서는 일본군이 삼엄하게 포진하여 수도 서울은 물론 황제의 신변을 장악한 상태였다.

바로 이 상황에서 놀라운 사태가 서울에서 벌어졌다. 고종이 머물

---

1 M. Frederick Nelson, *Korea and the Old Orders in Eastern Asia*, Louisiana State University Press, Baton Rouge, Louisiana, 1946. pp.253~254; 윤병석, 「일제의 국권침탈」, 『한국사42-대한제국』, 국사편찬위원회, 1999, 223~228쪽.

러 있던 황궁 즉, 경운궁의 대화재가 그것이다. 시기도 묘하고, 발화 과정도 그러하였다. 앞서 2월에는 주한 러시아공사 파블로프 일행이 서울을 떠났고, 5월에는 러시아 주재 이범진 공사의 소환령이 내려졌으며, 한·러 간의 모든 조약이 폐기되는 상황이었다.

화재가 발생한 것은 1904년 4월 14일 밤, 러일전쟁 발발 두 달 뒤였다. 이 화재로 함녕전을 비롯하여 중화전, 즉조당, 석어당, 경효전, 흠문각 등 주요 전각이 모두 하루 사이에 잿더미가 되었다. 기록에 따르면 밤 10시쯤 수리 중이던 함녕전의 아궁이에서 발화하였고, 그 불이 정전인 중화전과 즉조당 등으로 번져 모두 불타버렸다.

경운궁의 대화재는 대한제국 정부나 고종에게 정신적, 물질적으로 심각한 타격을 주었다. 특별한 용도로 황제의 거처에 비밀리에 보관 중이던 금고가 녹아내리면서 거액의 일본 지폐가 재로 변했으며, 궁중에서 보관해왔던 문부, 서책, 부기 등 전래의 서류와 금보(金寶), 화물(畵物) 등도 전부 불에 탔다. 이 모든 것이 대한제국의 중추에 심각한 타격을 입혔지만, 당장 급한 것은 고종이 집무할 곳과 고종 신변의 안전을 보장할 공간을 마련하는 것이었다.

미국 공사 알렌은 경운궁을 복구하려면 대한제국 정부의 1년 예산이 소요될 것으로 추정하였고, 일본 공사는 경운궁을 복구하지 말 것을 고종에게 진언하도록 서양 외교관들에게 요청하기도 하였다. 재정 부족이 주요 명분이었다. 그러나 대한제국의 재정에 막대한 손해를 끼쳐 온 일본 측이 대한제국의 재정을 걱정해 준 일도 그렇고, 여러모로 압제적이었던 일본의 행태를 고려할 때 일본 공사의 진의는 여러 가지 추측을 낳게 하였다.

화재가 난 직후 열국 공사와 신하들은 수옥헌(漱玉軒)에 머물고 있는 고종에게 장소가 매우 좁으니 다른 궁궐로 거처를 옮길 것을 진언하였다. 그러나 고종은 "아관파천 당시 경운궁에 즉조당만 있었다. 지금 비록 화재로 소진되었다 해도 가정당, 돈덕전, 구성헌 등이 남아 있으니 그때에 비하면 오히려 낫다."고 하면서 응하지 않았다.

당시 알렌은 대한제국 정부에서 미국공사관에 고종이 피신처를 요청한다면 어떻게 대비할 것인가를 두고 본국 정부에 문의하였다. 그는 고종을 받아들이지 않겠다고 하였다. 러·일 사이의 외교적 분규에 휩쓸리고 싶지 않다는 뜻이었다. 고종은 경복궁 혹은 창덕궁으로 가느냐, 경운궁의 전각을 중건하느냐 하는 문제에 대해 결단해야 했다. 일본 공사의 종용에도 불구하고 고종은 마침내 황궁의 전각을 중건하기로 결심하고, 기한을 정하여 착수하도록 명하였다.

경운궁의 대화재는 당시에도 많은 의문점을 남겼다. 화재가 발생한 것은 러일전쟁을 착수한 일본이 대한제국 정부에 강요하여 한일의정서를 체결한 지 두 달이 지난 시점이었고, 일본군이 서울을 장악하고 있던 상황이었다. 전후의 사정을 감안할 때 이 화재는 일본의 정략과 연관된 방화라는 심증을 갖게 하였다.

1904년의 대화재로 대부분 소진되었던 경운궁은 극심한 재정난에도 불구하고 고종의 뜻에 따라 이후 1, 2년 만에 거의 재건되었다. 그 사이 고종은 수옥헌에 머무르며 경운궁을 중건할 때까지 기다렸고, 중건 후에도 주로 수옥헌에 머물렀다. 을사늑약이 강요되고 헤이그 특사를 파견할 당시, 그리고 강제로 퇴위할 때에도 그러하였다. 이후 수옥헌은 중명전으로 불리게 되었고 현대에 와서 재정비를 거쳐 오늘에 이르고 있다.[2] 현재 정동의 중명전 전시실은 을사늑약 당시 헤이그 특사

---

2 이태진·이민원·안창모 외, 『대한제국의 역사적 위상회복과 덕수궁 중명전 복

파견을 준비하던 현장으로 대한제국 역사의 주요 무대임을 일반에게 전하고 있다.

일본의 토지침탈 기도와
조야의 대응

러일전쟁이 진행되던 시기에 일본은 대한제국 영토를 잠식하는 작업을 진행하고자 하였다. 그것이 일본인 사업가 나가모리 도키치로(長森藤吉郎)를 앞세운 대한제국 내의 황무지개척권 요구다. 일본이 황무지개척권을 요구한 것은 1904년 6월, 러일전쟁 발발로 한국 전국이 어수선하고 경운궁의 대화재로 조정이 갈팡질팡하는 사이에 제기한 것이다.

일본의 원로회의에서는 이미 5월에 제국의 대한방침과 대한시설강령, 대한시설강목 등을 결정해 둔 상태였다. 이렇게 볼 때 일본의 황무지개척권 요구는 러일전쟁 후 일본이 맨 먼저 시도한 식민지화 작업의 하나였다. 1904년 6월 6일 주한일본공사 하야시 곤스케(林權助)가 제시한 10개조의 '황무지개척권 요구 계약안' 요지는 다음과 같다.

- 대한제국의 궁내부 어공원경(御供院卿)은 능·묘·시(寺)·금산(禁山)·
  분묘(墳墓)와 현재 궁내부 소유 및 관 소유에 속한 개간지와 민유지

──────────

원의 의미』, 문화재청 덕수궁 관리소, 2010.

로 그 소유 관계가 명백한 것을 제외하고 8도에 산재한 토지·산림·
원야(原野) 기타 모든 황무지의 개간·정리·개량·척식 등 일체의 경
영을 나가모리 도키치로(長森藤吉郎)에게 위임한다.

▪ 경영 관련 자본금은 나가모리가 마련하고 궁내부 어공원은 자본을
지출할 의무가 전혀 없다. 나가모리는 전 항의 자본금을 지출할 때
매번 금액과 사용 목적을 한국정부에 통보한다.

▪ 대한제국 궁내부 어공원은 나가모리 외에는 물론 누구에게도 허가
하지 못한다.

▪ 토지를 개간·정리·개량한 후 나가모리는 때에 따라 미맥(米麥)·콩
기타 농산물과 수목·과실 등물을 심거나 목축·어렵을 하거나 기타
유용하게 사용할 권리가 있다.

이상은 일본인 나가모리 도키치로에게 한반도의 황무지 활용에 대
해 특혜를 부여하는 내용이었다. 나가모리는 대장성 관방장을 지낸 인
물로 그해 1월 일본의 밀명을 받아 한국에 대한 경영방안을 조사·연구
하며 궁내부 측에 예비공작을 진행해 오고 있었다.

일본의 황무지개척권 요구는 일본 농민을 한국에 이주시켜 일본
내에 과잉 상태인 인구를 해외로 해소하려는 목적이 있었다. 이런 취
지하에 한국의 전국에 널려 있는 미개간지를 일본인 명의로 개발하여
일본의 관리하에 두고자 했던 것이다.

일본의 요구가 조야에 알려지자, 한국의 전역에서 반대 상소가 올
라왔다. 주로 전·현직 관리와 유생들이었다. 언론에서도 논설과 기사
를 통하여 일본의 행태를 성토하였다. 농광회사를 차려 한국인 스스로
개간 사업을 해야 한다는 주장도 비등하였다.

이를 반대하는 정일영의 상소가 6월 20일 있었고, 6월 22일 이상

설, 박승봉 등이 연명 상소를 올려 일본의 황무지개척권 요구를 전국에 알렸다.(6월 22일)

> 토지란 국가의 근본으로 토지가 없으면 국가도 없을 것이며, 재물이란 것은 민생의 근본으로 재물이 없으면 이 백성도 없을 것입니다 (중략) 수년 이래 재원을 외국인에게 양여한 것이 너무도 많습니다. 어채는 일본에, 산림은 러시아에, 철도는 미국과 일본에, 광산은 미국, 일본, 영국, 독일에 모두 양여하여 우리의 한정 있는 지하자원을 저들에게 나누어 주고 있습니다 (중략) 자국 백성은 파리하게 만들면서 외국인을 살찌게 하고, 본국을 팔아서 딴 나라에 아첨하니 국민의 죄인일 뿐 아니라, 우리 조종(祖宗)과 폐하의 죄인입니다 (중략) 빨리 실업학교를 넓혀서 그 씨앗을 심고 채취하는 방법을 연구하며, 용도를 줄이고 부비를 절약하여 힘을 넉넉하게 하고, 기계를 구입하는 계책도 구하며…날로 부지런히 힘써야 할 것입니다.(광무 8년 6월 일, 가선대부 신 이상설, 통정대부 신 박승봉)

  토지와 재물은 국가와 민생의 근본이니, 이를 팔고 외국에 나누어 주는 자는 조종과 폐하의 죄인이다. 일본의 요구를 거부하여 국권을 지키고, 황무지 개척을 우리 스스로 하여 산업을 진흥해야 한다는 주장이었다.

  이처럼 조야의 반대 상소가 기폭제가 되어 서울에서는 송수만·심상진·이준 등에 의해 종로의 백목전에서 보안회(輔安會)가 조직되었다.(7.13) 보안회에서는 '국가의 존망이 달린 것이므로 한 치의 땅도 양여할 수 없다.'는 내용으로 통문을 돌리고, 규탄운동을 하였다. 보안회의 황무지개척권 반대운동은 독립협회의 열강에 대한 이권 양여 반대 운동 이후 처음으로 서울 거리에 등장한 시위운동이자 애국운동이었다.

이런 여론을 등에 업고 고종은 일본의 요구를 거절하였다. 이상설 등의 상소에 이어 조야에서 상소가 이어지는 가운데 보안회가 소집되어 종로를 비롯한 서울 거리에서 규탄대회가 이어져 일본의 황무지 약탈 기도를 좌절시켰다.

일본은 황무지개척권 요구를 철회하는 대신, 보안회를 해산시켜 반일여론을 억압하고자 하였다. 이후 보안회의 정치·사회 활동이 지속되지 못하고 해산되기에 이르자 1904년 8월 서울에 대한협동회(大韓協同會)가 새로 조직되었다.

대한협동회는 독립협회와 만민공동회를 방불케 하는 구국 운동의 단체였다. 이 단체에는 이상설(회장), 이준(부회장), 정운복(총무), 이상재(평의장), 이동휘(서무부장), 이승만(편집부장), 양기탁(지방부장), 허위(재무부장) 등이 함께 참여했다. 후일 국내와 미국, 러시아와 유럽 등지의 국외에서 항일독립운동을 이끌어간 주역들이 두루 참여하고 있었다.

이 중 이승만은 감옥에 있다가 1904년 8월 민영환, 한규설 등의 주선과 선교사들의 협력으로 석방된 직후였고, 11월 초 서울을 떠나 그달 말 호놀룰루 항에 도착하였다. 거기서 윤병구 목사와 감리교 선교부의 감리사 존 와드먼 박사의 환영을 받으며 에와(Ewa)의 200여 명 한인 교민들이 사는 한국농장(Korea Plantation)에 가서 연설하고 교민들과 〈올드 랭 사인(Auld Lang Syne)〉 멜로디에 가사를 붙인 애국가를 제창하였다.

그는 이듬해 미국의 루스벨트 대통령을 만나 대한제국의 독립 보전을 위해 노력해 줄 것을 청하게 된다. 이때 이승만을 파견하는 데 협력하고 후원한 것은 한규설, 민영환 외에 엄비 및 선교사 등이었다.

일본의 외교권 탈취와
조야의 대항

러일전쟁은 좁게는 유럽의 후진국 러시아와 아시아의 신흥국 일본
이 만주와 한반도를 두고 벌인 싸움이었지만, 넓게는 세계 각국의 이
해가 반영되었던 점에서 제국주의 세계대전의 '아시아판'이었다. 말하
자면 러일전쟁은 러시아와 일본 등 강대국 집단 내의 상대적 약자끼리
벌인 국지적 전쟁으로서, 실제로는 제국주의의 선두 주자격인 영·미·
불·독 등 강대국의 대리전(代理戰) 성격을 띠고 있다. 그래서 러일전쟁은
세계 제1차 대전, 나아가서는 세계 제2차 대전으로 가는 길목에 등장한
'세계대전의 축소판'이라고도 한다. 그러나 이 전쟁에서 우리가 주목해
볼 부분은 전쟁의 가장 큰 희생양이 다름 아닌 한국이었던 점이다.

전쟁 발발 직후 일본은 한국정부를 핍박해 한일의정서(1904.2.23)
를 강요하여 군사 요지를 선점했다. 표면상으로는 한국을 동맹국으로
삼아 사실상 한반도를 만주를 향한 통로로 사용하려는 것이었고, 전
쟁 수행에 필요한 물자를 활용하자는 것이었다. 한반도 내에서 승리
가 굳어진 뒤 다시 일본은 한국 조정을 다시 압박하여 제1차 한일협약
(1904.8.22)을 체결케 하고 재정·외교 고문을 배치하게 된다.

한편 일본이 러일전쟁의 승리와 함께 대한제국을 지배하는 데 가
장 중요하게 여긴 절차는 열강의 양해를 구하는 일이었다. 청일전쟁의
승리에도 불구하고 삼국간섭 직후 요동반도와 조선에서 속수무책으로

밀렸던 일을 거울삼아 이때는 전방위 외교에 총력을 기울였다. 그 결과 3개의 주요 약정이 맺어졌다. 그것이 〈가쓰라-태프트밀약〉(1905. 7. 27), 〈제2차 영일동맹〉(1905. 8. 12), 〈포츠머스 강화조약〉(1905. 9. 5)이다.[3]

앞의 둘은 한국에 대한 일본의 보호조치를 위해 영국과 미국의 양해를 구한 것이다. 그에 대한 보답으로 일본은 미국이 필리핀을 통치하는 것과 영국이 인도 국경에서 특수이익을 확보하는 것을 양해하였다. 반면 포츠머스 강화조약은 '일본이 대한제국 정부와 협의(?)만 거친다면, 대한제국의 주권에 관한 어떠한 조치도 행할 수 있다.'는 동의를 러시아로부터 받아둔 셈이었다. 일본은 대한제국을 터놓고 지배할 조건까지 마련한 셈이었다.

외교적 방벽을 구비한 일본은 곧 바로 고종을 압박해 갔다. 일본의 총리대신 가쓰라 다로(桂太郎), 외무대신 고무라 주타로(小村壽太郎), 주한 일본공사 하야시 곤스케(林權助)는 이미 한국을 '보호국화'한다는 전제하에 일본을 대표하는 거물로서 추밀원장 이토 히로부미를 한국에 파견하였다. 서울에 도착한 이토는 정동의 경운궁에 머물던 고종에게 일본 천황의 친서를 전하였다. '짐이 동양평화를 유지하기 위하여 대사를 특파하니 대사의 지휘에 따라 조처하라.'는 것이었다.

며칠 후 이토는 새로운 안을 제시하였다. 제시라고는 하였지만, 명령이나 마찬가지였다. 대한제국의 외교권을 이제부터 일본이 행사하겠다는 내용이었다. 고종도 대신들도 이를 받아들일 리 만무하였다. 그러자 하야시는 대신들을 공사관에 초치하여 협박하였다.(11.17) 이토의 요구를 승인하라는 것이었다. 아침부터 오후가 넘어 계속되었다.

---

3 이들의 의미에 대해서는 최문형, 『제국주의 시대의 열강과 한국』, 민음사, 1990, 320~339쪽 등을 참조.

나중에는 수옥헌(漱玉軒)[4]의 좁은 공간으로 자리를 옮겨 고종과 대신들을 압박하였다.

경운궁과 수옥헌 주변에는 무장한 일본군이 시위행진을 하고 다녔고, 궐내에는 착검한 헌병과 경찰이 공포 분위기를 자아내고 있었다.

대신들이 이토의 안을 거부하자, 이토는 한국주차 일본군사령관 하세가와 요시미치(長谷川好道)와 함께 수옥헌에 들이닥쳐 고종에게 수락할 것을 종용하였다. 고종이 회의를 거부하자 이토는 대신들 쪽으로 향했다. 직접 대신 한 사람 한 사람에게 조약체결에 대한 가부를 물었다. 모든 대신들이 완강히 버텼고 총리대신 한규설은 이토의 행위를 성토하였다. 그러자 일본헌병이 들이닥쳐 그를 연행해 갔고, 대신들에 대한 이토의 협박이 지속되었다.

마침내 이완용 등 일부 대신이 조약내용에 일부 수정을 요구하였다. 대한제국 황실의 안녕만큼은 보장해 달라는 것이었다. 이토가 일부 내용을 수정하였고, 대신 중 일부가 서명을 하였다. 그래도 몇몇 대신이 버티자 이토는 서명한 대신이 과반수가 되니, 이미 통과된 것이라고 선언하였다. 이것이 5개조의 협약(?), 즉 한국의 외교권을 박탈하는 내용의 이른바 '을사조약'이다. 11월 18일 새벽 2시의 일이었다.[5]

을사늑약의 소식이 알려지자 대한제국 전국 사람들이 분노에 휩싸였다. 이토를 성토하며 일본을 규탄하는가 하면, 조약에 서명한 대신들을 공박하는 등 분격한 국민들의 조약반대 투쟁이 '일파만파(一波萬波)'로 확산되었다. 여기에 불을 당긴 것이 『황성신문』에 실린 장지연의 논설, 즉 〈시일야방송대곡〉(是日也 放聲大哭)이란 제목의 사설이다.

---

4 현재의 정동 미국대사관저 옆에 위치한 중명전(重明殿)이다.
5 윤병석, 『李相卨傳─海牙特使 李相卨의 獨立運動論』, 일조각, 1984 , 32~48쪽.

지난번 이토 후작이 오매 어리석은 우리 인민들이 말하기를 후작은 평소 동양 삼국의 정족하는 안녕을 주선한다고 자처하던 사람이었다. 그래서 경향간에 관민 상하가 환영하여 마지 않았다. 그런데 천만 뜻밖에도 5조약은 어디에서부터 나왔는가? 이 조약은 비단 우리나라만이 아니라 동양 삼국이 분열하는 조짐을 빚어낼 것인즉 이토의 본뜻이 어디에 있느냐? 아, 원통하고도 분하다. 우리 2천만 남의 노예가 된 동포여! 살았는가, 죽었는가? 단군과 기자 이후 4천만 국민정신이 하룻밤 사이에 별안간 멸망하고 멈추겠는가. 아, 원통하고 원통하도다. 동포여! 동포여![6]

이어 전국의 유생과 전직 관리들이 조약에 반대하는 상소를 올렸고, 원통함을 이기지 못해 자결한 인사도 줄을 이었다. 시종무관장 민영환(1861-1905)은 고종황제와 국민, 각국 공사에게 보내는 3통의 유서를 남긴 뒤 자결하였다. 11월 30일 새벽 6시. 그가 2천만 동포에게 남긴 유서는 작은 명함에 급히 써내려 간 짤막한 글이다.

오호라, 나라의 치욕과 백성의 욕됨이 여기에 이르렀으니 우리 백성은 장차 생존경쟁 속에서 모두 망하게 되는구나. 무릇 살려고 하는 자 반드시 죽고, 죽기를 각오하는 자 반드시 산다는 것은 여러분도 익히 아는 바다. 영환은 한 번의 죽음으로 우러러 황은에 보답하고, 2천만 동포께 사죄한다. 영환은 죽었어도 죽은 것이 아니다. 지하에서 여러분을 도울 것이다. 부디 우리 동포형제들이 천만배 노력을 더하여 자기를 다지고 학문에 힘쓰고 힘을 길러 우리의 자유와 독립을 회복한다면, 나는 마땅히 지하에서 기뻐 웃을 것이다. 슬프다. 그러나 조금도 실망하지 말라.[7]

---

6 장지연, 「是日也 放聲大哭」, 『皇城新聞』, 11.20.
7 충정공 민영환의 작은 명함에 연필로 급히 써내려 간 유언의 내용이다. 이 명

다음날 전 의정 조병세도 국민과 각국 공사에게 보내는 유서를 남기고 목숨을 끊었다.(12.1) 그 외에 많은 전현직 관리나 지사들이 이들의 뒤를 이어 목숨을 끊었다.

심지어 청국인 반종례와 일본인 니시자카도 동양평화를 깬 일본을 지탄하면서 투신자살하였다. 반종례는 중국과 한국은 순망치한(脣亡齒寒)이니 한국이 망하면 자신의 조국 중국도 곧 망할 것이라는 절망감에서, 니시자카는 일본이 동양평화를 유린하였으니 장래 이 업보를 어떻게 감당할 것인가 하는 죄책감에서 그렇게 생을 마감하였다.[8]

이 당시 고종의 대응은 어떠하였는가. 늑약 체결 1개월 전인 10월, 황제의 고문 헐버트는 고종이 미국대통령 앞으로 보내는 친서를 휴대하고 워싱턴으로 향했다. 헐버트가 워싱턴에 도착한 다음 날 일본이 한국정부를 강제하여 을사늑약을 맺자, 고종은 그것이 무효임을 대외에 선언하였다. 늑약 체결 1주일여 뒤인 11월 24일 고종은 다음과 같이 헐버트에게 전하였다.

> 짐은 총칼의 위협과 강요 아래 최근 양국 사이에 체결된 이른 바 보호조약이 무효임을 선언한다. 짐은 이에 동의한 적도 없고, 금후에도 결코 하지 않을 것이다. 이 뜻을 미국 정부에 전달하기 바란다.

런던타임즈(London Times, 1906.1.13)는 강제적 압력 아래 체결된 늑약의 내용을 상세히 보도하였고, 프랑스 공법학자 프랑시스 레이(Françis Lai)도 특별기고(『국제공법』,1906.2)를 통해 이 늑약의 원인 무효를 주장하였

함은 현재 고려대박물관에 소장되어 있다.
8 이민원, 『한국의 황제』, 대원사, 2001, 35~38쪽.

다. 그러나 당시로서는 아무런 소용이 없었다.[9]

한편 전년도에 민영환·한규설 등의 도움으로 서울을 떠나 미국으로 간 이승만은 러시아와 일본의 강화조약 체결 무렵 가까스로 뉴욕의 롱아일랜드에 머물고 있던 루스벨트를 면담하였으나, 미국의 호의적 중재는 기대할 수 없었다. 결국 고종의 특사 헐버트나 이승만 모두 국제 사회의 냉엄한 현실 장벽에 직면하여 아무런 성과를 거둘 수가 없었다.

이 상황에 대해 고종이 자신의 내면 감정을 드러낸 기록은 『고종실록』이나 『승정원일기』에도 거의 보이지 않는다. 일제하에 일본 당국의 검수를 거쳐 편찬된 것이 가장 중요한 원인일 것이다.

이후 서울에는 통감부가 들어서 대한제국의 대외업무를 관장하였고, 초대 통감으로 부임한 이토는 사실상 대한제국의 '황제'격이었다.

반면 자신의 대에 와서 국권을 강탈당하게 된 고종으로서는 만감이 교차했을 것이다. 이때 이후 전국에서는 항일의병운동이 다시 확산되었고, 서울에서는 구국계몽운동이 언론, 결사 등을 통해 지속되었다. 이들 모두 이면으로는 고종과 직·간접 연계가 있었다. 말하자면 고종과 측근 관료, 군인, 신지식인, 구지식인, 도시민, 지방민 모두가 참여한 다양한 형태의 저항이었다.[10]

---

9 윤병석, 『증보 이상설전』, 일조각, 1998, 32~48쪽을 참조.
10 이에 대해서는 유영렬 외, 「한국사」 43-국권회복운동, 국사편찬위원회, 1999; 오영섭, 『고종황제와 한말의병』, 선인, 2007, 65~74, 77~82쪽 등을 참조

국제사회를 향한
고종의 제소와 그 논리

일본의 외교권 탈취에 대한 고종의 능동적 대응을 가장 잘 보여주는 장면은 네덜란드 헤이그에서 열리는 제2차 만국평화회의에 파견한 헤이그특사의 활동이다.

만국평화회의는 러시아황제 니콜라이 2세의 발의로 시작되었다. 제1차 만국평화회의는 1899년, 제2차는 1907년 모두 네덜란드 헤이그에서 열렸다.

제1차 만국평화회의(The 1st International Peace Conference in The Haigue 1899. 5. 18~1899. 7. 29)는 26개 국 대표들이 헤이그의 여왕궁에 모여 주로 군비축소(Arms Reduction)와 중재(Arbitration)문제를 논의했으며, 중재재판소의 설립안에 합의를 보았다. 한편 제2차 만국평화회의(1907. 6. 15~1907. 10. 20)는 46개국에서 주로 외교관과 군인들이 대표로 참석했다. 회의의 주요 의제는 전쟁법규(Law of War)의 제정이었다.[11]

대한제국은 1899년 열린 제1차 평화회의에는 초청을 받지 못하였다. 이에 고종은 두 번째 열리는 만국평화회의에는 반드시 참가하겠다는 뜻을 외부대신 박제순을 통해 네덜란드 외부대신(만국평화회의 총재)에

---

11 이기항 편, 『헤-그에서 본 이준 열사』(Hague: 사단법인 이준아카데미, 2000), 19~20쪽.

게 공문을 보낸 바 있다.[12]

그 결과 고종은 헤이그에 한국의 특사를 파견하게 되었다. 고종이 헤이그특사에게 부여한 사명은 무엇이었나. 핵심은 두 가지였다.[13] 즉 일본이 한국의 외교권을 침해하였다는 것, 공법을 위배한 일본을 성토하며 한국의 외교대권 회복을 희망한다는 것이었다.

그러나 특사 일행은 또 하나의 중요한 사명을 고종으로부터 부여받고 있었다. 유럽 각국과 미국 등에게 한국의 독립지원을 요청하고, 영세 중립을 도모하는 것이었다. 이런 부가적 사명은 이상설 등이 헤이그에서 임무를 마치고 미국으로 떠나기 직전에 가졌던 기자회견(『大韓每日申報』의 기사)[14] 등에도 잘 나타나 있다.

고종은 무엇을 근거로 특사를 파견할 생각을 했을까. 회의를 발의한 측이나 이를 개최한 측으로부터 아무런 시사나 사전 통고도 없이 행동한 것은 아니었다. 비록 공식 초청장을 휴대하지는 못했지만, 광무황제 고종이 헤이그에 특사를 파견할 만한 근거는 충분히 있었다.

첫째, 러시아, 네덜란드 등 관계국이 고종에게 초청에 관한 언질을 거듭 주었다.[15] 1906년 2~4월 사이에 평화회의 주관국인 네덜란드에서 47개국에 회의를 알리는 초청서를 발송하였는데, 그 명단에 한국

---

12 『舊韓國外交文書』21(荷案) NO.1, 光武 6年 2月 16日, 外部大臣 朴齊純 → 「화란」外部大臣 萬國平和會議總裁 「毛包乙伯」. 舊韓國外交文書 第21卷 荷案 1號 光武 6年 2月 16日.
13 이선근, 『李相卨傳-海牙特使 李相卨의 獨立運動論』, 944~945쪽.
14 『大韓每日申報』1907년 8월 27일.
15 1904년 러시아 외부대신 람스도르프는 상트페테르부르크 주재 '대한제국 대사' 이범진에게 장차 한국이 초청될 것이라 언급했고, 바로 그 때 이범진은 한국 황제로부터 다가오는 만국평화회의에 수석 대표로서 임명되었으므로, 그의 신임장은 여전히 유효하다고 하였다.(H.M. Mensonides, A Korean Drama In The Hague(in 1907)(A lecture given to The Hague History Society in March 1977).

이 12번째(Coree)로 기록되어 있었다.[16] 그 외 러시아 측이 주러한국공사 이범진과 대한제국의 황제에게 헤이그 만국평화회의 참가를 요청한 기록이 있다.[17] 고종 역시도 공식적으로 러시아나 네덜란드 측에 만국 평화회의의 참석에 관한 희망을 피력한 일이 누차 있다.[18]

둘째, 고종은 한일의정서와 을사늑약의 모순점을 주목하였다. 1905년 체결된 '을사보호조약'은 1904년 러일전쟁 직후 체결된 한일의정서(1904.2.23)와 크게 모순되었다.[19] 고종이 한일의정서에서 주목한 것은 '동양평화를 위해 일본은 대한제국 황실을 안전 강녕케 하고, 대한제국의 독립과 영토 보전을 확실히 보증한다.'고 한 제1, 2, 3조의 내용이다. 일본은 군략상 필요한 지점을 수시로 활용하고자 하는 것이 주요 목표(4조의 단서)였지만, 대한제국 황실의 안녕과 대한제국의 독립 보전을 약속한 것도 분명하였다.

일본이 한국의 관민 상하를 현혹하고 대외 선전을 위한 것임을 모를 리 없었지만, 고종과 조야의 입장에서는 일단 지켜보자는 일말의 기대심리도 없지 않았다.[20] 그러나 한일의정서 체결로부터 약 20개월이 지나 1905년 11월에 강요한 '을사보호조약'은 한일의정서와는 모순되었다. 1년 전의 약속과는 정반대로 대한제국의 외교권을 박탈하는

---

16 1906년 2월 14일자와 4월 3일자 혹은 1906년 3월과 4월에 초청장 발송 (이기항 편, 『헤-그에서 본 이준 열사』, Hague: 사단법인 이준아카데미, 2000, 3·21쪽).

17 박종환 편역, 『러시아 國立文書保管所 所藏 韓國 關聯 文書 要約集』, 한국국제교류재단, 2002에 그에 관한 기록이 두루 발견된다.

18 『舊韓國外交文書』 21(比案), No. 55, 1901.10.30; 『舊韓國外交文書』 21(荷案), No. 2, 1902.11.1, 趙秉植 → 漠富, 萬國赤十字會·平和會議入參및 派使) 등.

19 日本外務省 編, 『日本外交年表竝主要文書』 1, 東京: 原書房, 1965, 223~224쪽.

20 당시 많은 식자들이 그런 인식을 공유하고 있었다. 헤이그특사의 주장에도 이 논리는 그대로 드러난다. (A Plea for Korea by Ye We Chong, *The Independent, Vol. 63*, No.3064, August 22, 1907).

내용을 주요 골자로 '조약 아닌 조약'을 대한제국 정부를 강박하여 체결한 것이다.

고종과 특사들은 바로 이런 모순을 파악하고 일본 스스로가 약조를 어기고 대한제국 정부에 늑약을 강요한 사실을 폭로하고자 하였다.

셋째, 고종은 만국평화회의가 표방했던 '평화와 정의', '법과 정의'에 주목하였다. 그곳에서는 스테드나 스투너 같은 이들이 만국의 평화를 위해 노력하고 있었고, 참가국들도 세계의 평화를 표방하여 참가하고 있었다.[21] 세계 각국이 회집하고, 거기서 표방한 평화, 정의, 법의 신 등은 망국의 군주와 국민에게 최후의 기대를 품게 하고도 남음이 있었다.

이상에서 보듯이 고종은 나름의 논리와 법리적 근거를 가지고 특사를 파견한 것이었다. 요약하면 러시아, 네덜란드 등 관계국과 평화회의 초청에 관한 언질 및 공문의 교환[22] 한일의정서와 을사보호조약의 모순, 즉 일본이 한국과 약정한 한일의정서를 위배한 일, 헤이그의 만국평화회의가 표방했던 정의와 평화, 국제법의 구호 등이 그것이다.

---

21 이위종의 인터뷰 내용은 '축제 때의 뼈다귀'라는 제목으로 신문에 실렸다. '축제 때의 뼈다귀'란 이집트의 관습으로서 회식을 즐기는 사람들로 하여금 "죽음을 생각하라"는 뜻에서 상에 놓은 뼈다귀이다.(이기항 편, 앞의 『헤-그에서 본 이준 열사』, 26쪽)

22 『舊韓國外交文書』 21(比案), No. 55. 海牙平和會義關係文書의到着豫定通知 의件(原1冊)(方葛 Leon Vincart → 朴齊純, 1901.10.30); 『舊韓國外交文書』 21(荷案), No. 1. 赤十字社 및 萬國平和會議參會斡旋依賴의 件(朴齊純 → 毛包乙伯, 1902.2.16); 『舊韓國外交文書』 21(荷案), No. 2. 萬國赤十字會·平和會義入參및 派使의 件(趙秉植 → 謨富, 1902.11.1).

헤이그특사가 밝힌
일본의 불법행위

특사 일행이 헤이그에 도착한 것은 6월 25일이다. 국내에서 고종의 명을 받아 출발한 이는 이준이었고, 헤이그 현지에서 열국 대표와 언론을 상대로 통역을 하고 연설을 하며 현장의 외교 활동을 펼친 것은 이위종이었으며, 특사일행의 공식 대표는 이상설이었다.

이 중 이준은 황제의 친서와 위임장을 휴대하고 오는 과정에서 중요한 역할을 하였으나, 헤이그에서 7월 14일 갑자기 운명함으로써 이후의 활동은 이상설과 이위종의 역할이 중심이었고, 그중에서도 헤이그 현지에서는 영어, 프랑스어, 러시아어에 능숙한 이위종이 각국 대표와의 면담 및 기자의 인터뷰, 국제협회의 연설 등에서 큰 활약을 하였다.

첫째, 황제의 친서 전달 및 각국 대표 면담 요청이다. 특사 일행은 6월 25일 헤이그 평화회의 제1분과위원회를 방문하여 고종의 친서를 전달했다.[23] 6월 30일에는 평화회의장 넬리도프를 방문하여 대한제국 특사의 참석 문제를 제안했다. 이어 다음날(7.1)에는 네덜란드 외상(Teds van Goudriaan)에게 면담을 요청했으나 외상은 이들의 접견을 거부했다. 다시 7월 2일에는 미국대표에 대한 접견을 시도했지만, 역시 거부되었다.

---

23 유자후, 『李儁 先生 傳記』, 360~361쪽; 윤병석, 앞의 책, 66~67쪽.

둘째, 공고사(控告詞)의 작성과 전달이다. 공고사의 요지는 이러했다.

> 한국의 독립은 열강에 의해 보장되고 승인되었으나, 일본인들은 대한
> 제국의 권리와 법률을 침해하였다. 일본을 규탄하는 이유는 세 가지이
> 다. 첫째, 일본인들은 황제폐하의 재가없이 한일협상조약을 체결하였
> 다. 둘째, 일본은 자신의 목적을 달성하기 위하여 대한제국 정부에 무력
> 을 행사하였다. 셋째, 일본인은 대한제국의 법률이나 전통을 무시하고
> 행동했다. 대한제국과 우방국과의 외교단절은 대한제국의 뜻이 아니라
> 일본이 침해한 결과다. 회의에 참석하여 일본의 음모를 밝혀 국권을 수
> 호할 수 있도록 각국 대표의 호의적 중재를 간청한다.[24]

위의 공고사는 을사보호조약에 대한 한국의 입장과 요구를 명확하
게 표현하고 있었다.[25]

셋째, 평화회의장 앞에서 연 기자회견이 주목된다. 6월 30일 평화
회의보(Courrier de la Conference)에 공고사가 실렸다. 그날 이상설 등은 이
를 배포하면서 신문기자와 인터뷰를 하였다. 장소는 평화회의 본 회의
장(Ridderzaal: 현 국회의사당)의 정문 앞이었다. 이들의 기자 회견 내용은 7월
5일 자로 현지 신문에 실리게 된다. 제목은 〈축제 때의 뼈다귀〉였다.[26]

인터뷰에서 이위종은 '왜 대한제국을 제외시키는가? 우리는 평화
의 신을 찾아 그 제단이 있다는 헤-그까지 왔노라.'고 하였다. 그는
대한제국 특사의 회의 참석을 요청하면서 일본의 폭력적 행위를 요약
하여 제시하였다. 아울러 대한제국과 일본의 현안에 대해 평화회의에

---

24 윤병석, 앞의 책, 68~69쪽.
25 윤병석, 앞의 책, 70~85쪽.
26 '회식 때는 죽음을 생각하라'는 이집트의 관습에서 차용한 제목이었다.

서의 중재를 요청하였다.

넷째, 각국 신문기자단이 모인 국제협회에서의 연설이 있었다. 특사들은 또 7월 9일 영국의 저명한 언론인인 스테드(Stead, W. T.)가 주관한 각국 신문기자단의 국제협회에 참석, 발언할 기회를 얻었다. 이위종은 한국의 호소(A Plea for Korea)를 전하였다. 즉 ①조약 강제의 내막, ②일본의 악정 비판, ③한국민의 각오가 그것이다. 이 중 특히 주목된 것은 한국인들의 각오를 언급한 부분이다.

> 일본인들은 평화를 부르고 있으나 기관총 앞에서 사람들이 평화로울 수 있는가. 모든 한국인을 죽이거나 일본인이 한국의 독립과 자유를 자기 손아귀에 넣을 때까지는 극동에 평화가 있을 수 없다. 한국인들은 아직 조직화되지 않았다. 그러나 일본의 무자비하고 비인도적인 침략이 종말을 고할 때까지 대항해야 한다는 마음으로 하나가 되고 있다. 일본인들은 항일정신으로 무장된 이천만 한국민을 모두 학살하는 일이 결코 유쾌하지도 쉽지도 않다는 것을 깨닫게 될 것이다.[27]

이상과 같은 이위종의 절절한 호소는 각국 언론의 동정을 모았다. 즉석에서 한국의 처지를 동정하는 결의안을 만장일치로 의결하기까지 하였다.

다섯째, 헐버트 박사는 이들과 별도로 〈뉴욕 헤럴드〉 기자와 회견하여 황제는 조약에 결코 서명하지 않았다고 밝혔다.(1907년 7월) 헐버트는 '한일조약은 결코 조인된 적이 없다.'는 제하에 ①한국의 일본에 대

---

27 *The Independent*, Vol.63, No.3064(August 22,1907, New York); 윤병석, 『增補 李相卨傳−海牙特使 李相卨의 獨立運動論』(일조각, 1998), 90∼92쪽; 이기항 편, 『헤−그에서 본 이준 열사』 Hague: 사단법인 이준아카데미, 2000.8.10.

한 가치, ②일본의 야만행위, ③일본의 한국토지 강탈, ④한국의 절망 등 4개 항에 걸쳐 소개하고 있다. 이 내용은 '은둔의 왕국 대한제국의 국새는 강탈되었으며, 한국 황제는 결코 조약에 서명한 적이 없다'는 부제(副題)가 달려 있으며 공고사와 같은 맥락이지만 ①일본이 일진회 등을 통해 한국인을 분열시키고 있고, ②군사적 필요를 가장하여 토지 가격의 8분의 1 가격으로 토지를 점탈했으며, ③모르핀과 주사, 아편, 도박 등으로 한국인들을 황폐화시키고 있다는 것 등 공고사에 포함되지 않은 중요한 기록을 별도로 담고 있다.[28]

이상과 같은 특사의 활동은 첫째, 을사보호조약은 그 자체가 불법이고 성립되지 않은 것이다. 둘째, 일본은 한국에서 많은 불법을 저질러 왔고, 한국에 야만적인 행동을 통해 토지 등을 강탈하고 있다. 셋째, 만국은 일본의 불법을 성토하고 한국의 주권수호를 도와 달라는 것으로 요약된다. 요컨대 대한제국의 외교주권 회복이 가장 주요한 목표였던 것이다.

---

28 Says the Corean-Japanese Treaty Never was Signed. Homer A. Hulbert Declares Great Seal of "Hermit Kingdom" was Stolen and Emperor Never Affixed Name-Mean to Rule Country. Money Debased, Lands Seized, By Japan; July 22nd, 1907, New York Herald(윤병석, 앞의 책, 102~105쪽)

고종의 제소에 대한
국제사회의 반응

고종의 헤이그특사 파견과 특사 일행의 호소에 대한 각국의 반응
은 어떠했는가. 특히 일본과 밀접한 관계에 있던 미국, 영국 그리고
러시아의 경우는 어떠했나.

1907년 7월 16일 당시 네덜란드의 현지 신문에는 '평화의 왕' 예수
가 초청장이 없어 회의장에서 퇴장당하는 모습의 삽화가 올라 있었다.
그 당시 열강이 한국 특사의 입장을 거부하고, 한국 특사의 간청에 대
해 보여준 냉랭한 태도를 사실적이고도 흥미롭게 보여주는 일면이다.
한마디로 세계열강은 한국특사의 출현에 냉담했고 이들의 요청과 호
소에 지원을 거부하였다.

영·미 측이 한국의 특사에 냉담했던 이유는 일본과의 합의로 한국
에 대한 보호의 권한을 일본에 허용하였기 때문이다. 〈가쓰라—태프트
밀약〉(1905.7.29), 〈제2차 영일동맹〉(1905.8.12)[29]이 그것이다. 일본의 한국
에 대한 보호권을 영국과 미국이 인정한 것은 포츠머스 강화회의에서
일본의 입지를 지지해주는 효과가 있었다.

---

29 제1차 영일동맹에서는 일본이 한국에서 상공업상의 특수 권익을 인정한 것
　에 지나지 않았지만, 제2회 동맹에서는 일본이 한국에 대한 지도, 감리 및 보
　호 조치를 취할 수 있는 권리를 인정했다. (Jongsuk Chay, *Diplomacy of
　Asymmetry*, p.144; 최문형, 『러일전쟁과 일본의 한국병합(국제관계로 본)』,
　지식산업사, 2004, 305~313쪽)

여기서 주목되는 것은 러시아의 입장이다. 러시아의 태도는 헤이그특사 파견 이전과 이후가 모순되어 의구심을 불러일으켰다. 당초 러시아 측은 한국에 헤이그 평화회의 참석을 바라는 취지로 연락을 취해왔다. 그러나 정작 헤이그에 한국의 특사가 도착했을 때는 이들의 요청을 외면하였다. 포츠머스 강화조약 체결 당시로부터 만국평화회의까지 20개월 사이에 러시아의 입장에 변화가 있었던 것이다.

헤이그 평화회의가 진행중이던 1907년 7월 하순, 러일 사이에는 별도로 협약이 진행중에 있었다. 즉 제1차 러일협약(Russo-Japanese Agreement: 1907.7.30)이 그것이다. 협약의 양측 대표는 모토노 이치로(本野一郎) 주러공사와 이즈볼스키(A. P. Izvokkii) 러시아 외상. 상트페테르부르크에서 체결된 이 협약은 조약 2개조, 비밀협약 4개조 및 추가조약으로 구성되어 있다.[30]

이 중 한국에 관해 무엇보다 중시할 것은 비밀협약의 제2항이다. 즉 '러시아가 일본과 한국 사이의 현행 조약, 협약 관계를 승인하며, 한일 관계의 발전을 방해, 간섭하지 않는다.'고 한 것은 이른바 을사보호조약에서 일본이 한국에 대해 강요한 보호권을 승인한 것이었다. 즉 포츠머스 강화조약에서 러·일 양국이 애매하게 처리하여 계류상태에 있던 한국의 보호에 관한 문제를 분명하게 일본에게 위임한 것이었다.[31]

이처럼 러시아는 '외몽고와 한국의 문제'를 두고 일본과 협상을 마무리하던 상황이었다. 러시아의 입장은 1~2년 전과는 달라져 있었고,

---

30 日本外務省 編, 『日本外交史年表竝主要文書』上, 東京: 原書房, 1965, 280~282쪽.
31 이에 관해서는 이창훈, 「러일전쟁 후 동북아 신질서의 형성과 한국의 대응 (1905~1910)」, 『한국외교사』 II, 한국정치외교사학회, 1995; 석화정, 「한국 보호를 둘러싼 러·일의 대립-헤그 밀사사건'을 중심으로」(정성화 외, 『러일전쟁과 동북아의 변화』, 선인, 2005) 등을 참조.

한국의 외교권은 러·일 사이의 타협으로 결국 일본 측에 넘겨졌던 것이다. 사정을 알 길 없는 고종이나 특사의 입장에서 볼 때 러시아의 행위는 실로 모순되었다. 러시아에 일말의 기대를 걸었던 고종은 그만큼 실망도 컸다. 아관파천 당시 민영환 특사가 모스크바에서 좌절했던 경험을 반복하는 모습이었다.

제7장

고종의 퇴위와 운명

고종의 퇴위와
순종의 즉위

헤이그의 만국평화회의는 제국주의적 세계질서 속에서 강대국 간의 평화유지를 목적으로 개최된 것이었다. 그의 성격상 강대국의 일원이된 일본제국을 상대로 약소국의 황제였던 고종이 기대한 목표를 달성하기에는 어려운 상황이었다.

특사 파견의 결과도 당장의 실질적 소득을 거두지 못하고, 일본은 오히려 이를 빌미로 고종에게 역습을 가하였다. 국제사회에서 대한제국의 입지는 취약하기 짝이 없었지만, 일본이 판단하기에 대한제국 식민지화 작업에 가장 걸림돌이 되는 한국 측 인물은 다름 아닌 고종이었기 때문이다.

일본 측은 일찍이 헤이그특사의 파견 사실을 감지하고 있었다.[1] 특사의 배후에 미국인 헐버트가 있음도 감지하고 있었다. 도쿄 및 유럽으로부터 온 전보를 종합해 본 이토는 배후에 고종이 자리하고 있다는 사실을 파악하고 있었다.

이토 등은 이 사건을 한국의 국면을 전환시킬 좋은 기회로 보았다. 헤이그특사사건을 구실로 고종을 황제 자리에서 축출하고, 모순이 있

---

1 정확한 시점은 모호하나 李王職實錄編纂會 編, 「皇帝讓位前後の重要日記」, 韓國學中央硏究院 所藏)에 1907년 6월 30일자, 7월 2일자 등에도 관련 기록이 보인다.

던 을사늑약의 체제를 기정사실로 하고자 하였다.

일본정부는 서울에 파견한 이토 히로부미에게 '이 기회를 놓치지 말고 한국정부에 관한 전권을 장악하라.'는 훈령을 하달하였다.

마침내 1907년 7월 3일 일본 외상 하야시 다다스(林董)와 함께 경운 궁에 들이닥친 이토는 고종황제에게 '그와 같은 음험한 수단으로 일본 의 보호권을 거부하려거든 차라리 일본에 대해 선전포고를 하라'고 협 박하였다. 남산에는 궁궐을 향해 일본군의 대포를 배치하여 시위하고 있었다. 그러나 고종이 요지부동의 자세를 보이자 이토 등은 특사파견 의 책임을 들어 고종을 강제로 퇴위시켰다.(7.19)[2] 이 때가 헤이그에서 이위종이 만국기자단 앞에서 일본의 불법을 성토하며 한국에 대한 도 움을 호소할 바로 그 무렵이었다.

황제의 양위식은 1907년 7월 20일 경운궁의 중화전에서 있었다. 그러나 고종과 황태자 모두 참석을 거부했다. 그러자 내시로 하여금 그 역할을 대신하게 하였다. 곧이어 특사 3인에 대한 궐석재판을 열어 이상설에게는 사형, 이준·이위종에게는 종신징역형을 선고하게 하였 다.[3] 특사 일행은 자신들에게 임무를 부여한 황제에 의해 어명을 수행 한 죄로 사형 혹은 종신징역을 선고 받은 희대의 인물이 된 셈이었다.

이때 일부 대신이 "평리원에서 제기한 법조문에 의하여 처결하되 체포한 다음에 처형하는 것이 어떻겠습니까."라는 소극적 의견을 제시 하였다. 통감부의 압력 아래 궁지에 몰린 조정의 대신들이 특사 일행 의 암살만은 일단 막아보자는 의도에서 고안한 대책으로 비쳐진다.

---

2 저간의 과정에 대해서는 이왕직실록편찬회에서 편찬한 「皇帝讓位前後の重要日 記」등에 잘 드러난다.(李王職實錄編纂會 編, 「皇帝讓位前後の重要日記」, 韓國 學中央研究院 所藏).
3 『순종황제실록』1908년 8월 8일조.

이처럼 광무황제 고종이 퇴위한 계기는 헤이그특사사건이었고, 이를 서울 현지에서 강요한 것은 통감 이토 히로부미였다. 고종의 퇴위 과정은 정당한 절차를 밟은 것은 물론 아니었다. 일제의 강요로 고종이 황제 자리에서 물러나고 순종도 본인의 의사와 상관없이 자리를 이어받았다. 이렇게 등장한 대한제국의 제2대 황제가 순종이다. 순종은 정상적인 절차를 밟아 황제에 즉위한 것은 아니었으므로 대한제국의 황제가 아니라는 주장도 있었지만, 대부분의 국내인들은 순종의 처지를 동정하면서 대한제국의 2대 황제로 받아들였다.

대한제국군의 저항과
안중근 의거

순종이 즉위하자 숨 돌릴 사이 없이 일본의 압박이 가해졌다. 일본이 한국에 강요한 것은 이완용과 이토 사이에 비밀리에 매듭지은 '한일신협약(정미7조약)'이었다. 고종이 퇴위한 지 5일 뒤였다.(1907.7.24) 주요 내용은 시정의 개선에 관하여 한국정부는 통감의 지도를 받을 것과 법령의 제정 및 중요한 행정상의 처분은 미리 통감의 승인을 얻을 것 등을 규정하였다. 이제는 통감이 한국의 내정까지 실질적으로 장악하게 된 것이다. 각 부의 차관에는 일본인이 임명되어 이른바 차관정치가 시작되었다.

한편 1907년의 '정미7조약' 부속각서에는 군대해산에 관한 규정이 있었다. 8월 1일 서울 시위대의 해산을 시작으로 전국 각 지방의 진위대와 분견대의 해산으로 확산되어 갔다. 서울에서는 군대해산식이 있던 날 시위대 제1연대 대대장 박승환(朴昇煥, 1869~1907)이 분을 못 이겨 권총으로 자결하였다. 그는 "군인으로서 나라를 지키지 못하고 신하로서 충성을 다하지 못하였으니 만 번을 죽어도 아까울 것이 없다!"는 내용의 유서를 남겼다.

대장의 죽음에 격분한 사병들이 일본인 교관을 난사한 후 시가전에 들어갔다. 일본군이 기관포를 앞세워 집중사격을 가하자, 탄약이 고갈된 시위대 병사들이 일본군과 백병전을 벌였다. 양측의 전투 결과 대한제국군 68명이 전사하고 100여 명이 부상을 당했다. 일본군도 가지와라(梶原) 대위 이하 3명이 죽고 27명이 부상을 입었다. 서울 시위대의 항전에 이어 전국 각지 진위대원의 항전이 뒤따랐다.

그러나 대한제국군의 의기는 높았지만, 무기와 병력이 너무나 열세였다. 이후 군인들 일부는 전국 각지의 의병부대와 합류하였다. 조선 왕후 시해와 단발령 이래 지속되어 온 의병운동에 정규군의 전술과 장비가 추가된 셈이다. 이후 의병운동은 국권을 되찾기 위한 독립전쟁으로 목표가 바뀌어 갔다.

한편 그로부터 2년이 채 안 되어 만주에서는 세상을 놀라게 한 사건이 발생하였다. 안중근 의거가 그것이다.

1909년 10월 26일 이토를 태운 특별열차가 하얼빈 역에 도착하였다. 이토 히로부미는 러시아의 재무상이었던 코코프체프(Vladimir N. Kokovtsov)와 약 25분간의 열차회담을 마치고 차에서 내려 러시아장교단을 사열하고 막 환영 군중 쪽으로 발걸음을 옮기고 있었다. 이때 군중 속에서 뛰어나온 한 청년이 이토에게 권총을 발사하였다. 7발의 탄환 중 3발이 이토의 몸에 명중하였다. 청년은 현장에서 러시아 헌병대에 체포되어 일본군에게 넘겨졌고, 이토는 곧 숨을 거두었다.

러시아검찰관의 예비심문에서 확인한 결과 청년은 대한제국 의군 참모중장으로 나이 31세였다. 이름은 안중근(安重根). 그는 법정에서 이토를 사살한 이유를 15가지로 들었다.[4]

즉, 이토의 지휘로 명성황후를 살해한 죄, 대한제국에 불리한 5개 조의 조약(을사조약)을 강요한 죄, 1907년 7개 조의 조약(정미조약)을 강제한 죄, 대한제국의 고종황제를 폐위한 죄, 대한제국 군대를 해산한 죄, 대한제국의 의병을 학살한 죄, 대한제국의 정치 및 권리를 박탈한 죄, 대한제국의 교과서를 이토의 지시로 소각한 죄, 대한제국 인민에게 신문 구독할 권리를 박탈한 죄, 불량한 관리를 매수하여 몰래 제일은행권을 발행한 죄, 국채 이천삼백만 원을 모집하여 마음대로 분배하거나 토지약탈에 사용한 죄, 동양평화 유지를 주장하지만 정작 본인이 동양의 평화를 깨뜨려 교란한 죄, 대한제국 보호를 명분으로 대한제국에 불리한 시정을 펼쳐온 죄, 일본 천황의 아버지 고메이(孝明)천황을 살해한 죄, 일본 천황이나 세계 각국에 대한제국은 무사하다며 전세계를 속인 죄 등이다.

요컨대 이토가 대한의 독립주권을 침탈한 원흉이며 동양 평화의 교란자이므로, 대한의용군 사령의 자격으로 그를 총살하여 응징한 것이라고 했다.

안중근은 이토가 대한제국을 유린하여 동양 평화를 깨뜨렸을 뿐아니라, 선량한 일본 국민까지도 침략자라는 눈총을 받게 한 범죄자로 보았다. 그래서 아시아의 공적을 처형한 것이라고 하였다. 그는 장

---

4 『경향신문』 1909년 10월 29일.

래 동양의 평화가 도래하기를 기원하면서 한·중·일 3국 연합의 동양 평화론을 주장하였다. 그가 일본인들의 의뢰로 감옥에서 쓴 여러 유묵(遺墨)과 미완의 「동양평화론」, 「청취서」 등에 그의 사상이 잘 담겨 있다.[5] 현재와 미래 동아시아의 평화를 위해 참고할 만한 주장을 담고 있는 것으로 평가된다.

일본의 대한제국
국권 탈취

광무황제가 퇴위한 직후 일본은 「정미7조약」을 강제하고, 언론탄압을 위한 「신문지법」, 집회·결사를 금지하는 「보안법」을 연이어 공포케 하였고, 마침내 군대해산령을 내려 한국을 무력화시켰다.[6] 이 모두 군사·재정·인사·언론·집회 등 대한제국의 중추를 이루는 것들이었다. 그 사이 일본은 미, 영, 러 등 열강과의 타협을 통해 대한제국에 대한 일본의 독점적 지배를 양해한 뒤 대한제국의 국권까지 장악하고자 하였다.

일본이 러일전쟁 후 대한제국의 외교권과 재정권을 강탈하고, 군

---

5 도진순, 「안중근과 일본의 평화지성, 화이부동과 사이비」, 『한국근현대사연구』 86, 2018; 이영옥 편역, 『안중근의 동양평화론』, 안중근의사기념관, 2018, 25~54쪽.
6 M. Frederic Nelson, *Korea and the Old Orders in East Asia*, Louisiana State University Press, 1946, pp.244~287; 국사편찬위원회, 『韓國獨立運動史』 1, 1965 ; Mckenzie, F. A. 著, 李光麟 譯, 『韓國의 獨立運動』, 일조각, 1969.

대를 해산한 것은 이미 나라를 멸망시킨 것이나 다름없었다. 남은 것은 대한제국의 주권을 차지하는 형식상의 절차뿐, 반만년 이래 처음으로 국권을 다른 민족이 강탈해 간 민족사상 최대의 수난이었다.

1909년 이토가 안중근 의사에게 저격당하여 죽자 일본은 내친김에 한국을 병탄하고자 했다. 1910년 5월 육군대신 데라우치 마사타케(寺内正毅)가 소네 아라스케(曾禰荒助)를 이어 3대 통감으로 임명되었다. 한국에 부임한 그는 헌병경찰제를 강화하고 일반경찰제 정비를 서둘렀다. 이미 1907년 10월 한국경찰을 일본경찰에 통합시킨데다 종래의 사법권, 경찰권 외에 일반경찰권까지 확보하였다. (1910.6)

만반의 준비를 마친 데라우치가 이완용을 앞세워 8월 22일 마침내 순종에게 '조약'을 강요하였다. 전문 8개조의 제1조에서 "한국의 황제폐하는 한국정부에 관한 모든 통치권을 완전하고도 영구히 일본국 황제폐하에게 양여함"이라 하였다. 그러나 예상되는 한국인의 반발 때문에 발표를 잠시 유보하였다. 우선 정치단체의 집회를 금하고, 원로대신들을 연금한 후 순종이 나라를 일본에 이양한다는 조칙을 내리게 하였다. 관보와 신문에 그 소식이 실렸다.

한편 8월 초부터 통감부(10월 1일부터는 총독부)와 일본정부 사이에는 300통에 가까운 비밀전문이 오갔다. 국호와 황실의 호칭, 합병협력자의 매수 등에 관한 것이 다수였다. 8월 18일 자로 일본의 가쓰라 총리가 데라우치 통감에게 보낸 전문에 현 황제를 창덕궁 '이왕 전하'로 하고 한국의 국호는 이제부터 '조선'이라 한다고 하고 있다. 대한제국을 조선으로, 고종태황제를 이태왕 전하로, 순종황제를 이왕 전하로 부르라는 것이었다. 순종이 퇴위당한 직후 창덕궁 선정전에도 일월도(日月圖) 대신 봉황도(鳳凰圖)가 내걸렸다. 대일본제국 지배하의 속지이자, 일본 천황의 제후 이왕이라는 뜻이 담겨 있었다.

태황제의 궁
– 경운궁에서 덕수궁으로

앞서 고종이 황제의 자리에서 물러나 태황제가 되자, 광무 연호가
사라지고 융희 연호가 결정된 바 있다. 때는 1907년 8월 2일이다. 이
후 태황제 고종에게는 '덕수(德壽)'라는 궁호가 올려졌다. 실록에서 덕
수궁 명칭이 처음 등장하는 것은 8월 6일이다.

원래 고종은 퇴위 후 안국동에 덕수궁을 마련하여 머물고자 하였
다. 후임 황제 순종이 황궁(경운궁)을 사용해야 했기 때문이다. 순종도
태황제를 위해 안국동에 덕수궁을 마련하도록 지시한 바가 있다. 그러
나 고종의 희망과 순종의 지시에도 불구하고 덕수궁은 안국동에 자리
를 잡지 못하였다. 갈 곳이 없어진 고종은 결국 경운궁에 그대로 머물
게 되었고, 그 결과 고종시대의 황궁(경운궁)은 태황제의 궁호인 덕수궁
으로 불리게 되었다.

최근 '1907년 헤이그특사사건으로 통감 이토가 광무황제를 강제로
퇴위시킨 후 경운궁의 이름을 덕수궁으로 고친 것이니, 일제의 잔재다.
따라서 덕수궁의 이름을 경운궁으로 되돌려야 한다.'는 주장이 제기되
어 논란이 된 바 있다.[7]

---

7 연합뉴스, 「덕수궁 지정명칭 검토 공청회」, 임헌정 입력 2011.12.02 및 MBN뉴스,

그러나 덕수라는 궁호는 순종과 대신들이 논의하여 태황제가 된 고종에게 올린 궁호였다. 덕수라는 궁호는 다른 사례가 있다. 조선 초기 왕의 자리에서 물러난 태조에게 올려진 궁호였고, 남송의 효종이 자신에게 황제의 자리를 물려준 부친 고종에게 올린 궁호이기도 했다.

요약하면 일본 측이 광무황제를 강제로 퇴위시킨 것은 사실이지만, 태황제 고종의 궁호를 덕수(德壽)로 정한 것은 일본 측이 아닌 순종과 대신들이다. 순종 즉위년(1907) 8월 6일자의 실록 기사에 장례원경 신기선의 상소가 다음과 같은 내용으로 실려 있다.

> 삼가 바라건대 이제부터 종묘의 축문에도 옛 규례를 준행하여 '신' 자를 쓰고 폐하께서도 또한 태황제 앞에서 반드시 '신'이라고 일컬을 것이며, 이번 덕수궁(德壽宮)에 공손히 올리는 책문(冊文) 가운데서도 전례대로 '신' 자를 쓰소서.

아울러 순종 즉위년 11월 14일자의 실록 기사에는 이렇게 실려 있다.

> 조령을 내리기를 '태황제의 하교를 받들어 덕수궁을 안국동에 영건하라' 하였다.

위의 두 기록을 통해 보듯이 고종에게 덕수의 궁호를 올린 것은 순종과 신하들이며, 덕수궁을 안국동에 영건하여 그곳으로 옮겨가려 한 것도 태황제 고종이다.

그러나 덕수궁은 안국동에 영건되지 않았다. 자세한 내막은 알 길

「"덕수궁이냐 경운궁이냐" 공청회 열려」(기사입력 2011-12-02 23:14) 등을 참조.

이 없으나, 일본 측에 의해 제동이 걸린 것으로 필자는 추정하고 있다. 황제가 태황제의 하교를 받들어 지시한 일이 아무런 이유 없이 실현되지 않았다는 것은 별달리 설명할 길이 없다. 사실 고종이 정동을 떠나 안국동 등으로 옮겨간다면, 순종은 당연히 열국 공사관이 운집한 정동의 경운궁에서 집무하게 된다. 그러나 그것은 일본 당국이나 통감부도 모두 원하지 않는 일이었다.

결국 고종은 새로 영건되었어야 할 '덕수궁'으로 이어하지 못하고, 황제 재위 당시 국정 사무를 보았던 경운궁에 계속 머물게 되었다. 이후 경운궁은 자연히 태황제의 궁호인 덕수궁으로 불려지게 되었다.

그렇다면 덕수궁이 담고 있는 뜻은 무엇인가. 궁호 덕수는 『중용(中庸)』에서 유래한다. 『중용』에서는 '덕수(德壽)'를 '대덕필수(大德必壽, 큰 덕을 지닌 인물은 반드시 장수한다)'의 뜻으로 풀이했다.[8] 여기서 덕은 임금의 덕, 즉 대덕(大德)의 의미이다.

1907년 광무황제가 퇴위한 뒤 덕수궁에 머물자 궁내부에서 승녕부(承寧府)를 설치하였다. 이때의 승녕부는 조선 초기 왕의 자리에서 물러난 태조의 예를 따라 설치한 것이다. 승녕부는 태황제의 음식과 의복, 일용품, 거마(車馬) 등의 관리, 회계 등을 담당한 기구다.

고종은 통감부와 총독부의 존재만을 제외해 놓고 보면 순종과 신하들로부터 꾸준히 예우를 받았다.[9] 고종과 신하들 나름으로는 대한제국의 '원시조(原始祖)'인 태조가 상왕으로 물러나 머물던 궁호(宮號), 즉

---

8 "子曰舜其大孝也與, 德爲聖人, 尊爲天子, 富有四海之內, 宗廟饗之, 子孫保之. 故大德必得其位, 必得其祿, 必得其名, 必得其壽. 故天之生物, 必因其材而篤焉. 故栽者培之, 傾者覆之. 詩曰 嘉樂君子, 憲憲(顯顯)令德, 宜民宜人, 受祿于天, 保佑命之, 自天申之, 故大德者, 必受命. 受命者는 受天命爲天子也"(『中庸』第十七章)

9 정양완, 「爲堂 鄭寅普 裕陵(純宗)誌文 解題」, 『爭點 한국近現代史』創刊號, 1992, 225∼244쪽.

덕수(德壽)의 이름을 계승하려는 뜻을 담았던 것으로 유추된다.

이처럼 광무황제 퇴위 전후의 정황이나 역대 사례를 검토해 볼 때, 덕수궁이란 궁호, 그리고 승녕부란 관부 등은 중국과 조선의 전례를 참고하여, 순종과 신하들의 논의를 거친 뒤 태황제에게 올리고 설치한 것이었다. 광무황제는 비록 강제로 퇴위했지만, 궁호 자체만큼은 새로운 황제와 신하들이 태황제의 만수무강을 비는 뜻에서 출발한 것이었다. 고종은 이렇게 해서 퇴위한 황제의 궁, 즉 덕수궁에 머물며 만년을 보냈다.

고종의 운명과
3·1운동

일본이 대한제국을 병탄한 지 근 10년, 한반도 전역에서 발생한 사건이 세계인을 놀라게 하였다. 이태왕(대한제국의 광무황제 고종)의 장례를 목전에 둔 1919년 3월 1일 33인 민족대표의 이름으로 발표된 독립선언과 그에 이은 전국의 독립만세운동이 그것이다. 서울과 평양 등 대도시를 중심으로 지방 각지로 번져간 독립만세 운동에는 남녀노소, 직업, 종교, 지역을 불문하고 지식인, 농민, 상인, 학생, 노동자, 기생 등 모두가 참여하였다.

3·1독립만세운동의 근본 원인은 근 10년에 걸쳐 한민족에게 행해진 일본의 차별적이고 강압적인 식민통치와 그로 인한 고통과 불만이

었다. 총독부가 헌병경찰을 통해 무단통치를 해 온 것이 한국인의 불만과 자주독립에 대한 열망을 고조시켜 온 바탕이었다. 거기에 제1차 세계대전의 종결과 함께 대두한 새로운 사조와 내외 사건이 이 운동의 불씨가 되었다. 1918년 1월 미국 대통령 윌슨(T. W. Wilson, 1856~1924)이 주창한 민족자결주의, 1917년의 러시아혁명, 1919년 2월 8일 동경 재일 유학생의 독립선언 등이 그것이다. 그러나 이 모두를 넘어서는 강력한 자극제는 1919년 1월 21일 고종이 덕수궁에서 돌연히 죽음을 맞이한 일이다.

1907년 황제 자리에서 강제로 물러난 고종은 덕수궁에 연금되어 고독하게 지내고 있었다. 그러나 이면으로는 해외 망명 인사들이나 국내 항일운동 세력이 은밀히 고종에게 연락을 취하였다. 그중 한 계획이 고종을 해외로 망명시켜 독립운동의 구심으로 삼고자 한 일이었다. 그러나 이런 움직임이 총독부에 포착되었고, 이에 궁중의 내시와 궁녀 등을 사주하여 식혜에 독을 타서 고종을 독살시킨 것으로 전해 온다.[10]

평소 고종은 건강했고, 며칠 전까지도 아무 이상이 없었다. 그런데 갑자기 전날 발병하여 다음날 운명한 것으로 공표되었다. 상황이 돌발적이다 보니 걸어서도 불과 반 시간이 되지 않는 위치의 창덕궁 이왕(순종)조차 임종을 지키지 못하였다. 이때 강력히 등장한 것이 고종의 독살설이다. 고종의 염습에 참여했던 민영휘 등 몇몇 인사들의 증언도 독살설이 신빙성이 있음을 더해 주고 있다. 즉 고종의 염습 당시 신체에 이상 반응이 나타났는데, 칠규(七竅)로 피를 흘렸고, 유해는 초에 절

---

10 朴殷植의 『韓國獨立運動之血史』, 朴殷植, 《韓國獨立運動之血史》(檀國大學校 東洋學研究所 編, 《朴殷植全書》上 所收), 515~517쪽; 宋相燾의 『騏驢隨筆』 (국사편찬위원회 編, 『韓國獨立運動史』 2) 등에서도 고종의 사망은 독살에 의한 것이라고 기록하고 있다.

인 것처럼 물렁물렁했으며, 피부는 푸른 빛을 띠었다고 했다. 이 모두 독살되었을 경우 나타나는 의학적 증상들이었다.[11]

역사학자이자 대한민국 임시정부 대통령이었던 박은식, 3·1운동 당시 33인 민족대표의 한 사람인 이종일, 독립협회 회장을 지낸 윤치호, 1919년 '파리장서사건'의 주요 인물인 김윤식 등의 기록에도 그러하다.[12] 그 외 일부 야사에서는 고종이 독살된 과정까지 묘사하고 있다. 이완용이 궁중의 한상학이란 인물을 사주하여 식혜에 독을 넣었고, 이를 마신 고종이 즉사하였으며, 이에 놀라 식혜를 마신 궁녀들도 현장에서 즉사했다는 것이다. 최근 덕혜옹주가 어렸을 때 '고종이 독살당했다는 이야기를 들었다.'는 기록이 발굴되기도 했다.

어디까지가 진실인지 확인할 방도는 없지만, 고종의 최후에 대해 의문이 남는 것은 사실이다. 『고종실록』에는 고종이 붕어하기 단 하루 전 발병한 것으로 기록되어 있고, 조선총독부 측이 붕어 사실을 즉각 알리지 않은 것도 의심을 샀다. 더욱이 같은 서울에 있으면서도 고종의 임종을 지켜 본 혈육이 하나도 없이 갑자기 죽음을 맞은 것도 그러하다.

이종일은 고종이 운명한 다음날 이렇게 기록하고 있다.

> 어제 고종이 일본에 의해 독살당했다. 이것은 무엇보다 대한인의 울분을 터뜨리게 하는 일대 요건이 아닐 수 없다.…왜냐하면 그동안 몇몇 국민을 만나니 전부 고종황제의 독살건으로 격분, 절치부심하고 있기 때문이다.

---

11 윤치호, 『윤치호일기』 7, 국사편찬위원회, 1986, 227~244쪽.
12 이민원, 「조선왕국의 종언과 대한제국」, 『조선시대의 정치와 제도』, 집문당, 2003, 310~315쪽.

이종일은 3·1독립만세운동 당시 독립선언문을 인쇄하여, 배포하는 일을 담당했던 보성사의 사장이다. 이종일은 황제가 독살되었다고 보고, 이것이 대한인의 분노를 일으킬 것임을 밝히고 있는 것이다. 3·1운동이 발발한 바로 다음날도 이종일은 "3·1독립만세운동은 이태왕의 독살사건이 더 큰 자극제가 된 것이다.… 헌병경찰통치의 만능주의가 전체 대한인의 적개심을 불러일으키는 데 큰 동기가 된 것."이라 했다. 헌병경찰제에 의한 식민통치가 한국인들의 일본에 대한 적개심을 불러일으켰고, 황제의 '독살사건'이 만세운동의 큰 자극제였음을 말하고 있다.

그는 독립선언서에 서명한 33인 민족 대표의 한 사람이기도 했다. 그는 3·1운동 발발 당일 수감되었고, 이틀 뒤인 3월 3일은 황제의 국장일이었다. 감옥에 수감되어 있던 그는 일본 측에 의한 고종과 명성황후의 비극을 이렇게 비통해 한 것으로 기록하고 있다.

> 황제의 국장일, 조용히 명복을 빌었다. 심문도 이날은 없었다. 파란만장한 그 분의 70평생이었다. 12세에 등극한 이후 우리나라 근대사의 변천과 함께 산 증인이 되었는데, 그 최후가 이렇게 비통할 수가 있는가. 민후께서 일본인 낭인배에게 참혹하게 죽임을 당하셨는데, 이제 황제께서도 역시 일본인의 하수인에게 독살당하시다니 이게 무슨 운명의 장난인가.(1919.3.3.) [13]

독살설의 진위는 여전히 미궁에 빠져 있지만, 고종도 명성황후도

---

13 옥파기념재단·옥파 기념사업회편, 『沃坡李種一先生論說集』, 교학사, 1984에 수록된 李種一先生의 日記(飜譯文) 및 박걸순, 『이종일의 생애와 민족운동』, 독립기념관 한국독립운동사연구소, 1997, 249~255쪽 및 『黙庵備忘錄』, 1919년 1월 22일, 3월 2일, 3월 3일의 기록.

일본의 침략에 희생된 것은 사실이다. 그들은 조선의 왕과 왕비이자 대한제국의 황제, 황후이니 개인의 비극에 그친 것이 아니었다. 그들의 희생은 한국과 한민족 전체의 희생으로 여겨졌고, 그런 인식이 고종의 장례에 즈음하여 독립만세운동의 기폭제였음을 명시하고 있다.[14]

고종의 해외망명기도설
-『우당 이회영 약전』

고종이 비극적 최후를 맞은 원인에 대해서는 해외망명기도와 해외독립운동자금 조달에 관한 이야기가 두루 전한다. 기밀을 요하는 일의 성격상 깊은 내막을 아는 이는 극히 소수였다. 때문에 일부는 야사와 같이 꾸려져 공상소설처럼 느껴지기도 한다. 그럼에도 이들 기록과 이야기에 관통하는 것은 고종의 해외망명기도, 독립운동자금, 독살설이다.

독립운동가 이정규, 이관직은『우당 이회영 약전』을 남겼다. 이회영은 잘 아는 바와 같이 1907년 이상설의 헤이그 특사 파견 당시 궁중 밖에서 긴밀히 협조한 인물이자 국망 이후 아우 이시영 등 5형제와 함께 가산을 처분하여 마련한 자금으로 만주로 이주, 독립운동을 하였다. 그러나 그 자신은 피체되어 여순감옥에서 순국하였다.

---

14 초대 조선 총독이자 일본수상이었던 데라우치 마사다케의 고종의 독살 관련설에 대해서는 이태진,「고종황제의 毒殺과 일본정부 首腦部」,『歷史學報』 204, 2010, 431~457쪽을 참조.

이 책은 이회영이 추진한 독립운동자금 마련과 고종의 해외망명계획을 이회영의 활동을 중심으로 쓴 것이다. 여기서 필자들은 고종의 망명계획을 탐지한 일본 당국의 사주에 의해 고종이 독살을 당한 것으로 서술하고 있다.

5형제가 만주로 이주한 후 이회영은 독립운동의 지속을 위해 자금이 필요했고, 이를 위해서는 국내의 귀족과 부호로부터 지원을 받는 것이 필요하였다. 그런데 이들의 협조를 얻으려면 고종의 밀지(密旨)를 받는 것이 최선이라 여겼다. 그 결과 헤이그특사 파견 당시의 경험을 바탕으로 이회영은 몇몇 지인들과 의기 투합하여 이 일을 추진하였다는 것이다.

그러나 일의 성격상 시간이 걸리는 일이었다. 때문에 이회영은 만주와 서울을 오가며 경찰의 감시 속에 은밀히 계획을 진행하였다. 1916~1917년 사이 그는 시종 이교영(李喬永)을 통해 자신의 뜻을 고종에게 아뢰고, 홍증식(洪增植)을 통해 전판서 민영달(閔泳達)에게 연락하여 몇몇 부호로부터 자금을 확보하여, 고종의 해외망명을 추진하려 했다는 것이다.

때는 1918년 12월, 제1차 대전의 끝 무렵으로 미국 대통령 윌슨이 그해 초에 발표한 교서가 곳곳에서 화제가 되고 있었다.

그 사이 상하이, 미주, 도쿄 등에서 소문이 오고 비밀리에 연락이 오갔는데, 주로 민족자결주의와 독립운동에 관한 것이었다. 이회영은 이상설이 그 전해인 1917년 세상을 떠난 것을 뼈아파 하면서 조급한 마음에 천도교의 오세창, 불교의 한용운, 기독교의 이승훈, 교육계의 김진호·강매, 사회 방면의 이상재·유진태·안확·이득년 등과 조석으로 밀의했다.

다른 한편 궁중의 이교영에게 생각을 전하고 고종에게 아뢰도록 하였다. 세계의 대변동기를 맞아 황제가 해외로 망명하여 한일합방이 일본의 폭력으로 조작된 사실을 세계에 폭로하면 큰 효과가 있으리라는 것이었다. 영친왕과 이방자(李芳子) 여사의 혼사 결정으로 고민이 깊어갔던 고종에게 이회영의 계획이 전달되자 고종은 이를 쾌히 응낙하였다고 한다.

이회영은 홍증식과 민영달을 찾아가 고종의 뜻을 전하며 의사를 타진하였다. 민영달은 "황제의 뜻이 그러하시다면 신하된 나에게 무슨 이의가 있겠는가? 나는 분골쇄신(粉骨碎身)하더라도 황제의 뜻을 따르겠다."고 하여 쾌히 승낙하였다. 이후 이회영은 민영달과 대책을 강구하여, 먼저 수륙(水陸) 두 가지 길을 비교하여 배를 타기로 하였고, 행선지는 우선 중국으로 하고, 상하이와 베이징 중에서 베이징에 행궁(行宮)을 정하기로 하였다. 민영달은 자금으로 5만 원(圓)을 내놓았고 이회영은 준비를 맡았다. 이때가 1918년 말이었다고 기록하고 있다.

이회영은 민영달이 제공한 자금을 이득년, 홍증식에게 주어 베이징에 있던 이회영의 동생 이시영에게 전하게 하고, 고종황제가 거처할 행궁을 임차하고 수리를 부탁하였다. 헤이그특사 파견을 연상시키는 이 계획은 그러나 고종의 돌연한 죽음으로 실현되지 못하였다.[15]

---

15 이정규·이관직, 『우당 이회영 약전』, 을유문화사, 1985, 52~56쪽.

고종의 독립운동자금설
- 『덕수궁의 비밀』과 헐버트

　이상과 같은 『우당 이회영 약전』의 내용 외에 다른 하나는 이증복
(李曾馥)이 「고종황제와 우당선생」이라는 제목으로 쓴 글이다. 이 글은
이증복이 1958년 『연합신보』(1958.12.16.~19)에 썼던 글로, 『우당 이회영
약전』[16]에도 실려 있다.

　여기서는 위의 내용에 더하여 고종의 최후 등을 포함 주로 고종의
입장을 중심으로 더 자세한 내막을 싣고 있다.

　먼저 독립운동자금건이다. 이회영은 을사조약이 체결되던 해에 서
간도로 가서 그곳에 신흥무관학교를 설립하고 독립군지도자를 양성
하는 한편, 국내의 친우 이상설, 이동녕과 상의하여 러시아의 하바롭
스크에 한인군관학교를 설립하기로 하고 러시아의 극동총독과 교섭
을 했다. 이에 러시아 극동총독은 일단 승낙했다. 그러나 설립비용 중
50만 환을 한인 측에서 부담할 것을 청하였다. 1천 명의 장교와 하사
관을 양성하기 위한 계획이지만, 망명지사들에게 50만 환이란 대금은
감당하기 어려웠다.

　그 무렵 독립운동 과정에서의 좌절과 과로로 쓰러진 이상설은 동
지들이 지켜보는 가운데 우스리스크에서 유명을 달리하였다. 이상설

16　이증복, 「고종황제와 우당선생」(위의 『우당 이회영 약전』, 187~196쪽)을 참조.

의 장례를 치른 뒤 이회영과 이동녕은 향후 방안을 고민한 끝에 이회영이 서울로 돌아가 다른 동지들과 방법을 모색하기로 하였다.

한편 덕수궁에 유폐되어 있던 고종은 국권을 회복하려는 생각으로 때로 유생들에게 밀조(密詔)를 내려 독립운동을 성원하였다. 19세기 말에도 밀지를 내려 전국의 유생들에게 항일운동을 독려하던 방식과 유사하였다. 이때 일제의 감시를 피해 유진태의 집에 은신해 있던 이회영은 가까스로 고종에게 서신으로 연락하는 데 성공하였다. 이회영의 글을 살펴본 고종은 민영달을 불러 50만 환을 지원해 줄 것을 지시하였고, 이회영은 국내에 들어온 지 3개월 만에 50만 원 자금을 확보하여 러시아로 돌아갔다.

그러나 러시아는 레닌의 혁명으로 황실은 붕괴되고, 국내 정세는 혼란스러운 가운데 일본군이 시베리아를 점령하였다. 그 결과 한인군관학교 설립을 지원하기로 약속했던 러시아의 극동총독까지 행방불명이 되어 이 계획이 좌절되기에 이르자 이회영은 난경에 빠지게 되었다.

이때 1차 세계대전이 종식되자 열강은 강화회의를 열기로 하였고, 미국의 대통령 윌슨은 민족자결주의 원칙을 표방하였다. 그러자 독립운동가들은 이 기회를 잃지 않고자 상하이로 모였다. 이회영이 상하이에 갔을 때는 일제의 식민통치에 불만을 품고 망명한 독립운동자들이 모여 있었으나 모두가 적수공권이었다. 이때 50만 환의 거금을 지니고 있던 이회영은 2가지 계획을 구상했다. 하나는 상하이에 임시정부를 세우는 일, 다른 하나는 파리에서 열리는 만국강화회의에 한국의 대표를 파견하는 일이었다. 결국 황제의 자금 50만 환은 김규식의 파리 대표 파견과 임시정부의 수립에도 기여하게 되었다고 이종복은 주장하였다.

이 자금이 이회영에게 넘어가도록 역할을 한 두 주인공은 고종황제와 민영달이었다. 그러니 두 인물 모두 함구하였기에 민영달의 활동은 일본에게 발각되지는 않았으나, 50만 환의 자금이 고종에게서 이회영의 손을 거쳐 해외로 흘러갔다는 점은 일본 당국에 포착되었다.

과거 고종의 헤이그특사사건으로 곤경에 처했던 일본 측은 이번만큼은 고종을 그대로 둘 수 없다 하여 비밀리에 음모를 꾸몄고, 그 결과가 이왕직의 장시국장 한창수와 시종관 한상학을 하수인으로 하여 고종의 독살을 꾸미게 되었다는 것이다.

이와 유사한 맥락의 내용을 담은 또 다른 책은 독립운동가 선우훈이 쓴 『사외비사 덕수궁의 비밀』이다.[17] 이 책은 황실 소유의 금괴에 대한 것으로서 고종과 이용익의 활동에 관한 내용이 핵심이다. 고종은 궁중에 비장한 금괴 85만 냥을 이용익[18]을 통해 12개의 항아리에 담아 궁 밖의 비밀 장소에 묻은 뒤 보물지도를 측근에게 맡기고 해외 탈출을 모색하였다는 것이다.

그러나 궁중의 주방장 한상학(韓相鶴)에게 기밀이 노출되어 그가 사돈인 이완용에게 폭로함으로써 실패했다고 한다. 이완용은 총독부에 밀고한 뒤 일본에 가서 천황에게 충성을 맹세한 뒤 귀국해 한상학과 함께 도모한 것이 황제의 독살이라는 것이다.

이상의 여러 이야기 외에도 그런 개연성을 제시해 준 인물은 헤이그특사의 사명을 도왔고, 일제하에 미국에서 문필 활동을 통해 한국의 문화를 서구에 널리 알리고 한국인의 독립운동을 성원한 헐버트 박

---

17 선우훈, 『史外秘史 德壽宮의 秘密』, 세광출판사, 1956.
18 이용익은 대한제국 당시 내장원경으로서 황실의 재정을 관리했던 인물이자 고종의 최측근이었다.

사(Homer Bezaleel Hulbert 1863~1949)이다. 헐버트는 미국인 언어학자이며 19세기 말 한국에 초청 받아 육영공원의 교사를 지낸 인물이다. 그는 고종이 가장 신임했던 인물 중의 한 사람으로 만국평화회의가 열리는 헤이그에서 이상설 등을 도와 각국 대표단과 언론을 통해 한국의 호소를 전할 수 있도록 측면에서 활약한 인물이다.

그는 고종이 상당한 비자금을 자신에게 맡겼다고 했다. 즉 헤이그 특사 파견 당시 막대한 내탕금(內帑金)을 해외 독립운동 자금으로 자신에게 맡긴 것이 있어서 상하이의 한 은행에 예금해 두었는데, 대한제국 합병 후 일본 측이 이 사실을 알고 모두 몰수해 갔다는 것이다. 그 사실은 고종과 헐버트만 아는 비밀로서 자신이 세상을 떠나기 전에 이를 매듭짓고자 하였다. 그는 상하이의 은행에 맡긴 증서와 관계 서류를 잘 보관하고 있다고도 하였다.

마침내 1949년 이승만 대통령이 헐버트를 초청하였으나, 86세의 고령에 먼 항해로 지친 그는 의식을 잃었고, 한국 도착 즉시 청량리 병원에 입원하였다. 이때 이승만 대통령은 병상의 헐버트를 찾아가 손을 부여잡았고 두 노인은 파란만장한 지난 세월을 회상하면서 말없이 눈물을 흘렸다.[19] 며칠 뒤 헐버트는 영영 눈을 감았고, 그가 전하려 했던 고종의 비밀자금 이야기도 영원히 사라지고 말았다.

이상의 여러 증언과 기록은 독립운동자금, 망명기도설, 독살설과 모두 연관되어 있다. 등장하는 인물도 안팎으로 두루 연결되어 신빙성

---

19 1905년 11월 26일 고종의 대미교섭 임무를 수행하며 워싱턴에 머물던 헐버트는 중국의 지부(芝罘)에서 비밀리에 보낸 전문을 받았다. "짐은 총칼의 위협과 강요 아래 최근 한일 양국간에 체결된 소위 보호조약이 무효임을 선언한다. 짐은 이에 동의한 적이 없고, 금후에도 결코 아니할 것이다. 이 뜻을 미국정부에 전달하기 바란다."(로버트 올리버 지음, 황정일 옮김, 『이승만: 신화에 가린 인물』, 건국대학교 출판부, 2002, 90쪽)

을 더하게 한다. 이를 통해 확인할 수 있는 것은 퇴위 이후로도 고종은 기회 있을 때마다 국권회복 방안을 모색하고 있었다는 점이다. 다만 일본의 감시 아래 있다 보니 기밀 유지와 관련 인물의 보호를 위해 기상천외의 수단이 동원되었고, 그 결과 후일에는 사실과 허구가 뒤섞인 이야기가 회자될 수밖에 없었다.

고종은 5백 년 조선 왕조의 마지막 왕으로서, 대한제국의 초대 황제로서 자신의 대에 이르러 나라가 주권을 잃고 멸망하였다는 현실에 죄책감도 막중했을 것이다. 더불어 군인, 의병, 독립운동가가 수없이 희생되고, 국내외로 유리도산하게 된 자국인들의 비극에 대한 자책이 평생 뇌리에서 떠나지 않았을 것이다. 그가 헤이그특사 파견 등을 통해 다방면의 시도를 한 것도 주권자로서 최소한의 의무라고 여겼을 것이다.

엄혹한 제국주의 시대에 그가 시도한 여러 일은 국내외 각지에서 많은 이들이 목숨을 걸고 참여한 일이고, 이후 꾸준히 이어진 독립운동에도 일정한 기여가 되었다. 고종의 여러 시도는 모두 실패하여 당장에 국권을 회복할 수는 없었지만, 그런 노력의 결과는 3·1운동은 물론 그 이후의 한국인들의 해외독립운동으로 이어져 갔다. 백 년이 지난 현재에도 많은 한국인들이 고종에게 망국의 책임을 혹독히 질타하면서도 그와 그의 시대를 기억하고 동정하는 이유이다.

고종의 후손

고종과 명성황후에게서 낳은 유일한 적자는 순종이다. 그런데 순종의 황제 즉위는 정상적 절차를 밟아 진행된 것이 아니었다. 일본의 강요에 의해 고종이 퇴위하였고, 고종도 순종도 원하지 않는 상태에서 황제의 자리를 이어 받았으니 절차와 정통성에 문제가 있었다. 그래서 일각에서는 순종은 대한제국 황제가 아니라고 부정하기도 하였다.

그러나 정통성에 흠이 없는 것은 아니지만, 당시의 대부분 국민들은 순종을 황제로 불렀고, 대한제국 2대 황제 순종의 존재도 인정되어 오고 있다. 순종의 자질과 성향이 어떠한 지에 대해서는 자세히 알 수가 없다. 단기 재위한데다가 실권도 없었기 때문이다.

내외의 격변기에 열국공사나 선교사 부부 등이 고종을 알현할 당시에 목도한 순종의 인상이나 모습은 건강이 좋지 않고 안색이 초췌하며 시력이 좋지 않은 모습이 대부분이다. 특히 모후 명성황후를 비명에 잃은 고통으로 심하게 우울증세를 보이는 모습 등이 전한다.

순종은 망국과 함께 비운에 처할 수밖에 없는 인물이었고, 야사의 소재로 간간이 언급되는 수준에서 알려져 왔다. 다만 위당 정인보의 글 유릉지문(裕陵誌文)에서는 순종의 효심에 대해 많은 지면을 할애하고 있어 그의 성정을 이해하는 데 다소 참고가 되고 있다.

순종에 대한 당대인들의 정서는 어떠했는가. 1926년 순종의 장례일 당시 서울에서는 학생들이 6·10만세운동을 펼쳤다. 당시 나라를 못지킨 무능하고 나약한 군주라고 비판한 일부 언론 등을 제외하면 대체로 순종을 불쌍한 어른, 비운의 황제 등으로 묘사했다. 한국인 대중은 그를 일제의 희생양으로 보았고, 불쌍한 왕세자, 황태자 혹은 실권이 없는 무력한 황제 정도가 그에 대한 일반적인 인상이었다고 할 수 있다.

고종이 낳은 자녀는 9남 4녀이다. 명성황후에게서 4남 1녀, 4명의 후궁(이귀인, 장귀인, 엄귀비, 양귀인)에게서 낳은 5남 3녀가 그들이다. 이 중 6남 3녀가 어려서 죽고, 성인이 되기까지 생존한 자녀는 3남 1녀이다. 이들이 후일의 순종(척, 명성황후의 둘째 아들), 의왕(강, 귀인 장씨의 아들), 영왕(은, 엄귀비의 아들), 덕혜옹주(귀인 양씨의 딸)이다. 그래서 순종, 의왕, 영왕을 고종의 첫째, 둘째, 셋째 아들이라 칭하기도 한다. 이 중 순종은 자손이 없고, 영왕은 일본여성 이방자와 결혼하여 아들(구) 하나를 낳았다. 고종의 자녀 중 유일하게 자손을 둔 이는 의왕으로 여러 명의 자손을 두었다.

명성황후 : 1남 (순종) ─────────────────── (절손)
장 귀 인 : 1남 (의왕) ───── 12남 9녀 ───── (후손)
엄황귀비 : 1남 (영왕) ───── 1남 ───── (절손)
양 귀 인 : 1녀 (덕혜옹주) ───── 1녀(자살) ───── (절손)

순명효황후는 순종의 첫 번째 비이다. 순종은 1874년에 태어나 다음해 2월 세자로 책봉되었고, 아홉살 때인 1882년 여흥민가에서 규수를 맞이하였다. 그 비가 곧 순명효황후다. 순종은 대한제국의 제2대 황제, 즉 마지막 황제이니 순명효황후는 살아서 대한제국의 마지막 황후가 되었어야 하나, 순종이 황제로 즉위하기 전에 승하하였으므로 사후 황후로 추존되었다.

순명효황후는 을미사변 당시 비극의 현장에서 자객의 칼을 맞은 명성황후의 선혈을 옷깃에 잔뜩 뒤집어쓰고 혼비백산한 일이 있다. 그녀는 궁중에 들어간 이후 늘 시어머니인 명성황후를 가장 가까이서 모시는 며느리 역할을 하였다. 그날도 명성황후의 곁에서 현장을 목도할 수 있었던 궁중의 첫번째 인물이었다. 그런 충격 때문인지 다른 원인인지 1904년 11월 5일 경운궁의 강태실에서 33세의 나이에 세상을 떠났다.

황태자 시절의 순종은 황태자비(순명효황후)가 세상을 떠나자 1906년 새로 황태자비로 맞았다. 해풍부원군 윤택영의 어린 딸로 순종과는 나이차가 근 20년이었다. 1907년 순종이 황제에 등극함에 따라 윤비는 황후가 되었다. 그녀가 곧 순정효황후다.

일제가 대한제국의 국권을 박탈할 당시 순종에게 합방조약에 날인할 것을 강요하자, 병풍 뒤에서 이를 엿들은 황후는 황제의 옥새를 치마폭에 감추어 두고 내어주지 않으려 했다. 그러자 일본 측은 숙부인 윤덕영을 통해 이를 빼앗았다고 전한다. 그녀는 말년에 불교에 귀의하여 창덕궁 낙선재에서 머물렀다.

이후 1945년 해방의 기쁨과 함께 1948년 대한민국이 탄생하는 것을 지켜보았고, 1950년에는 6·25남침의 비극을, 1961년에는 5·16 등을 지켜보았고, 대한민국 현대사의 발전과정을 목도한 뒤 운명하였다. 몰락한 황실에서 품위를 잘 지켜낸 인물로 평가된다.

의왕(1877-1955)은 고종의 둘째아들로 초명은 평길, 이름은 강이다. 어머니는 귀인 장씨. 열국외교관들의 보고에 따르면, 황실의 인물 중 매우 총명하고 자질이 두드러졌다고 한다. 그에 대해 의화군, 의왕,

의친왕 등의 호칭이 붙는 것은 1891년 의화군에 봉해지고, 1900년 의왕(의친왕)에 봉해진 이유 때문이다. 그러나 1910년 대한제국황실이 일본의 귀족령에 의해 천황가의 하위로 종속되면서 이왕가의 공으로 자리 매김되어 이강공으로 불렸다.

그는 1894년 일본의 청일전쟁 승리를 축하하는 보빙대사로 임명되어 일본을 다녀왔고, 이듬해 특파대사 자격으로 영국, 독일, 러시아, 이탈리아, 프랑스 등을 차례로 다녀왔다. 을미사변 직후 일본에 유학을 명목으로 파견되었으나 사실은 일본의 인질격이었다. 고종은 이를 고민한 끝에 미국 유학의 명목으로 의화군을 빼내었다.

이후 로아노크대학(Roanoke College)에서 의화군과 함께 교유하며 유학한 인물 중 한 사람이 대한민국임시정부의 학무총장, 외무부장을 지냈고 1945년 해방 이후 이승만, 김구 등과 함께 주요 인물로 떠오른 김규식이다. 의왕은 미국유학을 마치고 돌아와 대한적십자사 총재가 되었다.

1919년 의왕은 대동단의 전협·최익환 등과 대한민국임시정부가 위치한 상하이로 탈출을 모색하다가 만주의 안동에서 일본 경찰에게 발각되어 강제로 국내에 송환되었다. 그 뒤 일본정부에서는 여러 차례 일본을 방문할 것을 종용하였으나 끝내 거부하였다. 미래의 우리 국가는 민국이 되어야 한다고 주장하는 등 황족의 후예로서 비교적 앞서가는 생각을 지녔던 인물로 평가되고 있다.

영왕은 엄황귀비의 소생으로 고종의 셋째아들이다. 이름은 은으로 순종이 황제로 등극하자 영왕이 황태자가 되었다. 세상의 여론은 형제 간에 계통을 세움은 불가하다 하여 황태제라고도 불렀다. 영왕은 일본의 정략에 의해 일본여성 이방자와 결혼하였다.

고종의 유일한 딸인 덕혜옹주는 양귀인에게서 태어났다. 일제하에 일본의 귀족학교인 학습원에 유학하였고, 1930년 대마도주의 아들 소 다케유키(宗 武志, 1908-1985)에게 시집을 갔다. 그러나 정신쇠약 증세로 어려운 삶을 이어간 것으로 잘 알려져 있다. 그녀나 대마도주의 아들 이나 일본의 정략 결혼에 의한 희생양으로 볼 수 있다. 슬하에 딸 하 나를 두었으나 삶을 비관하여 현해탄에 투신자살한 것으로 알려진다. 덕혜옹주의 일생을 다룬 책과 소설, 연극과 영화가 등장하면서 대한제 국의 마지막과 그녀의 일제하 생애가 대중의 많은 관심을 모으기도 하 였다.[20]

---

20 本馬恭子, 『德惠姬 : 李氏朝鮮最後の王女』, 葦書房 : 福岡, 1998; 권비영, 『덕 혜옹주』, 다산북스, 2009.

맺음말

    조선의 마지막 국왕이자 대한제국의 초대 황제였던 고종, 그는 어떠한 군주였을까. 먼저 고종 집권기 한국사의 흐름과 거기에 반영된 고종의 정책 구상과 역할을 정리하면 다음과 같다.

    첫째, 제왕 수업기의 고종이다. 고종은 왕실의 방계 후손으로서 국왕으로 즉위할 가능성은 매우 적었던 인물이다. 그러나 철종이 후사 없이 타계하자, 조대비는 흥선군의 둘째아들인 그를 익종의 양자로 맞아들여 조선의 26대 국왕으로 즉위하게 하였다. 이렇게 하여 고종은 19세기 후반 한국사의 핵심 무대에 등장하였다.

    이후 10년간 정사는 조대비와 흥선대원군이 주도하였다. 이때의 내정은 볼 만했다. 호포제와 전국 서원의 정비 등이 그랬고, 경복궁 중건은 선대왕들의 유지를 이은 사업이었다.

    그러나 이 시기 조정의 대외정책은 쇄국이었다. 천주교의 탄압, 각국의 문호개방 요구에 대한 강경 대응 등이 그러하다. 세계의 사정을 살펴보고 새 시대의 인재를 양성해야 할 중요한 시기였으나, 일본이 내부구조를 바꾸어 신속히 서양화를 추구한 것에 비해 조선은 중화질서 속에서 농업 중심의 유가적 왕조사회를 유지하는 데 머물렀다. 박은식이 『한국통사(韓國痛史)』에서 지적했듯이 흥선대원군의 내정 장악력은 뛰어났지만 대외적 안목은 좁았고 근시적이었다.

한편 조대비와 흥선대원군, 조정 대신들이 정사를 이끌어가는 이면에서 고종은 장래를 대비한 제왕 수업에 몰두하였다. 이때의 주요 교재는 『효경』, 『소학』, 『통감』으로부터 『논어』, 『맹자』, 『중용』, 『대학』 등 사서 등이 중심이었다.

이렇게 볼 때 소년기의 고종은 전통시대의 유가적 소양을 쌓는 데 치중하였고, 동서양이 격변하기 시작한 그 시점에 아직은 신서적이나 서양사정을 깊이 접할 분위기가 아니었다. 다시 말해 그의 소양은 신식학문이 아니라 전래의 동양학을 통해 기초가 다져진 것이었다. 공적 교육을 통해 서양 학문이나 교육을 접할 기회가 없었던 점에서 많은 아쉬움이 있었다.

둘째, 고종이 직접 정사를 챙기면서 취한 정책과 방향은 어떠했는 가이다. 제왕 수업기를 지나 성년이 된 고종은 흥선대원군의 정사 개입을 차단하며 국정을 주도하기 시작하였다. 고종의 정책 방향은 문호개방과 서구화였다. 고종은 강화도조약을 맺은 후 청국에 영선사, 일본에 2차의 수신사와 조사시찰단을 파견하여 대외 사정을 관찰하였다. 이후 고종은 통리기무아문 등을 설치하여 내정개혁에 착수하였다. 대외관계 부서의 기능을 강화하고, 일본인 교관 초빙, 교련병대(별기군)의 양성, 서양의 무기와 기술 수용 등을 통해 다방면의 개화정책을 추구하였다.

1882년 미국과 수교를 시작으로 고종은 영국, 독일, 러시아, 프랑스 등과 수교하였고, 미국으로부터 의사, 교사, 교관 등을 초빙하고, 육영공원 등을 설립하여 신교육에 착수하였다. 이후 서울의 정동에는 이화학당·배재학당 등이 설립되어 서양학문이 태동하기 시작하였고, 기독교도 큰 저항없이 암묵리에 발전을 거듭하여 갔다. 이때의 고종은 진취적이고 의욕적이었다. 궁중에서 유가적 소양 교육을 쌓은 것이 거의 전부였던 고종이 세계의 변화에 눈을 돌려 신분타파를 강조하며 서구문물 수용정책을 취한 점은 놀라운 면모라고 할 수 있다. 적어도 이 시기의 고종은 개명군주라고 할 만했다.

그러나 고종에게는 안팎에 장벽이 있었다. 안으로는 최익현과 영남 유생 등 전국 유림의 저항이 격렬했고, 임오군란과 갑신정변이 이어졌다. 밖으로는 청·일의 경쟁과 영·러 대결이 외압으로 작용하였다. 임오군란은 외척 세력과 일본을 향한 적대였지만, 이를 계기로 한 청국의 파병과 내정간섭은 조선의 주권을 침해하며 개화파 청년들의 정변을 자극하였다.

당시 고종은 자신의 정치적 우군으로서 두 개의 집단을 지원하고 있었다. 하나는 일본과 미국을 통해 서구 문명을 접한 김옥균, 박영효, 서광범 등 급진적인 개화파 청년 집단, 다른 하나는 민영익, 김윤식, 어윤중 등 척족세력을 포함한 청국통의 점진적인 개화파 인사들이다. 이들은 박규수와 역관 오경석, 의관 유대치 등에게 직접 훈도를 받은 이들로 고종의 정치력과 근대화 정책을 뒷받침해 줄 양 날개 격이었다.

그러나 박규수와 이들 사이에는 세대 차이가 컸고 중간층이 미비하였다. 박규수는 개항 직후인 1877년 타계하였고, 오경석, 유대치는 중인신분으로 궁중의 고종과는 거리가 멀었다. 이렇게 장년층 개화파가 부재한 상태에서 청년들은 일본의 공작에 휘말려 궁정 쿠데타를 일으켰다. 청국과 척족세력을 타도하고 부국자강을 실현하려 하였다. 그러나 정변의 결과는 고종의 두 우군 몰락과 함께 군주권의 추락과 개화정책 동력의 상실로 이어졌다.

셋째, 국왕 재위 당시 고종의 대외관이다. 고종에게 청국과 일본은 '불가근불가원(不可近不可遠)'의 대상이었다.

임오군란과 갑신정변으로 조선에서 세력을 강화한 것은 청국이었다. 청국은 조선과의 종번(宗藩) 관계를 넘어서 식민지화까지도 구상하였다. '조선총리' 원세개는 자주적 노선을 취하려던 고종을 폐위하려고까지 하였다. 조선을 청국의 '안보울타리'로 삼으려 한 것이지만, 결과는 조선의 힘을 약화시켜 자립은커녕 청국의 울타리 역할도 못 하게 한 악수(惡手)였다. 고종에게 일본은 근대화의 모범은 될지언정, 침략성으로 인해 믿을 수 없는 나라였고, 청국 역시도 조선의 내정에 사사건건 간섭을 자행하여 조선의 자주성을 침해하는 나라였다. 적어도 청일전쟁 무렵까지 고종의 대외정책은 청국의 간섭 탈피가 최우선 목표였다.

그 결과 고종이 모색한 첫 대안은 미국이었다. 미국은 영토가 넓은 부강한 나라로서 고종이 가장 우호적으로 접근하려 한 나라였다. 그 첫 결과가 1883년 미국방문 사절단(일명 보빙사)의 파견이고, 두 번째가 주미공사 박정양의 파견과 자주적 외교의 추구였다. 그러나 미국은 조선과의 교역량이 미미한 데 실망하여 조선에 대한 관심이 저조하였다. 고종은 개화정책에 필요한 자금을 구하고자 차관교섭, 광산기술자와 군사교관 초빙 등을 시도하였지만, 미국의 소극성과 청·일의 방해로 가장 중요한 차관도입은 실패하였다.

고종이 모색한 둘째 대안은 러시아였다. 부동항이 절실했던 러시아도 조선을 필요로 하였다. 그 결과 양국 사이에 여러 차례 '조러밀약사건'이 등장하였다. 그러나 영국의 거문도점령 사태가 이어지면서 고종의 대안 모색은 또다시 좌절되었다. 갑신정변으로 인한 개화파의 몰락, 고종이 기대했던 미국의 무관심, 한반도를 둘러싼 영·러 대립으로 고종의 대안 모색은 두루 차단되고 있었다. 그 결과 조선은 청일전쟁에 이르기까지 청국의 독무대가 되었다.

넷째, 청일전쟁의 직접 당사국은 청국과 일본이지만, 그것은 세계 정책을 둘러싸고 영·러의 대결이 동아시아에서 작용한 사건이기도 하였다. 대륙진출을 꿈꾸던 일본이 러시아의 시베리아횡단철도 착공으로 비상체제로 돌입하면서, 장래에 예상되는 러일전쟁의 전초전 격으로 청국에 도발한 전쟁이었다. 따라서 조선의 동학농민 봉기는 일본이 파병할 구실을 만드는데 이용되었을 뿐, 그것이 청일전쟁의 근본 원인은 아니었다.

청일전쟁은 고종이 청국의 간섭을 탈피하는 계기가 된 점에서 긍정적인 효과도 있었다. 그러나 조선 조정이 붕괴되고, 이후 러일전쟁에 이르기까지 한반도는 러·일 경쟁의 무대가 되었으며, 고종 역시 러·일의 외압을 벗어날 수 없었던 점에서 부정적 영향은 더 할 수 없이 심각했다.

다섯째, 시모노세키조약은 청일전쟁 이후 고종의 국정 운영이 러시아와 일본의 갈등 사이에서 새로이 표류하기 시작한 출발점이었다. 이때 본격화되던 이노우에 일본 공사의 '조선보호국화' 작업에 제동을 건 것은 러시아 주도의 삼국간섭이었다. 일본의 만주 침략 의도를 간파한 러시아는 프랑스, 독일과 함께 요동반도 환부와 조선의 독립 존중을 요구하였다. 이런 분위기를 간파한 고종과 민왕후는 이노우에의 기도에 제동을 걸었고(인아거일), 그에 대한 반격으로 일본은 가차없이 조선왕후를 시해하여 보복하였다(명성황후 시해).

왕후 시해 직후 궁정 내외는 일본의 첩자가 넘나들고 있었다. 불안과 공포의 날을 보내고 있던 고종은 마침내 러시아공사관으로 비상 탈출을 하였다(아관파천). 이 사건은 러시아의 일본에 대한 반격이자, 일본에 대한 고종의 대항이라는 점에서 조선과 러시아의 공동대응이었다.

여섯째, 아관파천 이후 고종은 군주권을 강화하며 나라의 위상을 높이고, 내실을 기하기 위한 다양한 정책을 적극적으로 추구하였다. 그 결과가 황제 즉위와 대한제국 선포, 한청통상조약 체결이며, 대한 제국기에 추진한 다방면의 개혁정책이다.

먼저, 아관파천 이후 고종과 내각의 정책 기조는 갑오경장의 흐름을 거의 그대로 이은 것이었다. 그중 '대역부도죄인' 서재필을 사면하여 『독립신문』의 발간과 보급을 적극 지원한 고종의 조치는 높이 평가할만한 부분이기도 하다. 그 외 독립문 건립, 독립협회 창립 후원 등은 일반 대중에게 자주독립의 의식과 세계정세의 인식 제고를 위한 정책이기도 했다.

이후 고종은 황제 즉위식과 대한제국 선포를 통해 5백 년 지속되어 온 중국과의 불평등한 관계를 대등하게 매듭지었다. 이런 변화는 '황제가 없으면 자주독립도 없다.'는 관민의 의식을 감안한 고종의 처방이었다. 보수 유생과 청국은 이를 '망자존대(妄自尊大)'라고 하였고, 청국 황실은 청일전쟁 패배보다 더한 치욕으로 여기기도 하였다. 그러나 고종은 대한제국 선포 2년 뒤 청국과 역사상 처음으로 평등 조약을 맺었다(한청통상조약, 1899). 이 조약은 병자호란 당시 약조한 양국 사이의 군신관계가 처음으로 동등한 국가관계로 재탄생한 역사의 분기점이었다.

일곱째, 황제 즉위 후 고종이 추구한 정책은 1880년대 '동도서기론'에 입각한 정책에서 진일보한 근대화정책이었다. 기술과 제도를 넘어서서 서양의 학문과 사상까지 수용의 대상이었다. 이 시기 고종의 정책을 뒷받침한 기본 논리는 '구본신참'이다. 전국에 걸쳐 시행된 양전지계사업과 상공업의 장려, 기차와 전차, 전등, 발전소 등 문명시설의 도입 그리고 측량학교, 군사학교, 외국어학교, 법학교, 의학교, 상업학교, 공업학교, 군사학교 등 각종 신식학교의 설립, 도자기와 유리공장 등 각종 공장의 설립 등은 새로이 국부를 창출하기 위한 본격적인 산업화와 근대화의 시동이었다.

그 외 『대한예전』과 『증보문헌비고』의 편찬과 장충단 건립 등은 황제체제 정비와 함께 후일 단군, 국학, 국혼 등에 대한 관심과 의식의 확대에 기여하였다. 그 외 하와이 이민사업, 파리만국박람회 참여, 만국적십자사 가입, 벨기에와 네덜란드 등 유럽 국가와의 수교 확대 등은 대한제국의 국제적 위상을 높이기 위한 노력으로 평가된다. 이렇게 볼 때 고종시대는 근대의 씨앗을 뿌리고, 전통문화의 발굴과 함께 한국의 국제화가 태동된 시기라 할 수 있다.

여덟째, 러일전쟁은 황제 고종의 국가 정책을 좌절시키고 일본이 대한제국의 외교권을 박탈한 결정적 계기였다. 그리고 그에 대한 고종의 대응이 헤이그특사 파견이다.

고종의 목적은 불법으로 맺어진 을사조약은 '가짜조약'이므로 대한제국의 외교권을 일본에게서 되찾는데 열강의 도움을 구하자는 것이었다. 일본은 1904년 체결한 한일의정서에서 대한제국의 영토와 주권을 보장한다고 한 바 있지만, 을사조약의 내용은 한일의정서와 모순되었고 한일의정서는 양국에 의해 폐기된 것도 아니었다. 이처럼 정당한 이유와 논리가 있었지만 국제사회는 고종의 제소에 귀를 기울여 주지 않았다. 결국 이 사건으로 고종은 강제로 퇴위를 당하였다.

아홉째, 퇴위 이후 덕수궁에서 만년을 보내던 고종은 여전히 전국 사람들에게 황제로 기억되고 있었고, 때로는 의병운동과 독립운동의 상징적 구심점으로도 부각되고 있었다.

제1차 세계 대전을 거치면서 고종에게는 이회영 등 독립운동가들의 은밀한 접근이 이루어지고 있었다. 그러던 중 1919년 초 고종은 의문의 최후를 맞았다. 당시는 월슨의 '민족자결주의 선언'이 등장하여 국내외 독립운동가들의 움직임이 활발해지고, 고종의 독립운동자금 제공과 해외망명기도설이 맞물려 있던 상황이다. 고종의 최후에 많은 의혹이 제기되는 또 다른 이유이기도 하다. 동시에 군주로서의 그의 역할에 대한 평가와 상관없이 고종에 대한 한국인들의 동정과 비판이 오늘날까지 지속되어 오고 있는 이유이기도 하다.

이상 고종 시대의 흐름과 거기에 나타난 고종의 역할을 정리해 보았다. 그렇다면 그의 국정운영 전반을 통해 볼 수 있는 고종의 개성은 어떠한 것이며, 고종은 어떠한 유형의 군주인가.

고종은 '흥선대원군과 명성황후에 가려 국가 정책을 주동적으로 이끌어가지 못한 나약하고 무능한 군주'라는 주장이 있다. 그러나 즉위 초기 조대비와 흥선대원군의 역할 10년, 청일전쟁 직후 김홍집 내각의 역할 1년 여 등을 제외하면 국내에서 고종의 권위와 역할을 넘어서는 존재는 없었다. 명성황후가 척족의 세력을 강화한 점은 있지만 어디까지나 고종의 내조자 역할이었다. 고종이 청, 일, 러의 외압으로 대외적 국가 주권 행사에 제약을 받은 것은 분명하지만, 적어도 국내에서는 그 이상으로 정치력을 장악한 인물은 없었다.

이렇게 볼 때 고종은 동시대 동양 3국의 군주 중에서도 제왕의 실권을 실제로 행사한 인물이다. 청국의 동치제, 광서제, 선통제의 경우는 서태후의 위세에 눌려 황제권을 제대로 행사하지 못했다. 일본의 메이지 천황, 다이쇼 천황, 쇼와 천황도 '군림하나 통치하지 않는' 상징적 존재였다. 국정 운영의 실권은 일본의 의회와 내각의 수상 등에게 있었다. 이 점에서 고종은 동양 삼국의 군주 중 실질적인 정책결정권자였고, 전제군주의 조건이 가장 뚜렷이 구비된 인물이었다.

그러나 고종은 고려의 광종이나 조선의 태종과 세조처럼 외척 세력이나 양반귀족 집단 그리고 신료들을 압도하며 리더십을 발휘한 강력한 성격의 군주는 아니었다. 그럴만한 이유도 있었다. 하나는 고종이 처한 환경적 요소이고, 다른 하나는 그의 개성과 소양이다.

우선 고종은 왕실의 방계 출신으로 선대왕의 후광이 없었다. 다음으로 강력한 리더십을 지녔던 흥선대원군의 이반으로 고종은 정치기반이 더욱 취약한 상태였다. 설상가상으로 제국주의가 팽배한 격동기에 청·일·러의 경쟁과 내정간섭이 불가항력적 요소로 작용하였다.

이처럼 취약한 정치권력 기반 위에 실용적 사고보다는 유가적 명분과 의리에 충실한 전국의 식자층, 주요 산업 기반이 농업에 치우친 현실, 거기에 빈약하기 짝이 없는 국가의 물산과 자원을 고려해 볼 때 혁명적 군주 혹은 개명군주로서 역할하기에는 너무나 불리하였다. 그 결과 그는 19세기 말 20세기 초 사이에 존재한 전 세계 수많은 약소국의 군주 모습에 가까웠고, '망국의 군주' 유형을 뛰어 넘지는 못하였다.

다만 이런 여건에도 불구하고 고종이 보수유림의 저항을 강력히 제압하고, 외척의 비호를 뛰어넘어 근대화 방향으로 철권정치를 펼쳤다면 역사는 크게 달라졌을 가능성도 없지는 않다. 그러나 현실은 그렇지 못하였고, 그래서 고종은 유약한 군주로 평가되고 있는 것이다.

우선 고종의 인사 정책에 아쉬움이 많다. 서구형 인재의 등용과 여론의 반영에서 특히 그러하다. 1870~80년대는 물론, 1890~1900년대에도 소수나마 서구사회나 일본 등을 견문하거나 학습한 김옥균, 서광범, 박영효, 유길준, 서재필, 윤치호, 변수 등 뛰어난 인재들이 있었고, 살아 있는 원로로서는 중인 신분의 유대치, 오경석 등이 있었다. 그 외 개화파와 같은 사고를 지닌 재야 지식인들의 상소도 적지 않았다.

그러나 1880년대 초 고종의 혁신적 정책에도 불구하고, 조정의 주요 보직은 보수 성향의 노대신들이나 외척 인사들에게 집중되었다. 일부 무관 출신이나 몰락 양반의 후예, 서자 출신의 인물 등을 기용한 것은 파격적인 면도 있었지만, 국가 정책의 선도 그룹을 형성하거나 개화정책의 핵심으로 성장해 갈 정도는 아니었다. 이들은 고종의 측근이나 근왕 세력의 역할을 하는 것에 멈추었다. 이런 취약점이 외세의 개입 속에 군란과 정변 발발의 요소로 작용하였고, 갑오개혁과 독립협회 운동 당시 군주권 축소를 불러오게 된 요인이기도 하다.

　　한편, 고종의 황제 즉위와 제국 선포는 청일전쟁 이래 더욱 추락한 군주의 위상 회복이란 목표 외에도 국가의 대외적 주권 천명이라는 점에서 긍정적 의미가 있다. 이어진 '한청통상조약(1899)'은 5백 년 동안 이어진 조공책봉 관계와 군신관계를 대등한 주권국가의 관계로 재조정했다는 점에서 한국과 중국의 역사에서 매우 의미 있는 변화라고 할 수 있다.

　　그러나 고종이 독립협회의 의회설립 요구를 거부하고 대한국국제를 통해 무한 권력을 추구한 것은 정치적 배경이 이해는 되지만 결과적으로는 복고적 조치였다. 의회 설립 요구는 갑오개혁과 독립협회, 만민공동회 등을 거치는 과정에서 급성장한 민권 의식의 반영이자, 신진 세력의 정치 참여를 위한 장치였다. 그럼에도 고종이 무력으로 이를 제압함으로써 이후 역동적인 민의의 수용과 신진 인력의 성장을 차단한 결과를 낳았다. 자신이 후원해 성장시킨 엘리트 집단을 자기 스스로 제거한 것은 고종의 자충수였다.

　　이후 국가의 정책 결정은 고종과 측근의 소수가 담당하게 되면서 내정과 외교가 황제 1인에 의해 결정되어 갔다. 비록 고종이 다방면의 근대화를 추구한 점은 있지만, 러·일 사이에서 대한제국의 군사, 외교, 재정 등 각종 정책이 파행을 보이던 당시에 이에 대응할 국제적 수준의 우수 인력 집단을 확보하지 못한 것은 고종의 인사 정책 실패로 볼 수 있다.

이 점에서 고종은 '혁명이 요구되던 시대'의 군주상과는 괴리가 있다. 고종이 독립협회와 만민공동회의 요구를 수용하여 국정 운영에 혁명적 변화를 시도하였다면, 결과가 어떠했을까. 비록 국제환경의 흐름을 뒤집을 수는 없었다 해도 국가 운영의 짐과 책임은 의회에도 분산되고, 후일 망국의 군주 혹은 무능한 군주라는 낙인 대신 개명군주였다는 평가는 가능하지 않았을까.

다만 이 모든 것을 인정한다 해도, 이런 조치로 망국까지 막을 수 있었을지는 대단히 회의적이다. 청국과 일본, 러시아 세력이 교차하고 청일전쟁, 러일전쟁 등으로 이어진 대외 상황은 약소국 군주 고종에게 불가항력적인 면이 많았다. 그런 여건에서 개항 이후 갑신정변 무렵까지 그리고 아관파천 이후 러일전쟁 무렵까지 추구한 고종의 정책은 황권의 절대화를 제외하면 대체로 시대 흐름에 부합한 것들이었다. 그의 인사정책 실패를 비판하면서도 그의 역할과 존재를 꾸준히 되새기게 되는 이유다.

이처럼 고종은 개명군주로서는 아쉬움이 크지만, 전국 지식층의 주류를 이루던 유림집단과 보수적 관료, 지방 백성의 일반적 의식 수준을 감안할 때 분명 국정을 미래지향적으로 이끌어가려 한 군주였음은 분명하다. 그의 집권기에 철저한 유교국가였던 조선이 기독교 국가로 전환되어 가고, 민권의식이 싹트고 의회설립 운동이 시작되었으며, 국가주권의식이 확고히 정착한 사실, 나아가 군사, 재정, 외교, 산업,

예술, 과학, 의료 등 각 분야에 서구의 신문물이 도입되고, 산업화를 위한 각종 기계와 기술이 도입되기 시작한 것이 이를 입증한다.

이 점에서 고종의 시대는 한국 역사상 처음으로 근대화, 서구화, 산업화, 기독교화가 태동된 시기였다. 그가 수용한 서구의 신문명은 당대에는 꽃을 피우지 못했지만, 일제하의 시련과 해방 정국의 혼란을 거쳐 오늘의 한국 사회에 성공적으로 연착륙하였다.

단기적으로 볼 때 고종은 국가를 보위해야 할 역할에는 실패하였지만, 장기적으로는 전통문화에 근대 서구 문명을 개방적으로 접목시킨 문명전환기의 군주였다. 그의 시대가 남긴 정신적, 물질적 유산은 오늘의 한국 사회에 면면히 이어지고 있고, 고종 시대에 이루지 못한 부국자강의 꿈도 그동안의 시련이 농축된 에너지로 승화되면서 오늘의 한국에서 역동적으로 펼쳐지고 있다.

부록

연표
참고문헌
찾아보기

날짜		내용
1852	7.25	고종 출생
1860		북경조약(영청, 불청, 로청)/ 러시아 블라디보스토크항 신설
1862	2	진주민란
1863	12.13	철종 승하/ 고종 즉위(양 1864.1.21.) 조대비 수렴청정 시작/ 김문근 사망
1865	4.13	경복궁 중건 착공(양 5.7)
	5.09	흥선대원군 국태공 명명
1866	1	프랑스 선교사(베르누, 다블뤼 등)와 천주교도(남종삼 등) 처형(1.21-2.25)
	2.5	박규수 평안도관찰사 임명
	2.13	대왕대비 수렴청정 거둠
	7.22	제너럴셔먼호 사건
	9	병인양요(9-10월) 오페르트 도굴사건(9월)
1868		메이지유신/ 오페르트도굴사건(4.18)
1871	3.20	서원 철폐령(47개 서원만 남김)
	4	신미양요(4.5-4.24)/ 전국에 척화비 건립 지시(4.25)
1874		일본의 사츠마번 군사 대만출병
	11.28	민승호 폭사(명성황후 친모, 민승호, 아들 3인 피폭)
1875	8.21	운양호사건(양 9.20)
1876	2.2	조일수호조규 체결
	4.4	1차 수신사(김기수) 일본 파견/무위소, 신식무기 제조(8월)
1879		일본, 류큐왕국 병탄(오키나와현으로 편입)
1880	5.28	2차 수신사(김홍집) 일본 파견(7.5)
	12.20	통리기무아문 설치(양 1881.1.19.)
1881	4.10	조사시찰단 일본 파견
	4.22	교련병대(별기군) 창설, 일본인 교관 초빙
	8.7	3차 수신사(조병호) 파견
	9.26	영선사 청에 파견
	9.29	3차 수신사(조병호) 일본 파견
1882		조미수호조약(4.6/5.22)
	4.21	조영수호조약
	5.15	조독수호조약
	6.5	임오군란(훈련도감 군인 반란)
	7.13	청 흥선대원군 납치 보정부에 유폐(1885.08.27 송환)
	7.17	제물포 조약

날짜		내용
1882	8.1	왕비 환궁
	8.5	척화비 철거 지시
	8.23	조청상민수륙무역장정 체결(양 10.4)
	11.17	통리아문(내아문)과 통리내무아문 설치(12.26)
	12.28	양반의 상업 활동, 상민의 학교 입학 허가(1883.2.5.)
1883	1.27	태극기를 국기로 제정. 당오전 통용 허가(5.4)
	6.23	미국 방문 사절단(민영익 일행) 파견(양 7.26)
	10.1	최초의 근대 신문(한성순보) 창간
1884		조이수호조약(5.4 비준 1886.6.23.) 조로수호조약(윤5.15 비준 1885.9.7.)
	10.17	갑신정변
	11.24	한성조약 체결(1885.1.9.)
1885	1.17	광혜원 설치(2.29-3.12 제중원 개칭)
	3.1	영국 함대, 거문도 점거(4.15. 거문도사건, 1885-1887)
	4.18	천진조약(4.18) 아펜젤러 배재학당 설립(8.3. 1887년 교명 하사)
	10.11	원세개, 주차조선총리교섭통상사의로 부임.
1886	4.28	이화학당 설립(5.31) 및 교명하사(10.22)
	5.3	조불수호통상조약 체결(비준, 1887. 5.31)
	6.17	관립외국어학교 육영공원 설립(양 7.18). 8월 26일 개원.
1887	6.29	박정양 초대주미공사 임명(양 8.18)
	12.25	연무공원 창설(최초의 근대 사관학교)(양 1888.2.6)
1888	1	야마가타 아리토모 대정부의견서 제출(1890.3 군비의견서 제출)
1889		방곡령사건
1890	4.17	신정왕후(대왕대비 조씨) 승하
1892	5.25	조오수호통상조약(6.23)(비준 1893.8.26.)
1893	2	시카고 박람회 참가(2월). 해군사관학교 설치령(2.5)
1894	1.10	동학농민봉기(전라도 고부)(양 2.15)(전주점령. 양 5.31)
	6.1	일본군 파병 결정. 일본군 1개여단 인천상륙(양 6.16) 미국, 영국, 프랑스, 러시아 고종의 청으로 청일 동시 철병 촉구(양 6 · 25)
	6.21	일본군 2개대대, 경복궁 침략(양 7.23)
	6.23	청일전쟁(일본군, 아산만 청군 기습)발발. 전쟁 선포(7.1/8.1) 군국기무처 갑오개혁 착수(양 7.27). 관보에 국한문 혼용(12월)
1895	4.17	시모노세키조약(이토히로부미-이홍장)
	4.23	삼국간섭(러, 프, 독 3국 대표 도쿄 외무성에 각서 제출)

날짜		내용
1895	5.10	외국어학교 관제 공포(양 6.2)
	6.28	궁내부, 의정부 이하 8개 아문 설치. 소학교령(7.19/양 9.7)
	8.20	을미사변(일본군 경복궁 습격 왕후 살해)(양 10.8)
	10.12	춘생문사건(양 10.28) 단발령 공포(11.15/12.30)
1896	1.1	건양 연호 사용. 태양력 채택(음 1895.11.17.)
	2.11	고종의 러시아공사관 피난(아관파천)
	4.1	민영환특사 모스크바로 출발(모스크바 니콜라이 2세 대관식 참석. 5.26)
	4.7	독립신문 창간(폐간 1899.12.4.)
	5.14	베베르-고무라각서/ 러청비밀협정(이홍장-로바노프)(6.3)
	6.9	로바노프-야마가타의정서
	7.2	독립협회 창립
1897	2.20	고종, 경운궁으로 환어
	10.12	고종 황제 즉위식/ 국호 대한(大韓)을 공표(10.13. 국호 결정은 10.11)
	11.14	독일 교주만 점령
	11.21	명성황후 국장
	12.16	러시아 여순 대련 점령
1898	2.22	흥선대원군 사망
	4.25	로젠-니시협정(도쿄의정서)
	9.5	황성신문 창간(대한황성신문을 인수하여 개명)
	9.12	김홍륙 '고종독살기도'
	10.29	독립협회 만민공동회 개최, 헌의6조 상주. 독립협회 해산(11.4)
1899	3.28	관립의학교 설립(수업연한 3년, 교장 지석영. 1902.1.18. 부속병원 설치)
	4	미국인 세브란스, 남대문 밖에 종합병원 설립
	5.17	청량리(홍릉)-서대문 구간 전차 개통
	6~7	원수부 설치, 상공학교 관제 마련, 의학교 규칙 공포
	8.17	대한국국제 반포
	9.11	대한국대청국통상조약(비준 12.14)
	12.21	종로-남대문-용산 구간 전차 개통
1900		파리만국박람회. 석조전 착공(J.D.하딩, 로벨)
	1.1	만국우편연합(UPU) 가입/ 통신원(3.23-1906.7.27).
	3.30	마산포조차 비밀협정
	4.6	궁내부에 철도원 신설
	4.10	최초의 민간 점등(종로 가로등)
	4.14	사립학교규칙 공포

날짜		내용
1900	7.3	남대문-서대문 전차 개통
	7.5	한강철교 준공, 경인철도 완전 개통. 서북철도국 설치(9.3)
	9.4	광무학교관제 반포, 육군학교관제(22조) 공포, 육군법률(317조) 공포 시행
	11.12	경인선 개통(서울-인천)
1902	1.30	제1차 영일동맹(영국, 한국에서 일본의 특수 이해 인정)
	3.14	서북철도국, 마포-개성 구간 기공식
	3.17	양지아문 지계아문 통합.
	3.20	한성-인천간 전화개통
	5.8	경의 철도(서울-개성) 부설 착공.
	5.29	한성-개성간 전화 설치
	7.15	한국덴마크수호통상조약(비준, 1903.6.22.).
	8.15	대한제국 국가(國歌) 제정
	11.16	궁내부 수민원 설치(외국 여행 사무 개시)
	12	공업전습소 설립(1916.4. 경성공업전문학교)
1903	4	러시아 용암포 점령. 군함 양무호 인천 입항(4.15)
1904	1.22	고종, 국외중립을 각국에 타전
	2.8	러일전쟁 발발, 일본군 서울에 진입
	2.23	한일의정서
	4.3)	일본한국주차군사령부 설치
	4.14	경운궁 화재
	8.22	1차 한일협약 체결(외국인용빙협정, 한일협정서)
	7.18	대한매일신보와 영문판 *Korea Daily News* 창간
	10.14	일본인 메가타 다네타로(目賀田種太郎)를 탁지부 재정고문으로 초빙
	11.10	경부철도 완공
	11.28	전환국 폐지
	12.27	미국인 스티븐스를 외교고문에 임명
1905	1.10	경부선(서대문-초량) 개통
	2.22	일본, 독도에 관한 시마네현 고시
	4.01	일본군 통신권 탈취. 한일통신기관협정서 체결
	7.6	윤병구, 이승만, 루스벨트에게 한국독립청원서 전달
	7.08	적십자병원 설치
	7.29	가쓰라-태프트밀약
	8.12	제2차 영일동맹
	9.5	포츠머스강화조약

날짜		내용
1905	11.17	을사보호조약
	11.20	황성신문「시일야방성대곡」게재
1906	4.3	경의선 개통/ 보성학교
	4.21	진명여학교
	5.22	명신여학교 설립
	6.04	최익현, 임병찬 전북 태인에서 의병
	8.07	만국적십자조약 가입. 농림학교 신설, 소학교 보통학교로 개칭(8.27)
1907	6.29	헤이그특사 헤이그 도착
	7.06	일본 한국병합 결정
	7.12	기유각서
	7.20	광무황제 퇴위/ 한일신협약(정미7조약/7.24).
	7.23	대한적십자사 합병
	7.30	제1차 러일협약
	7.31	군대해산 조칙
	8.1	군대해산식
	8.27	순종 즉위식
	9.3	박영효 제주도 유배
	12.5	영친왕, 강제 일본 유학
1909	10.26	안중근 의거
1910	6.24	일본, 대한제국 경찰권 박탈
	8.29	한국병합조약 공포(체결 8.22) 및 조선총독부 설치
	9.30	토지조사사업 시작
	12.1	덕수궁 석조전 완공
1918	1.8	윌슨의 14개조 강령 선포(민족자결주의 포함)
1919	1.21	고종, 덕수궁 함녕전에서 붕어
	3.1	3·1운동 발발
	3.3	인산일, 고종의 장례식(홍릉)
	4.1	유관순 피체
	4.14	재미교포 한인자유대회
	4.13	상해임시정부
	4.23	한성임시정부
	9.9	통합 대한민국임시정부(한성정부 정통, 위치는 상해에 둠) 출범

〈원전자료〉

『高宗實錄』, 『承政院日記』, 『修信使日記』, 『독립신문』, 『皇城新聞』, 『增補文獻備考』, 『珠淵集』, 『瓛齋集』, 『勉菴集』, 『張志淵全書』, 『韓末近代法令資料集』, 『西遊見聞』, 『尹致昊日記』(1~11), 『大韓季年史』, 『舊韓國官報』, 『舊韓國外交文書』, 『독립신문』, 『閔忠正公遺稿』, 『梅泉野錄』, 『朴定陽全集』, 『昭義新編』, 『湖岩全集』, 『觀樹將軍回顧錄』, 『世外井上公傳』, 『伊藤博文傳』, 『駐韓日公使館記錄』, 『淸季中日韓關係史料』.

菊池謙讓, 『近代朝鮮史』上・下, 京城: 鷄鳴社, 1937.

菊池謙讓, 『大院君傳附王妃の一生』, 日韓書房, 1910.

衫村濬, 『明治二十七・八年在韓苦心錄』, 東京: 衫村陽太郎, 1932.

井上侯傳記編纂會 編, 『世外井上公傳』4, 東京: 原書房復刻版, 1968.

러시아大藏省 編, 『國譯 韓國誌』, 韓國精神文化硏究院, 1984.

F.O. 405-68~73, Part V~X (1895-1898), Further Correspondence Relating to Corea, and China, and Japan. Printed for the use of Foreign Office. Her Majesty's Government.

Despatches from U.S. Ministers to Korea 1883-1905, National Archives M.F. Record Group No.134.

The North China Herald and Supreme Court & Consular Gazette, Shanghai.

The Korean Repository, 5 vols. Seoul:Trilingual Press, 1892, 1895-1898.

The Korea Review. 6 vols. Seoul : RAS KOREA REPRINT SERIES, KYUNG-IN PUBLISHING CO.

〈저서〉 (*이하 국내의 저서, 논문. 게재지. 출판사 등의 한자는 한글로 통일함)

강상규, 『조선 정치사의 발견-조선의 정치지형과 문명전환의 위기』, 창비, 2013.

강창석, 『조선통감부연구』, 국학자료원, 1994.

구대열 외, 『한국사 42-대한제국』, 국사편찬위원회. 1999.

구선희, 『한국근대 대청정책사 연구』, 혜안, 1999.

국립고궁박물관 편, 『대한제국-잊혀진 100년 전의 제국』, 민속원, 2011.

권혁수, 『근대 한중관계사의 재조명』, 혜안, 2007.

김도형, 『대한제국기의 정치사상연구』, 지식산업사, 1994.

김명호, 『환재 박규수 연구』, 창비, 2008.

김용구, 『세계외교사』, 서울대학교출판문화원, 2006.

김종학 『개화당의 기원과 비밀외교』, 일조각, 2017.

박은숙, 『갑신정변 연구』, 역사비평사, 2005.

박종근 지음, 박영재 옮김, 『청일전쟁과 조선』, 일조각, 1989.

서영희, 『대한제국 정치사 연구』, 서울대학교출판부, 2003.

서인한, 『대한제국의 군사제도』, 혜안, 2000.

송병기, 『근대한중관계사연구』, 단국대출판부. 1985.

H.B. Hulbert 지음, 신복룡 옮김, 『Hulbert 대한제국사 서설』, 탐구당, 1979.

신용하, 『독립협회연구』, 일조각, 1993.

연갑수, 『대원군 집권기 부국강병책연구』, 서울대학교출판부, 2000.

오영섭, 『고종황제와 한말의병』, 선인, 2007.

오인환, 『위기관리의 관점에서 본 고종시대의 리더쉽』, 열린책들, 2008.

유동준, 『유길준전』, 일조각, 1987.

유영렬, 『개화기의 윤치호 연구』, 한길사, 1985.

유영익, 『갑오경장연구』, 일조각, 1990.

윤병석, 『증보 이상설전』, 일조각, 1998.

이강근 외, 『경복궁 중건 천일의 기록』, 서울역사편찬원, 2019.

F.H. 해링튼 지음, 이광린 옮김, 『개화기의 한미관계』, 일조각, 1982.

이덕희, 『하와이 이민 100년-그들은 어떻게 살았나』, 랜덤하우스코리아, 2003.

이민원, 『명성황후시해와 아관파천-한국을 둘러싼 러·일 갈등』, 국학자료원, 2002.

이민원, 『이상설-신학문과 독립운동의 선구자』, 역사공간, 2017.

이완재, 『박규수 연구』, 집문당, 1999.

이배용, 『구한말 광산이권과 열강』, 한국연구원, 1984.

이정규·이관직, 『우당 이회영 약전』, 을유문화사, 1985.

이태진, 『일본의 대한제국 강점 - 보호조약에서 병합조약까지』, 까치, 1995.

장영숙, 『고종의 정치사상과 정치개혁론』, 선인, 2010.

웨인 패터슨 지음, 정대화 옮김, 『하와이 한인 이민 1세』, 들녘, 2003

최덕규, 『근대 한국과 동아시아 변경 연구』, 경인문화사, 2016.

최덕수, 『대한제국과 국제환경 : 상호인식의 충돌과 접합』, 선인, 2005.

최문형, 『제국주의 시대의 열강과 한국』, 민음사, 1990.

최문형, 『러시아의 남하와 일본의 한국 침략』, 지식산업사, 2007

하정식, 『태평천국과 조선왕조』, 지식산업사, 2008.

하지연, 『기쿠치 겐조, 한국사를 유린하다』, 서해문집, 2015.

한국정치외교사학회 편, 『갑신정변연구』, 평민사, 1985.

한철호, 『친미개화파연구』, 국학자료원, 1998.

허동현, 『근대한일관계사연구 -조사시찰단의 일본관과 국가구상』, 국학자료원, 2000.

허우 이제 지음, 장지용 옮김, 『원세개』, 지호, 2003.

〈논문〉

강만길, 「대한제국의 성격」, 『창작과 비평』, 1978.

강상규, 「고종의 대외인식과 외교정책」, 『한국사 시민강좌』 19, 1996.

강창일, 「동학농민전쟁과 일본의 동향」, 『한국사론』 41·42, 1999.

고병익, 「로황대관식에의 사행과 한로교섭」, 『역사학보』 28, 1965.

권석봉, 「청일전쟁 이후의 한청관계연구 1894-1898」, 『청일전쟁을 전후한 한국과 열강』, 한국정신문화연구원, 1984.

구대열, 「대한제국시대의 국제관계」, 『대한제국연구』 3, 이화여자대학교 한국문화
　　　연구원, 1985.
김기석, 「광무제의 주권수호 외교, 1905-1907: 을사늑약 무효 선언을 중심으
　　　로」, 『일본의 대한제국 강점-보호조약에서 병합조약까지』, 까치, 1995.
김도형, 「대한제국 초기 문명개화론의 발전」, 『한국사연구』 121, 2003.
김영수, 「명례궁 약정과 한러비밀협정을 통해본 모스크바대관식(1896)」, 『역사와
　　　현실』 106, 2017.
김윤희, 「대한제국기 황실재정운영과 그 성격: 탁지부 예산외 지출과 내장원 재정
　　　운영을 중심으로」, 『한국사연구』 90, 1995.
김종원, 「조중상민수륙무역장정에 대하여」, 『력사학보』 32, 1966.
김현숙, 「대한제국기 탁지부고문 알렉세예프의 재정정책과 친러활동」, 『한국근현
　　　대사연구』 47, 2008.
김희연, 「주미조선공사관 참찬관 알렌(Horace N. Allen)의 활동」, 『이화사학연구』
　　　59, 2019.
방선주, 「서광범과 이범진」, 『최영희선생 화갑기념 한국사학논총』, 탐구당, 1987.
서영희, 「1894~1904년의 정치체제 변동과 궁내부」, 『한국사론』 23, 1990.
서진교, 「1899년 고종의 '대한국국제' 반포와 전제황제권의 추구」, 『한국근현대사
　　　연구』 5, 1996.
손정숙, 「주한 미국 임시대리공사 포크 연구(1884~1887)」, 『한국근현대사연구』 31, 2004.
　　　, 「한국 최초 미국외교사절 보빙사의 견문과 그 영향」, 『韓國思想史』 29,
　　　2007.
송병기, 「소위 삼단에 대하여-근대 한청관계사의 한 연구」, 『사학지』 6집, 1972.
신용하, 「독립신문의 창간과 그 계몽적 역할」, 『한국사론』 2, 1975.
은정태, 「1899년 한.청통상조약 체결과 대한제국」, 『역사학보』 186, 2005,
이광린, 「구한말의 관립외국어학교」, 『한국개화사연구』, 한국연구원, 1973.
이구용, 「대한제국의 성립과 열강의 반응」, 『강원사학』 1, 1985.
이민원, 「대한제국의 성립과정과 열강과의 관계」, 『한국사연구』 64, 1989.
　　　, 「아관파천기의 조로교섭-민영환특사의 활동을 중심으로」, 『윤병석교수화
　　　갑기념 한국근대사논총』, 한국근대사논총간행위원회, 1990.
　　　, 「대한제국의 장충사업과 그 이념」, 『동북아 문화연구』 33, 2012.

이배용, 「개화기 명성황후 민비의 정치적 역할」, 『국사관론총』66, 1985.

이용희, 「영국의 거문도 점거」, 『한영수교 100년사』, 한국사연구협의회, 1984.

이 욱, 「대한제국의 성립과 명성황후(明成皇后) 국장(國葬)의 변화」, 『종교와 문화』 34, 2018.

이윤상, 「대한제국의 생존전략과 "을사조약"」, 『역사학보』188, 2005.

임혜련, 「19세기 신정왕후 조씨의 생애와 수렴청정」, 『한국인물사연구』10, 2008.

장영숙, 「메이지유신 이후 천황제와 대한국국제의 비교」, 『한국민족운동사연구』 85, 2015.

주진오, 「한국 근대국민국가 수립과정에서 왕권의 역할(1880~1894)」, 『역사와 현실』50, 2003.

최덕규, 「러시아 해군상 쉐스타코프와 거문도 사건(1885-1887)」, 『서양사학연구』 37, 2015.

최덕수, 「개항과 대외관계의 변화」, 『한국사 37-서세동점과 문호개방』, 국사편찬 위원회, 2000.

하지연, 「'한국병합'에 대한 재한일본 언론의 동향-잡지 『朝鮮』을 중심으로」, 『동 북아역사논총』30, 2010.

한영우, 「대한제국 성립과정과 대례의궤」, 『한국사론』45, 2001.

한승훈, 「19세기 후반 朝鮮의 對英정책 연구(1874~1895)」, 高麗大學校 박사학위논 문, 2015.

한철호, 「대한제국기 주일 한국공사의 활동과 그 의의(1900~1905)」, 『사학연구』 94, 2009.

菊池謙讓, 『近代朝鮮史』上·下, 京城:鷄鳴社, 1939.

朴宗根, 『日淸戰爭と朝鮮』, 東京:靑木書店, 1984.

山邊健太郎, 『日本の韓國倂合』, 東京:太平出版社, 1966.

森山茂德, 『近代日韓關係史硏究-朝鮮植民地化と國際關係-』, 東京:東京大學出版 部, 1987.

信夫淸三郞·中山治一 編, 『日露戰爭史の硏究』, 東京:河出書房新社, 1959.

奧村周司, 「李朝高宗の皇帝卽位について-その卽位儀禮と世界觀」, 『朝鮮史硏究會 論文集』33, 1995.

月脚達彦,「大韓帝國 成立前後の對外的態度」,『東洋文化研究』1, 學習院大學 東洋
　　　文化研究所, 1999.

原田環,「朴珪壽の對日開國論」,『人文學報』46, 京都大學人文科學研究所, 1979.

田保橋潔,『近代日韓關係の研究』(下), 東京:宗高書房, 1972(復刻版).

中塚明,『日淸戰爭』, 東京: 岩波書店, 1962.

張啓雄,「中華世界帝國與秩琉球王國的地位-中西國際秩序原理的衝突」,『第三屆中
　　　琉歷史關係國際學術會議論文集』, 台北:中琉文化經濟協會, 1991.

張存武,「中國對日本亡韓的反應」,『中韓關係史國際研討會論文集』, 中華民國韓國
　　　研究學會, 1983.

趙景達,「安重根-その思想と行動」,『歷史評論』469, 1989.

黃枝連,『天朝禮治體系研究』(上,中,下)』,中國人民大學出版社, 1994.

Bishop, Isabella Bird. *Korea and Her Neighbors*, Shanghai: Kelly and
　　　Walsh Ltd,1897. Reprint, Seoul: Yonsei University Press, 1970.

Chai, Jongsuk, *Diplomacy of Asymmetry-Korean American Relations to
　　　1910*, Honolulu: University of Hawaii, 1990.

Lensen, George Alexander, *Balance of Intrigue:International Rivalry n
　　　Korea and Manchuria 1884-1899. 2 vols*. Tallahassee: Florida
　　　State University Presses, 1982.

Michael Finch, *Min Yong-hwan: A Political Biography*, Hawai'i:
　　　University of Hawai'i Press, Honolulu and Center for Korean
　　　Studies, University of Hawai'i, 2002.

Oliver, Robert T., *SYNGMAN RHEE-The Man Behind the Myth*, Dodd
　　　Mead and Company, New York, 1960.

Lowell, Percival Choson, *The Land of the Morning Calm: A Sketch of
　　　Korea*, Boston: Ticknor and Company, 1886.

Ron Blum, *The Siege at Port Arthur: The Russo-Japanese War Through
　　　the Stereoscope*, Lutheran Publishing House: Adelaide, SA, 1987.

Wayne Patterson, *The Korean Frontier in America: Immigration in
　　　Hawaii, 1896-1910*, University of Hawaii Press, 1988.

저자소개

이민원(李玟源)

한국학중앙연구원 한국학대학원의 역사학과에서 석사와 박사 학위를 취득하였다. 충북대, 청주대, 교원대, 단국대, 경희대 등에서 한국사, 한국근현대사, 근대동양외교사 등을 강의하였으며 국사편찬위원회 사료연구위원, 한국보훈교육연구원 연구부장, 원광대 초빙교수, 국제한국사학회 회장 등을 지냈다.

저서로는『한국의 황제』(2001), 『명성황후시해와 아관파천』(2002), 『Q&A 한국사5: 근현대』(2008), 『조완구-대종교와 대한민국임시정부』(2012), 『대한민국의 태동』(2015), 『이상설-신학문과 독립운동의 선구자』(2017) 등이 있다.

공저로는『명성황후시해사건』(1992), 『조선 후기 외교의 주인공들』(2008), 『전란기의 대마도』(2013), 『고종시대의 정치리더십연구』(2017), 『조선의 청백리』(2021) 등이 있다.

번역서로『국역 윤치호영문일기』2, 3(2015, 2016), 『나의 친구 윤봉길』(원저: 金光, 『尹奉吉傳』, 上海: 法租界 韓光社, 1933)(2017) 등이 있다.

현재 동아역사연구소 소장으로서 한국의 근현대사와 인물 연구를 지속하고 있다.